I0660399

# GRAMMAIRE ITALIENNE.

## MISE ET EXPLIQVEE EN FRANCOIS.

*Par CESAR OVDIN, Secretaire Interprete du Roy és langues Germanique, Italienne, & Espagnole, & Secretaire ordinaire de Monseigneur le Prince de Condé.*

Reueuë, corrigée, & augmentée par l'Autheur en ceste troisiesme & derniere edition.

ÆTAS·NON·RETINENDA·FVGIT·SI·

A PARIS,

Chez IEAN GESSELIN, ruë sainct Iacques, à l'Aigle d'or : Et au Palais en la gallerie des Prisonniers.

M.DC.XXIII.
*Auec priuilege du Roy.*

# A MESSIRE LOVYS

PHELIPEAVX SIEVR DE
la Vrilliere, Conseiller du
Roy en ses Conseils d'E-
stat & Priué, & Secretaire
du Conseil des parties.

M ONSIEVR,

      Ie ne suis pas si igno-
rant, que ie ne sçache bien que ce
present auec lequel ie viens à vous,
ne peut pas esgaler la moindre des
faueurs que i'ay receuës de vostre
maison : Car ie peux dire auec verité, que dés le temps que i'ay eu

# EPISTRE.

l'honneur d'y auoir entrée, il n'a pas esté iusques aux plus petits que ie n'en aye esté caressé, voire mesme des domestiques, ce que ie n'attribueray pas à aucun merite qui puisse estre en moy, ains à la bonté et douceur du naturel dont vous estes tous si richement doüez, au modelle et patron duquel, se forment tous ceux qui entrent en vostre seruice, outre les vertus qui de toutes parts vous enuironnent et embellissent, comme des belles fleurs parent vne guirlande. Or par dessus ceste consideration, i'en ay eu encor vne autre, qui est, qu'il m'a semblé que celuy-là auquel on au-

# EPISTRE.

roit fait vn bon accueil en quelque
lieu, seroit bien simple, ou plustost
n'auroit point de ressentiment, s'il
ne s'y presentoit derechef, au moins
pour y faire offre de son seruice, ou
en tout cas pour se deliurer du
soupçon d'ingratitude ; c'est pourquoy i'y reuiens encor vne fois,
(esperant que ce ne sera pas la derniere, moyennãt la grace de Dieu)
et vous apporte à ce nouuel An, ce
petit ramas, que i'ay accreu de
quelque peu de chose, outre ce qu'il y
auoit lors que ie le presentay à Mõ-
sieur vostre frere, non pas qu'il
vous doiue seruir, parce que vous
estes desia pardelà, mais afin que

# EPISTRE.

ceux qui auront la curioſité de le
voir, ſçachent que nous ne man-
quons pas en France de perſonnes qui aſſiſtent les bonnes volon-
tez, comme ſont celles qui vous reſ-
ſemblent, et dont i'ay ſenty et eſ-
prouué par pluſieurs fois les effects.
Ces conſiderations doncques m'ont
meu et encouragé de vous repre-
ſenter ce Traicté tant ſoit peu re-
paré, et vous ſupplier ne le vouloir
deſdaigner comme vne vieille et
meſchante piece rejettée au coin
d'vn cabinet, me promettant que
s'il vous eſt aucunement agreable,
il pourra ſous voſtre eſcorte et ad-
ueu, aller encor voir les pays eſtrã-

# EPISTRE.

ges, ainsi que i'entens de mes amys,
que mesmes il est allé iusques à Rome où il n'a pas esté mal venu:
Faictes-luy donc ceste faueur, et à
moy de croire que ie suis,

## MONSIEVR,

Vostre tres-humble & tres-
affectionné seruiteur,

## CESAR OVDIN.

â iiij

# AVX STVDIEVX ET

## amateurs des langues estrangeres.

E ne doute point qu'il ne se rencôtre des censeurs, & peut-estre aussi des enuieux, qui trouuent à reprendre principalemét en ce que i'ay adjousté à ceste troisiesme editió de la presente Grammaire, parce que c'est vne chose euidente & que tout le monde sçait, que tous ceux qui escriuent sont subjects à la censure, & sembleroit que ceux qui ne mettent point leur nom à leurs œuures, soiét propres ou traduites, font sagement, euitant par là le blasme, s'ils ont mal faict; mais moy ie suis appointé au contraire, car ie desirerois que ceux qui verront quelque chose où i'auray passé, m'aduertissent des fautes qu'ils y trouueront, afin de les corri-

ger, car ie ne voudrois pas eftre fi
prefomptueux, que de me croire
moy-mefme, ny péfer que ie fceuffe
tout feul quelque chofe, fi tant eft
qu'on fe puiffe attribuer aucun fçauoir, & auffi que la fcience de l'vn
n'empefche point celle d'vn autre,
c'eft pourquoy ie ne cele pas mon
nom: Mais il y a vne chofe qui feroit
bié à fouhaitter, fçauoir eft, que l'on
mift ordre & euft efgard à la compofition ou traduction de quelque liure que ce foit, afin que l'on ne falfi-
fiaft point tát les bons autheurs, car
encor qu'il n'y ait point de cas de có-
fcience, neátmoins il y a de la trom-
perie en l'intelligéce des liures eftrá-
gers, ce qui fe pourroit voir en plufieurs traductions qui fe font faictes
depuis quelques années, tát de la langue Efpagnolle que de l'Italienne, &
principalemét de l'Ariofte, où le dernier traducteur penfant reprendre le

premier, fait encor de plus lourdes
fautes, qui eſt vn grand dommage à
cauſe de la beauté & excellence de
l'œuure, eſtât l'Arioſte le Virgile des
Italiens: auſſi l'inconueniét qui peut
arriuer de cela eſt, que tel péſant entendre l'Italien par la traduction, ſe
tromperoit en ne recognoiſſant les
fautes, car tout chaſcun ne peut pas
auoir vn maiſtre, ny le loiſir de ſe faire monſtrer. Auſſi les Libraires ne ſe
deuroiét pas tant haſter de faire imprimer des œuures ſans les commu-
niquer à plus d'vne perſonne, car
nous ne voyons pas touſiours bien
clair en noſtre propre fait : Mais ce
que ie dis c'eſt crier au vét & preſcher
au deſert, car là où il n'y a que profi-
ter perſonne ne s'en ſoucie pas, c'eſt
pourquoy tout s'en va à perdition.
Dieu y vueille mettre la main, & y
apporter le remede par ſa ſaincte &
diuine grace.

# TABLE DES CHAPITRES DE
la presente Grammaire. Le nombre signifie la page, & où il n'y aura point de nombre, ce sera en la mesme qui precede.

# TABLE.

# TABLE.

# TABLE.

# TABLE.

# TABLE.
## II. PARTIE.

*Fin de la Table.*

---

*Extraict du Priuilege du Roy.*

PAr grace & priuilege du Roy, il est permis à Iean Gesselin, Marchand Libraire à Paris, d'imprimer ou faire imprimer, vendre & distribuer vn liure intitulé, *La Grammaire Italienne, expliquée en François,* &c. par CESAR OVDIN, Et deffeses sont faites à tous Imprimeurs & Libraires, & autres, d'imprimer ou faire imprimer, vendre ne distribuer ledit liure, pendant le temps & terme de six ans, sinō ceux que ledit Gesselin aura faict imprimer, sur peine de six cens liures d'amende, & de confiscation desdits liures, & de tous despens, dommages & interests: comme plus amplemēt est declaré audit priuilege. Donné à Paris le 30. Decembre, 1622. & de nostre regne le douziesme. Par le Conseil,

BERGERON.

# GRAMMAIRE
## ITALIENNE, MISE
### ET EXPLIQVEE EN
### FRANÇOIS.

*de Gabriel &c...*

LA Grammaire Italienne, comme toutes les autres, est composée de quatre parties, à sçauoir de lettres, de syllabes, de dictions ou paroles, & d'oraison, qui est le discours ou parler.

Or d'autant qu'il y a beaucoup de choses à dire en ceste langue, des lettres & de la prononciatiõ d'icelles, ie reserueray d'en parler à la secõde partie de ce traitté, comme aussi des syllabes & des dictions, & commenceray icy par l'Oraison qui est la derniere partie des quatre susdites.

### De l'Oraison, ou du Discours.

L'Oraison, qui est le Discours, a neuf parties, c'est à dire neuf sortes de dictions qui sont: L'Article, le Nom, le Pronom, le Verbe, le Participe, l'Aduerbe, la Preposition, l'Interjection, & la Conjonction.

### De l'Article.

L'Article, qui est vne particule monosyllabe,

A

c'eſt à dire, d'vne ſyllabe ; & quelquefois d'vne
ſeule lettre ; ſert à la declinaiſon des autres parties declinables, parce qu'iceluy ſeul ſe decline,
& reçoit pour ſes accidents, le genre, le nombre,
& le cas. Sa principale force eſt de faire cognoiſtre le genre des noms.

Il y a trois articles, à ſçauoir deux pour le genre maſculin, & vn pour le feminin.

## Des articles maſculins.

Les deux articles maſculins ſont, _il_ & _lo_, au nombre ſingulier, & au pluriel ils ſont _i_, _li_ ou _gli_.

## De l'article feminin.

L'article feminin eſt, _la_, au ſingulier, & _le_, au
pluriel.

## De la particule _di_, ou _de_.

Il y a vne particule qui reſſemble à la Prepoſition _di_ & _de_, auſſi _a_ & _da_, laquelle ſe joint à l'article, & aux noms qui ſe declinent ſans article,
qui ſont les propres, & ceux qui ſont indetermi-
nez (combien que quelquefois les Italiens mettent des articles aux propres : comme, _la Iſabella_, _la
Liſetta_, voyez Bocace :) ce qui ſe verra en ſon vſage, & reſpond à noſtre, _de_, François, lequel ſert
à cognoiſtre les cas obliques des noms propres,
à ſçauoir, _di_ & _de_ pour le Genitif ; _a_ pour le Datif, auquel s'adjouſte vn _d_, quand il eſt mis deuãt
la diction qui commence par voyelle, & ſe dit
alors _ad_, comme _ad altro_ ; & _da_ pour l'Ablatif.

## Declinaifon de l'article *il.*

### Singulier.

| Nominatif. | *il.* | le. |
|---|---|---|
| Genitif. | *del.* | du. |
| Datif. | *al.* | au. |
| Accufatif. | *il.* | le. |
| Ablatif. | *dal.* | du, ou par le. |

### Plurier.

| Nominatif. | *i*, ou *e*. | les. |
|---|---|---|
| Genitif. | *de'*, ou *de i*. | des. |
| Datif. | *a'*, ou *a i*. | aux. |
| Accufatif. | *i*, ou *e*. | les. |
| Ablatif. | *da'*, ou *da i*. | des, ou, par les. |

Il eft icy à noter que l'apoftrophe eft plus à propos en ces trois cas Genitif, Datif, & Ablatif du plurier, que non pas l'article, afin qu'il ne femble pas que la particule qui denote le cas, eftant du tout feparée de l'article, foit changée en Prepofition.

## Declinaifon de l'article *lo.*

### Singulier.

| Nominatif. | *lo.* | le. |
|---|---|---|
| Genitif. | *dello.* | du. |
| Datif. | *allo.* | au. |
| Accufatif. | *lo.* | le. |
| Ablatif. | *dallo.* | du, ou, par le. |

## Plurier.

| Nominatif. | *li.* | ou, | *gli.* | les. |
|---|---|---|---|---|
| Genitif. | *delli,* | ou, | *de gli.* | des. |
| Datif. | *alli.* | ou, | *a gli.* | aux. |
| Accufatif. | *li.* | ou, | *gli.* | les. |
| Ablatif. | *dalli.* | ou, | *da gli.* | des, ou, par les. |

L'on voit icy qu'en la conjonction de la particule *de* auec l'article, la lettre liquide, qui eft *l*, fe redouble, & ce és trois cas qui font, comme deffus dit eft, le genitif, datif & ablatif: Que fi on fepare ladite particule d'auec l'article, alors elle fera Prepofition, comme *da lo, a lo* : auffi au nombre plurier, il eft plus frequent & meilleur d'vfer le *g* au lieu de l'vne des liquides *l*, que non pas des deux *ll*, tellement que *de gli* eft plus elegant que *delli*.

# Declinaifon de l'article fœminin, *la.*

## Singulier.

| Nominatif. | *la.* | la. |
|---|---|---|
| Genitif. | *della.* | de la. |
| Datif. | *alla.* | à la. |
| Accufatif. | *la.* | .la. |
| Ablatif. | *dalla.* | de la, ou par la. |

## Plurier.

| Nominatif. | *le.* | les. |
|---|---|---|
| Genitif. | *delle.* | des. |

| Datif. | *alle.* | aux. |
| Accuſatif. | *le.* | les. |
| Ablatif. | *dalle.* | dcs, ou par lcs. |

Les articles n'ont point de vocatif, au lieu duquel les noms prennent l'Aduerbe, *o.*

## Des articles ſubjonctifs.

L'article ſubjonctif ou poſtpoſitif, eſt vne partie des autres articles, qui a la force du pronom relatif, (comme de faict on le tient pour tel, ayãt la meſme force & ſignification ) & ne ſe trouue point au nominatif, d'autant qu'il ne s'vſe que par tranſition & par relation de ce qui a eſté dit auparauant: & ſe decline ainſi.

Au ſingulier.

| Maſculin. | *Gli,* ou *li.* | luy. i. à luy, au datif cas. |
| | *lo, il.* | le. i. iceluy en l'accuſatif. |
| Feminin. | *le.* | luy. i. à elle, au datif. |
| | *la.* | la. i. elle, ou icelle en l'accuſatif. |

Au plurier.

| Maſculin. | *Gli,* ou *li.* | les. i. eux, ou iceux. |
| Feminin. | *le.* | les. i. elles, ou icelles: tous deux en l'accuſatif. |

Et prennent pour le datif plurier, *loro* ; tant pour le maſculin que le feminin, & ſignifie en Frãçois, *leur,* qui vaut autant que *à eux,* ou, *à elles:* comme *io diſſi loro,* ie leur ay dit. i. à eux, ou à elles.

## Des ſignes des cas obliques.

Les cas obliques, qui ſont le genitif, datif & abla-

tif font marquez par ces particules cy deſſus
mentionnées, *di, de, a,* & *da* , & ſeruent à tous les
deux nombres ſingulier & plurier : elles ſe mettent tout ſimplement, lors qu'elles ſont deuant
le Nom propre , ou autre qui n'a point d'article
au nominatif, que l'on appelle proprement indeterminé : comme ſi on dit, Roy, ſans y adjouſter
l'article, on ne ſçaura pas determiner quel Roy
c'eſt : car il y a difference de dire, vn habit de Roy,
ou l'habit du Roy , où l'on void que le premier
eſt indeterminé, & le ſecond eſt determiné, ſpe-
cifiant de quel Roy on parle , & ſe trouue auſſi
deuant le Pronom : il s'en verra des exemples és
declinaiſons des Noms & Pronoms : mais il eſt
bien à noter, que pour le genitif, il n'y a gueres
que le *di,* qui s'vſe ſimplement, & qui vaille noſtre , de, François : car le *de* Italien ne ſe trouue
point , au moins és liures bien corrects , ſinon
auec l'apoſtrophe, comme vous le voyez , *de'*, &
alors il eſt article du genitif plurier , au lieu de
*de i,* qui ſignifie en François, des.

## De l'application & ſiege des arti-
cles maſculins, *il* & *lo.*

L'Article maſculin *il* , ſe met ordinairement
deuant les Noms, Pronoms & Verbes, qui reçoiuent l'article , leſquels ſe commécent par vne ou
pluſieurs conſonantes, comme, *il ſignore, il pane, il
ſale, il tributo, il trionfo, il trapaſſare , il bere, il mangiare,
il mio, il noſtro , il voſtro ,* & autres dont le nombre
eſt infiny.

Le ſecond article maſculin *lo* , ſe met deuant

les dictions qui commencent par, s, jointe à vne ou deux autres confonantes, & auffi deuāt celles qui commencent par voyelles, mais diuerfemét: car deuant l's il fe met tout entier, comme, *lo fpirto, lo fcolare, lo fdegno, lo ftrepito, lo ftrale, lo fcoglio,* & deuāt la voyelle, il n'y a que *l,* auec l'apoftrophe, comme *l'animo, l'affentio, l'angelo, l' vno, l'altro.* Et fe trouue raremét l'article tout entier au fingulier deuāt la voyelle, fi ce n'eft en quelques vieux autheurs: mais bien au nombre plurier il fe trouue tout au long fans apoftrophe, parce qu'il fe fait rencontre de l'*i* final d'iceluy , auec vne des autres voyelles, qui n'apporte point de rudeffe à la prononciation, comme, *gli altri, gli honori, gli vltimi, gli empÿ,* toutesfois fi ledit, *i,* fe rencontroit auec vn autre, il le faudroit ofter, & y mettre l'apoftrophe, cóme, *gl' iniqui, gl' ingiufti, gl' impÿ.* Il fe met auffi apres cefte Prepofition *per,* deuāt quelque diction que ce foit , pourueu qu'elle foit du genre mafculin, fans auoir efgard par quelle lettre elle commence, comme *per lo fecol notofo , in ch' io mi trouo :* par le fiecle ennuyeux, auquel ie me trouue: *per lo camin dritto,* par le chemin droict.

Item, apres les Noms d'honneur que l'on prepofe aux appellations de dignitez & d'offices, comme font *Monfignore* & *Meffere.* Exemples. *Monfignor lo Cardinale , Monfignor lo Rè , Meffer lo Podefta.* Auffi mefme apres le Nom propre, fi le nom de la dignité fuit apres, comme *Maffimiliano lo Imperadore.*

Les anciens vfoient plus fouuent de ceft article *lo,* que l'on ne fait à prefent, & mefmes le mettoient deuant les dictions qui ont maintenant

A iiij

l'article *il*: dont il y a des exemples en Petrarque,
& autres vieux autheurs, comme font, *lo mio libro, lo cui faper*; & aufli en profe, il s'eft mis deuant
*quale*, mais il n'eft plus en vfage. Au côtraire, no⁹
trouuons maintenant qu'auec la Prepofition *per*
il y a fouuent l'article, *il*, côme *per il quale*, & quelquesfois abregé ainfi, *pel quale*, qui veut dire, par
lequel; mais il femble que ce ne foit pas vn article, ains vn Pronom relatif, toutesfois *il*, n'eft pas
joint auec *quale*, comme eft en noftre François
ce Pronom, lequel. Vous auez aufli *per il che*, qui
fignifie, parquoy, & ne fe dit pas, *per lo che*.

## De l'article feminin, *la.*

L'article feminin *la*, fe met indifferément deuant tous les Noms du genre feminin, fans auoir
efgard par quelles lettres ils commencent: comme *la cafa, la donna, la ftrada, la ftagione, la fperanza.*
Toutesfois il s'abrege de fa vocale, & fe met par
*l*, feule auec l'apoftrophe, deuant les Noms qui
commencent par vne voyelle; comme, *l'anima,
l'età, l'hora, l'vnità*, & tout de mefme fe fait au plurier, comme *l'anime, l'hore, l'arti*, & plufieurs autres: Que fi d'aduanture il fe trouue au plurier
deuant la voyelle, fans apoftrophe, ce fera par
vne licence de l'efcriuant qui en vfera, mais ie ne
confeille pas de l'imiter.

## Du Nom.

Le Nom, qui eft la feconde partie de l'Oraifon,
ou du parler, fert pour fignifier toute chofe qui a
eftre, foit en fubftâce, ou par accident: & fe diuife

premierement en Subſtantif & Adiectif.

Le Subſtantif eſt celuy qui ſans l'ayde d'autre parole ſignifie de ſoy-meſme vn corps ou autre choſe propre ou commune: comme *Cielo, terra, aria, aqua, Pietro, Giouanni, Re, Principe, huomo, cauallo, caſa, montagna, fonte, albero, herba,* & autres.

L'Adjectif eſt le Nom qui ne peut eſtre entendu, ſinon par accident en quelque Subſtantif, & ſignifie la qualité ou la quãtité d'iceluy: comme, *Grande, arida, humida, fredda, buono, bello, forte, ampia, alta, freſca, verde*: & infinis autres qui ſont auſſi dits epithetes ou appoſez, car ils ne ſe peuuent dire d'eux-meſmes, ſans appuy des ſubſtantifs; & ſi vous dites *bello,* beau, il faut que vous luy donniez ſon ſubſtãtif, qui ſera tout ce que vous voudrez: comme, *cauallo,* & lors vous direz *vn bel cauallo,* vn beau cheual, ou bien en le poſtpoſant, *quel cauallo è molto bello,* ce cheual eſt fort beau.

Le nom Subſtantif ſe diuiſe auſſi en Propre, Appellatif, & Collectif. Propre, comme *Giouanni, Pedro, Roma, Toſcana, Teuere,* qui ſont noms propres d'hommes, de ville, de pays, & de riuiere particuliers à l'indiuidu. Appellatif, comme *Animale, huomo, fiume, montagna, città, paeſe,* qui ſont noms communs à pluſieurs indiuidus. Et ſous l'appellatif eſt compris le collectif, qui eſt vn nom, lequel ſous le ſingulier ſignifie vne multitude: commo, *popolo, gente, turba*: auſſi les Infinitifs des Verbes leſquels receuans l'article ont nature de noms: comme, *il dire,* le dire, *il bere,* le boire, *il dormire,* le dormir.

## De quelques accidens du Nom.

Pource qu'il ne me semble estre fort necessaire de traiter de tous les accidens des parties de l'Oraison, ie diray seulement de trois qui seruent, principalement pour la declinaison, laquelle aussi selon aucuns est tenuë pour accident mesme: car c'est la variation des Noms, par les cas & par les nombres, comme cy dessous il se verra: les trois donc que ie veux dire, sont le genre, le cas, & le nombre.

Le Genre se diuise en deux, masculin & feminin seulemēt, encor qu'aucuns en veulent trouuer vn commun : & se cognoissent par les articles, à sçauoir *il* & *lo*, pour le masculin, & *la* pour le feminin : comme, *il Poeta*, *lo Scolare*, *la donna*. Pour le regard du genre commun il s'attribue aux adjectifs, qui se terminent ordinairement en *e*, comme sont, *semplice, humile, felice, simile, constante, vile*, & autres.

Les Cas sont les degrez de la declinaison, & y en a six en nombre, selon la Grammaire Latine, à sçauoir le Nominatif, le Genitif, le Datif, l'Accusatif, le Vocatif, & l'Ablatif, ils se cognoissent par les articles, comme vous auez veu cy dessus en la declinaison d'iceux, là où il ne s'en met que cinq, parce que le Vocatif ne se marque sinō par l'Aduerbe *o*, qui sert pour appeller ou inuoquer. Le Nominatif & l'Accusatif ont mesmes articles, mais les Grammairiens en sçauent bien discerner la signification, par le Verbe qui les gouuerne.

Le Nombre se partit en singulier & plurier: le

singulier est l'vnité, qui denote vne seule chose, comme, *huomo, donna, casa, cauallo*. Le plurier denote plusieurs, depuis deux iusques à l'infinité: comme *huomini, donne, case, caualli* : & se cognoissent les nombres par les terminaisons & par les articles.

## Des terminaisons des Noms.

Les Noms generalement se terminent au nombre singulier en ces trois voyelles *a, e, o*, & au plurier en *i, e, a*: mais non pas que les vnes respondét aux autres, parce que la pluspart des masculins sont terminez en *o* au singulier, & au plurier les vns ont *i*, comme *il campo, i campi*: *il cauallo, i caualli*: *il libro, i libri*: *il regno, i regni*: *il capitano, i capitani*: D'autres ont les trois terminaisons au plurier: comme sont *il ginocchio, i ginocchi, le ginocchie, & le ginocchia*: *l'orecchio, gli orecchi, le orecchie, & le orecchia*.

Quelques-vns en ont deux: comme, *il membro, i membri, & le membra*: *il dito, i diti & le dita*: *il legno, i legni* ou *le legna*: *Corno* fait ordinairement *le corna*, & quelquesfois, *i corni*: *Braccio* fait seulement *le braccia*, prenant tous l'article feminin *le* au plurier, quand la diction se termine en *a*, & en *e*, cóme vous en voyez les exemples, & cy apres nous cotterons le plus qu'il se pourra de tels irreguliers, en parlant de la troisiesme declinaison.

Mais pour reuenir à la terminaison plus reguliere & ordinaire, nous disons que les noms terminez en *o* au singulier, ont ordinairement *i* au plurier: comme *libro, libri*: *cauallo, caualli*. Il y a vn

seul Nom feminin en *o*, à ſçauoir *mano*, qui fait
auſſi au plurier, *mani.*

Ceux qui ſe terminent en *e*, de quelque genre
ou qualité qu'ils ſoient, prennent auſſi l'*i*, au plurier: comme, *fiume, fiumi*; *caualiere, caualieri*; *arbore*
*arbori*; *fonte, fonti*; *morte, morti*; *chiaue, chiaui*; *felice,*
*felici*, & generalement tous les autres: & n'en ay
trouué d'excepté, ſinon *ſpecie*, ou *ſperie*, qui ne
change point de terminaiſon au plurier; & *mille,*
qui fait *milla.*

Quant à la terminaiſon de *a*, au ſingulier, les
maſculins qui l'ont, prennent tous l'*i* au plurier,
comme *Poeta, poeti*, *Profeta, profeti*: *Sofiſta*, *ſofiſti*: *Pia-*
*neta, pianeti*; *Alchimiſta, alchimiſti, &c.*

Mais les feminins en *a*, prennent l'*e* au plurier:
comme *la Donna, le donne*; *la caſa, le caſe*; *lana, lane*; *fie-*
*ra, fiere*; *buona, buone.*

Il y en a quelques-vns terminez en *a*, tant au
ſingulier qu'au plurier, leſquels viennent du Latin: comme ſont, *bontà, humiltà, auuerſità, proſperità,*
*ſicurtà, città,* & autres ſemblables formez de *boni-*
*tas, aduerſitas, proſperitas, ſecuritas, ciuitas,* changeant
le *tas* en *tà*, auec accent graue, & ne variant point
au plurier, car on dit *la bontà, le bontà.* Touteſfois
en apparence & veritablement, telles dictions
ſont abbregées d'vne ſyllabe, ainſi que ſouuent
és Poëtes elles ſe trouuent plus longues ou entieres; comme pour le ſingulier *bontade,* & pour
le plurier, *bontadi,* adjouſtant les ſyllabes *de* & *di,*
& quelqueſfois *te* & *ti,* comme *humiltade* & *hu-*
*miltate.* & au plurier, *humiltadi* & *humiltati,* &
ainſi des autres.

Outre les terminaiſons cy deſſus, il y a quel-

ques Noms terminez en *u*, qui sont, *Giesu*, *Virtù*,
*Grù* & *Artù*, qui est Nom propre d'homme: desquels *virtù* se trouue aussi *virtude* & *virtute*, au
singulier, & au plurier il a *virtudi* & *virtuti*; *Grù*
se change en *Grue*, tant au singulier qu'au plurier.

Il se trouue aussi quelques noms, qui ont deux
terminaisons au singulier, comme *Caualiero* & *Caualiere*; *Corriero*, & *Corriere*; *Destriero* & *destriere*; *Pensiero* & *Pensiere*.

Il y a encore outre les terminaisons cy dessus,
vne au nôbre plurier, qui est du genre fœminin,
encor que le singulier soit masculin, mais d'autant qu'elle ne se trouue gueres, sinon és vieux
Autheurs, ie ne conseille pas d'en vser, en voicy
des exemples; *il corpo*, *le corpora*, pour *i corpi*; *pratora*
pour *prati*, de *prato*: *l'ortora* pour *li orti*, de *orto*: *latora*
pour *lati*, de *lato*; *gradora* pour *gradi*, de *grade*; *ramo-
ra* pour *rami*, de *ramo*; *luogora* pour *luoghi*, de *luogo*;
& plusieurs autres semblables.

C'est vne reigle certaine, que les dictions qui
s'abbregent par la figure appellée *Apocope*, ont la
mesme terminaison au plurier qu'au singulier,
dequoy sont foy les exemples cy dessus: comme,
*la verità*, *le verità*; *la virtù*, *le virtù*; *il pie*, *i pie*, abbre-
gez de *piede* & *piedi*, *il Rè*, *i Rè* au lieu de *Rege* & *regi*.

Mais cela s'entend de celles qui sont retréchées
d'vne sillabe entiere, horsmis *di*, qui n'est abbre-
gé, si ce n'est que l'on trouue *die* au singulier, és
Poëtes: d'autant qu'il y en a d'autres qui par la
mesme figure ne perdent qu'vne seule lettre, à
sçauoir la voyelle finale, & cela se faict pour la
plus-part és dictiós qui ont l'vne de ces trois cô-
sonantes, *l*, *n*, *r*, deuant ladite voyelle finale: côme

*sole,* ou *solo :* van, au lieu de vano ; & quelquesfois de vanno, troisiesme personne du plurier
du verbe vo ou vado : *camin* pour *camino : arbor* pour
*arbore : me* n'est pas de ceste qualité, car il est abregé de *megliore,* & de *meglio :* Nom & Aduerbe :
*Gran* pour *grande,* & *grandi* est aussi abregé d'vne
sillabe toute entiere, les studieux en pourront
encor remarquer des autres exemples, lisant les
bons Autheurs : *pari* est des deux genres & des
deux nombres : exemples, *mio pari, tua pari,* mon
pareil, ta pareille : *i pari tuoi,* tes pareils : *le pari vo-*
*ste,* vos pareilles : toutesfois au singulier on dit,
*vn par mio,* vn mien pareil, en proposant le *par.*

Venons aux declinaisons des Noms, qui sont
trois, comme il y a trois sortes de terminaisons,
bien qu'en effet ce n'en soit qu'vne, puisque c'est
l'Article seul qui se decline.

## De la premiere declinaison des Noms.

La premiere declinaison est des Noms terminez en *a* au singulier, qui ont *i* & *e* au plurier, à
sçauoir *i* pour les masculins, & *e* pour les feminins, ayans l'vn & l'autre diuers articles.

## Exemple du Masculin.

### Singulier.

| | | |
|---|---|---|
| Nominatif. | *il Poeta.* | le Poete. |
| Genitif. | *del Poeta.* | du Poete. |
| Datif. | *al Poeta.* | au Poete. |
| Accusatif. | *il Poeta.* | le Poete. |

| Vocatif. | *ô Poeta.* | ô Poete. |
| Ablatif. | *dal Poeta.* | du Poete , ou par le Poete. |

### Plurier.

| Nominatif. | *i Poeti.* | les Poetes. |
| Genitif. | *de' Poeti.* | des Poetes. |
| Datif. | *a' Poeti.* | aux Poetes. |
| Accusatif. | *i Poeti.* | les Poetes. |
| Vocatif. | *ô Poeti.* | ô Poetes. |
| Ablatif. | *da' Poeti.* | des Poetes , ou par les Poetes. |

## Exemple du Feminin.

### Singulier.

| Nominatif. | *la Donna.* | la femme. |
| Genitif. | *della donna.* | de la femme. |
| Datif. | *alla donna.* | à la femme. |
| Accusatif. | *la donna.* | la femme. |
| Vocatif. | *ô donna.* | ô femme. |
| Ablatif. | *dalla donna.* | de la femme, ou par la femme. |

### Plurier.

| Nominatif. | *le Donne.* | les femmes |
| Genitif. | *delle donne.* | des femmes. |
| Datif. | *alle donne.* | aux femmes. |
| Accusatif. | *le donne.* | les femmes. |
| Vocatif. | *ô donne.* | ô femmes. |
| Ablatif. | *dalle donne.* | des femmes , ou par les femmes. |

## De la secóde declinaison des Noms.

La seconde Declinaison est des Noms

terminez en *e*, au fingulier, & en *i*, au plurier,
tant mafculins que feminins, foient Subftantifs
ou Adiectifs, fuiuant les exemples cy apres.

## Exemple du mafculin fubftantif, auec l'article *il.*

### Singulier.

| | | |
|---|---|---|
| Nominatif. | *il Prencipe.* | le Prince. |
| Genitif. | *del Prencipe.* | du Prince. |
| Datif. | *al Prencipe,* | au Prince. |
| Accufatif. | *il Prencipe,* | le Prince. |
| Vocatif. | *ô Prencipe.* | ô Prince. |
| Ablatif. | *dal Prencipe.* | du Prince, ou par le Prince. |

### Plurier.

| | | |
|---|---|---|
| Nominatif. | *i Prencipi,* | les Princes. |
| Genitif. | *de' Prencipi.* | des Princes. |
| Datif. | *a' Prencipi.* | aux Princes. |
| Accufatif. | *i Prencipi.* | les Princes. |
| Vocatif. | *ô Prencipi,* | ô Princes. |
| Ablatif. | *da' Prencipi.* | des Princes, ou par les Princes. |

## Autre exemple auec l'article *lo* : auffi du mafculin fubftantif.

### Singulier.

| | | |
|---|---|---|
| Nominatif. | *lo Scolare.* | l'Efcolier. |
| Genitif. | *dello Scolare.* | de l'Efcolier. |

Datif.

| | | |
|---|---|---|
| Datif. | *allo fcolare.* | à l'Efcolier. |
| Accufatif. | *lo fcolare.* | l'Efcolier. |
| Vocatif. | *ô fcolare.* | ô Efcolier. |
| Ablatif. | *dallo fcolare.* | de l'Efcolier, ou par l'Efcolier. |

### Plurier.

| | | |
|---|---|---|
| Nominatif. | *gli fcolari.* | les Efcoliers. |
| Genitif. | *de gli fcolari.* | des Efcoliers. |
| Datif. | *a gli fcolari.* | aux Efcoliers. |
| Accufatif. | *gli fcolari.* | les Efcoliers. |
| Vocatif. | *ô fcolari.* | ô Efcoliers. |
| Ablatif. | *da gli fcolari.* | des Efcoliers, ou par les Efcoliers. |

L'on trouue affez fouuent au plurier l'article *li* au lieu de *gli*, & font indifferens: mais les bons Autheurs vfent pluftoft du dernier, & principalement deuant les dictions qui commencent par voyelles eftant plus elegant, & plus ayfé à prononcer *gli altri*, ou par apoftrophe *gl'altri*, que *li altri*.

## Exemple du Feminin fubftantif.

### Singulier.

| | | |
|---|---|---|
| Nominatif. | *la forte.* | la Fortune, ou hazard. |
| Genitif. | *della forte.* | de la fortune. |
| Datif. | *alla forte.* | à la fortune. |
| Accufatif. | *la forte.* | la fortune. |
| Vocatif. | *ô forte.* | ô fortune. |
| Ablatif. | *dalla forte.* | de la fortune, ou par la fortune. |

B

### Plurier.

| | | |
|---|---|---|
| Nominatif. | *le forti,* | les fortunes, ou hafards. |
| Genitif. | *delle forti,* | des fortunes. |
| Datif. | *alle forti,* | aux fortunes. |
| Accufatif. | *le forti,* | les fortunes. |
| Vocatif. | *ô forti,* | ô fortunes. |
| Ablatif. | *dalle forti.* | des fortunes , ou par les fortunes. |

Ce mot de *forte* a plufieurs fignifications: car il fignifie la fortune, le fort , le deftin, l'heur, le hafard, la forte & maniere.

## Exemple de l'Adiectif commun au genre mafculin & feminin, comme font tous ceux qui ont la mefme terminaifon *e*.

### Singulier.

| | | |
|---|---|---|
| Nominatif. | *il* ou *la felice,* | l'heureux ou (l'heureufe. |
| Genitif. | *del* ou *della felice,* | de l'heureux ou (de l'heureufe. |
| Datif. | *al* ou *alla felice,* | à l'heureux, ou à ( l'heureufe. |
| Accufatif. | *il* ou *la felice,* | l'heureux ou ( l'heureufe. |
| Vocatif. | *ô felice,* | ô heureux ou ( heureufe. |
| Ablatif. | *dal* ou *dalla felice,* | de l'heureux , ou (de l'heureufe, par l'heureux, ( ou par l'heureufe. |

## Plurier.

| | | |
|---|---|---|
| Nominatif. | *i* ou *le felici,* | les heureux ; ou ( heureuſes. |
| Genitif. | *de'* ou *delle felici,* | des heureux, ou ( heureuſes. |
| Datif. | *a'* ou *alle felici,* | aux heureux , ou ( heureuſes. |
| Accuſatif. | *i* ou *le felici,* | les heureux, ou ( heureuſes. |
| Vocatif. | *ô felici,* | ô heureux , ou heu-reuſes. |
| Ablatif. | *da'* ou *dalle felici,* | des heureux , ou ( heureuſes, ou bien par les heu-reux, ou heureuſes. |

# De la troiſieſme Declinaiſon des Noms.

La troiſieſme declinaiſon eſt des Noms termi-nez en *o* au ſingulier, partie deſquels change le-ledit *o* en *i* au plurier, & quelques autres en *a*, & en *e*, & ceux-là ſont irreguliers, d'autant quils changét l'article maſculin qu'ils auoient au ſin-gulier,& prénent le feminin au plurier(horſmis quand ils retiennent la terminaiſon maſculine *i*) comme ſont ceux qui ſuiuent, *Ginocchio*, qui a au plurier toutes les trois terminaiſós à ſçauoir *gi-nocchi, ginocchie*, & *ginocchia* ; *Braccio* fait *braccia*; *membro* prend *membri* & *membra*, *Corno corna*, & quelquesfois *corni*. *Calcagno* a *Calcagni*, & *Calcagna*;

B ij

*letto* fait *letti* & *letta; lenzuolo* fait *lenzuoli* & *lenzuola, muro, muri* & *mura; castello, castelli, castella; riso, risi* & *risa; vestigio, vestigi, vestigie* & *vestigia; vouo, voua,* qui se prónóce auec le premier *v* vocale; *foglio, foglia; chioftro, chioftra; cerchio, cerchia; carro* fait *carra; filo, fila; budello, budella; interiora* est plurier, & signifie les inteftins, mais il n'a point de singulier en ceste signification: *dito* fait *diti* & *dita; ditello* fait *ditella,* les aiffelles: *legno* a *legni* & *legna: labro* fait *labri* & *labra: offo* prend *offi* & *offa: peccato* a *peccati* & *peccata :* il y a aussi, *centinaia* & *migliaia,* de *centinaio* & *miglaio: vn paio, due paia,* vne paire, deux paires, qui se dit aussi, *paro* & *para,* & plusieurs autres.

## Exemple du genre Masculin.

### Singulier.

| | | |
|---|---|---|
| Nominatif. | *il Regno,* | le Royaume, ou regne. |
| Genitif. | *del regno,* | du royaume. |
| Datif. | *al regno,* | au royaume. |
| Accusatif. | *il regno,* | le royaume. |
| Vocatif. | *ô regno,* | ô royaume. |
| Ablatif. | *dal regno.* | du royaume. |

### Plurier.

| | | |
|---|---|---|
| Nominatif. | *i Regni,* | les Royaumes. |
| Genitif. | *de' regni,* | des royaumes. |
| Datif. | *a' regni,* | aux royaumes. |
| Accusatif. | *i regni,* | les royaumes. |
| Vocatif. | *ô regni,* | ô royaumes. |
| Ablatif. | *da' regni,* | des royaumes. |

# Exemple vnique en toute la langue Italienne du genre feminin, terminé en *o*.

## Singulier.

| | | |
|---|---|---|
| Nominatif. | *la mano.* | la main. |
| Genitif. | *della mano.* | de la main. |
| Datif. | *alla mano.* | à la main. |
| Accuſatif. | *la mano.* | la main. |
| Vocatif. | *ô mano.* | ô main. |
| Ablatif. | *dalla mano.* | de la main, ou par la main. |

## Plurier.

| | | |
|---|---|---|
| Nominatif. | *le mani.* | les mains. |
| Genitif. | *delle mani.* | des mains. |
| Datif. | *alle mani.* | aux mains. |
| Accuſatif. | *le mani.* | les mains. |
| Vocatif. | *ô mani.* | ô mains. |
| Ablatif. | *dalle mani.* | des mains, ou par les mains. |

# Exemple des Heteroclites qui varient la terminaiſon au plurier, & par conſequent l'article.

## Singulier.

| | | |
|---|---|---|
| Nominatif. | *il dito.* | le doigt. |

Genitif.    *del dito.*    du doigt.
Datif.    *al dito,*    au doigt.
Accusatif.    *il dito,*    le doigt.
Vocatif.    *ô dito.*    ô doigt.
Ablatif.    *dal dito.*    du doigt.

### Plurier.

Nominatif.   *i diti, ou le dita,*   les doigts.
Genitif.   *de diti, delle dita,*   des doigts.
Datif.   *a' diti, alle dita,*   aux doigts.
Accusatif.   *i diti, le dita,*   les doigts.
Vocatif.   *ô diti, ô dita,*   ô doigts.
Ablatif.   *da' diti, dalle dita.*   des doigts.

## Exemples des Noms , tant propres qu'appellatifs indeterminez , qui n'ont point d'article au nominatif, ny à l'accusatif.

### Singulier.

Nominatif.   *Pietro.*   Pierre.
Genitif.   *di Pietro.*   de Pierre.
Datif.   *à Pietro.*   à Pierre.
Accusatif.   *Pietro.*   Pierre.
Vocatif.   *ô Pietro.*   ô Pierre.
Ablatif.   *da Pietro.*   de Pierre, ou par
               (Pierre.

Il n'a point de plurier, comme n'ont aussi tous les autres noms propres.

### Singulier.

Nominatif.   *Rè,*   Roy.
Genitif.   *di Rè.*   de Roy.

| Datif. | à *Rè*, | à Roy. |
|---|---|---|
| Accufatif. | *Rè*. | Roy. |
| Vocatif. | ô *Rè*, | ô Roy. |
| Ablatif. | da *Rè*. | de Roy, par Roy. |

Le plurier eft comme le fingulier:parce que la Prepofitiõ fe met tout de mefme à l'vn qu'à l'autre:il n'y a que la terminaifon du Nom,qui y fait la difference,s'il y en a.

# Des Noms numeraux & ordinaux.

Les Noms numeraux font indeclinables,& ne reçoiuent point auffi de genre, excepté les deux premiers qui font *Vno* , qui a pour fon feminin *vna*, & *duo*,qui auffi a *due* pour le fien:en Frãçois nous n'auons que le premier qui varie, car nous difons vn & vne : mais deux,fe dit auffi bien du feminin que du mafculin.

*Vno* eftãt mis deuant le Nom fubftantif ou adiectif qui le reçoiue, s'abrege de fa voyelle fans apoftrophe: comme, *vn cauallo, vn bianco pennoncello,* & tous les deux *vno* & *vna*, eftans deuãt le Nom qui commence par voyelle,perdent la leur derniere,& prennent l'apoftrophe: comme *vn'altro, vn'altra.*

En la cõpofition de *vno* & *vna*, auec l'article,la declinaifon s'admet, ayãs nõbre fingulier & plurier: cõme *l'vno* , & *l'vna, gli vni* & *le vne* , l'vn & l'vne,les vns & les vnes, & femblent imiter cela, les compofez de tous deux, qui font *alcuno, alcuna,* lefquels ont au plurier, *alcuni* , & *alcune* , aucun, aucune , aucuns & aucunes ; auffi *qualch'vno* & *qualcheduno, qualch'vna* & *qualcheduna* quelqu'vn & quelqu'vne.                B iiij

*Duo* eſt du genre maſculin, comme, *duo libri*, i'ay
auſſi ſouuent trouué *duoi*, & quelquesfois *dui* ou
*doi*, es vieux Autheurs, qui ſembleroit ſelon aucuns eſtre ſon plurier, mais eſtans les noms numeraux indeclinables (excepté *vno* & *vna*, cõme
dict eſt, ) ils ne reçoiuent point de plurier. *Mile*
prend le plurier *mila*, mais c'eſt lors qu'il eſt joint
à vn autre nombre: comme, *duo mila*, *tre mila*, &c.

*Due* eſt proprement du genre feminin: comme,
*due rauole, due raui*; Toutesfois és bons Autheurs il
ſe trouue indifferemment en tous les deux genres, comme *due fratelli, due ſorelle*. Il me ſouuient
auoir leu ſouuentesfois *dua*, en quelques vieux
Autheurs, mais ie ne l'approuue pas.

*Ambo* & *ambe*, qui ſignifient, tous deux, ou
toutes deux, ſont proprement dictions Latines,
& en Italien *ambe* eſt du genre commun: car on
dit *ambo le mani*, auſſi bien que *ambe le mani*; & *ambo gli orecchi* pour le maſculin.

En la compoſition du mot on ne met point *ambe*, mais bien *ambe*: comme *ambedue le mani*; *ambe-
duo gli ecchi*. Le Poete *Dante* a dit, *ambidui* & *ambo-
due*, au gére maſculin, *Amendue* ſe trouue au cõ-
mun, & vulgairement ſe dit, *amenduni* & *amendu-
ne.Intrambi* ou *entrambi*, qui eſt autant que, *tutti
duo*, tous deux, *intrambo* & *intrambe*, ſont auſſi du
maſculin & feminin, mais ce ſont mots antiques,
dont les Poëtes vſent. Reuenons à l'ordre des
Noms numeraux qui s'enſuiuent.

| | |
|---|---|
| *Vn, vno, vna.* | vn, vne. |
| *Duo, due, duoi.* | deux. |
| *Tre.* | trois. |
| *Quatro.* | quatre. |

| | |
|---|---|
| *Cinque.* | cinq. |
| *Sei.* | six. |
| *Settre.* | sept. |
| *Otto.* | huict. |
| *Noue.* | neuf. |
| *Dieci.* | dix. |
| *Vindici.* | vnze. |
| *Dodici* ou *dodeci.* | douze. |
| *Tredici.* | treize. |
| *Quatordeci.* | quatorze. |
| *Quindici.* | quinze. |
| *Sedici.* | seize. |
| *Dicisette.* | dix-sept. |
| *Diciotto.* | dix-huict. |
| *Dicinoue.* | dix-neuf. |
| *Venti.* | vingt. |
| *Vent'vno.* | vingt & vn. |
| *Venti due.* | vingt deux. |
| *Venti tre.* | vingt trois. |
| *Venti quatro.* | vingt-quatre. |
| *Venti cinque.* | vingt-cinq. |
| *Venti sei.* | vingt-six. |
| *Venti sette.* | vingt-sept. |
| *Vent'otto.* | vingt-huict. |
| *Venti noue.* | vingt-neuf. |
| *Trenta.* | trente. |
| *Quaranta.* | quarante. |
| *Quarant'vno. &c. fin'* | quarante & vn , &c. ius- |
| *Cinquanta.* [*a noue.* | cinquante. [ques à neuf. |
| *Sessanta.* | soixante. |
| *Settanta.* | septante , que nous disons |

vulgairement en François, soixante & dix.

| | |
|---|---|
| *Ottanta.* | octante, i. quatre-vingts. |

| | |
|---|---|
| *Nonanta.* | nonante. *i.* quatre-vingts & (dix. |
| *Cento,* | cent. |
| *Cento e dieci,* | cent dix. |
| *Cento e venti,* | six vingts. |
| *Cento trenta,* | six vingts & dix,& quelques-(fois nous difons, cent tréte. |
| *Cento quaranta,* | fept vingts. *i.* cent quarante. |
| *Cento cinquanta,* | cent cinquante. |
| *Cento feſſanta,* | cent foixáte, ou huiƈt vingts. |
| *Cento fettanta,* | cent foixante & dix, ou huiƈt (vingts & dix. |
| *Cento ottanta,* | cent quatre-vingts. |
| *Cento nonanta,* | cent quatre-vingts & dix. |
| *Dugento,* | deux cens. |
| *Trecento,* | trois cens. |
| *Quatro cento,* | quatre cens. |
| *Cinquecento,* | cinq cens. |
| *Seicento,* | fix cens. |
| *Settecento,* | fept cens. |
| *Ottocento,* | huiƈt cens. |
| *Nouecento,* | neuf cens. |
| *Mille,* | mile. |
| *Duo milla,* | deux mile. |
| *Tre milla,* | trois mile. |
| *Cento milla,* | cent mile. |
| *Vn milione,* | vn million , qui vaut mile (mile. |

Il y a auſſi les noms numeraux ou diſtributifs,
qui fignifient vn certain nombre & quantité fe-
paree:comme, *Decina*,dizaine ; *dodicina*,douzaine
*ventena*, vingtaine ; *quarantena*, quarantaine ; qui
font du genre feminin,& changent au plurier *l'a*

en e, comme, *le quarentenc*: mais *centenaio & migliaio,*
qui fignifient centaine & milier, font mafculins
au fingulier, & feminins au plurier, & font *centi-*
*naia & migliaia*, centaines & miliers.

Outre les noms numeraux fufdits, il y a les or-
dinaux, *i.* ceux qui fignifient l'ordre & font declinables, receuans le fingulier & pluriel, & les gé-
res: comme, *Primo, primi, prima prime*; qui fe difent
auffi, *primiero, primiera*, auec leurs pluriers: en voicy la fuite.

| | |
|---|---|
| *Primo,* | Premier. |
| *Secondo,* | fecond, ou deuxiefme. |
| *Terço,* | troifiefme. |
| *Quarto,* | quatriefme. |
| *Quinto,* | cinquiefme. |
| *Sefto,* | fixiefme. |
| *Settimo,* | feptiefme. |
| *Ottauo,* | huictiefme. |
| *Nouo,* | neufiefme. |
| *Decimo,* | dixiefme. |
| *Vndecimo,* | vnziefme. |
| *Duodecimo.* | douziefme. |
| *Tredecimo,* | treiziefme. |
| *Quartodecimo,* | quatorziefme. |
| *Quinto decimo,* | quinziefme. |
| *Seftodecimo,* | feiziefme. |
| *Dicifettefimo,* | dix-feptiefme. |
| *Diciottefimo,* | dix-huictiefme. |
| *Dicinouefimo,* | dix-neufiefme. |
| *Ventefimo,* | vingtiefme. |
| *Ventefimo primo,* | vingt-vniefme. |
| *Ventefimo fecondo,* | vingt-deuxiefme. |

              & ainfi iufques à *Nouo.*

| | |
|---|---|
| *Trentesimo.* | trentiesme. |
| *Trentesimo primo.* | trente & vniesme. &c. |
| *Quarantesimo.* | quarantiesme. |
| *Cinquantesimo.* | cinquantiesme. |
| *Sessantesimo.* | soixantiesme. |
| *Settantesimo.* | soixante & dixiesme. |
| *Ottantesimo.* | le quatrevingts. ou octátiesms. |
| *Nonantesimo.* | le quatre-vingts dixiesme. |
| *Centesimo.* | centiesme. |
| *Dugentesimo.* | le deux cens ou deux cétiesme. |
| *Trecentesimo.* | le trois cens. |
| *Millesimo.* | milliesme. |

Il ne faut pas laisser de lire en passant, qu'il y a certains Noms adiectifs, qui sont faits des Aduerbes de la quantité, lesquels sont declinables, receuans les genres masculins & feminins & aussi les nombres singuliers & pluriers : comme, *poco* & *molto*, peu & beaucoup : & au feminin *poca* & *molta*, mais il faut prendre garde qu'ils soient tousiours construits auec des Substantifs de mesme genre qu'eux, & qui conuiennent aussi en nombre : Exemples, *poco credito*, peu de credit : *poca fede*, peu de foy : *poco vino*, peu de vin : *poca acqua*, peu d'eau : *pochi danari*, peu d'argent, ou de deniers : *poche viuande*, peu de viandes.

Tout de mesme font ces dictions *tanto*, *quanto* & *alquanto*, lesquelles ont diuerses significatiõs, selon la construction. & reçoiuent le genre feminin : comme *tanta*, *quanta*, & *alquanta*, & aussi le nõbre plurier : comme, *tanti*, *quanti*, *alquanti*, *tante*, *quante*, *alquante* : En voicy des exemples : *tanto honore*, tant d'honneur : *tanti fauori*, tant de faueurs,

*quanto studio*, combien de foin & d'eftude ou diligence:*quanti meriti*,côbien de merites. *Alquan-*
*to* au fingulier eft fouuent aduerbe , & fignifie,
quelque peu, ou aucunement: comme *alquanto*
*buono*, quelque peu bon,ou aucunement bon: &
en ce cas il eft joinct à vn adjectif: on dit auffi, *al-*
*quanto honore*, quelque peu d'hôneur:mais au plurier on dira , *Alquanti huomini* , quelqûes hômes:
*alquanta*,fe trouue raremét, fi ce n'eft qu'on puiffe dire,*alquanta gente*, & *alquante donne*, quelque
peu de gens,& quelques femmes.

 Faut auffi noter que, *tanto & quanto*,eftans tous
deux enfemble en la conftruction , en quelque
gente ou nombre qu'ils foient variez , fignifient
feulement, autant que, ou, tout ce que:Exéples,
*Tanto quanto poffo*,autant que ie peux,tout ce que ie
peux: *Tanti quanti ve ne fono*, autant qu'il y en a.

 Quelquesfois auffi on les trouue tranfpofez &
feparez l'vn de l'autre:côme , *tanto ne vorrei quanto*
*ne ho di bifogno*,i'en voudrois autant que i'en ay de
befoing: *tanto è vero quanto tu dici*, tout ce que tu
dis eft vray, & bien fouuent , *quanto*, a autant de
force tout feul,comme joint à l'autre : Exemple,
*Quanto io poffo dar,tutto vi dono* , autant que ie peux
donner,ie vous le donne tout.

# Du nom Collectif *Ogni* , & autres appellez vniuerfels affir-matifs , ou nians.

 *ogni* eftant compofé auec *vno* & *vna*: comme
*ogniuno* ou *ogn'uno* par apoftrophe , & *ognuno* par
fincope, & *ogn'una*, ou *ogni vna* , fembleroit

signifier autant que, *ciascuno* & *ciascuna*, qui est à
dire, chascun & chascune: comme en la signification Françoise, il sonne de mesme, mais il ne se
faut pas trōper en l'acception d'icelle, parce que
*ogni* est nom collectif, & signifie tout. & *ogn'vno*
vaudroit autant que tout chascun. *i.* toutes les
persōnes, & *ciascuno* n'est que partitif. Aussi qu'e-
stant *ogni* joint à dautres dictions, il vaut, comme
dit est, autant que *tutto* & *tutti*; cōme *ogni huomo*,
tout homme; *ogni mio bene*, tout mon bien; *ogni co-*
*sa*, toute chose: & se construit auec des noms de
tous les deux genres, comme il se voit, mais il ne
reçoit point de plurier.

   *Tutto* & *tutta*, signifient simplement tout &
toute, & ne sont pas collectifs de plusieurs, mais
partitifs cōprenāt toutesfois vne generalité cō-
iointe: comme, *tutto il mondo*, tout le monde; *tutta*
*la gente*, tout le peuple; *tutti gli huomini*, tous les
hommes; *tutte le nationi*, toutes les nations.

   *Nissuno, niuno, veruno* & *nullo*, sont vniuersels
nians, & signifient tous vne mesme chose, à sçauoir, nulle personne, & quelquesfois aussi simplement, nul ou pas vn; ils ont leurs feminins *nes-*
*suna, niuna, veruna* & *nulla*, & se construisent les
vns & les autres auec les Noms substantifs, comme, *nessun'huomo*, nul homme, *niun ceruo*, nul cerf;
*veruna cosa*, *nulla persona*, & tous n'ont point de
plurier.

   *Niente* & *nulla*, sont Aduerbes de nier, & se verra en leur lieu ce qu'il en faut dire.

   *Nullo* signifie nul, & a son feminin *nulla*, nulle,
& se construisent comm Adiectifs: Exemples,
*il decreto suo fu dichiarato nullo*, son decret fut

declaré nul, *la sua sentenza fu tenuta per nulla,* sa sentence fut tenuë pour nulle.

## Des degrez de la Comparaison, qui est encor vn accident du Nom.

Il y a en Grammaire trois degrez de Comparaison, à sçauoir le Positif, Cóparatif & Superlatif: mais faut noter qu'il n'y a que les nós adiectifs, signifians qualité ou quantité, qui se comparent.

Le premier degré donc, qui est le Positif, c'est simplement le Nom principal & absolu, comme *Grande, piccolo, buono, malo, tristo, lieto, bello, basso, candido, eccellente, honorato,* & semblables.

Le Comparatif est le Nom qui excede le Positif en signification, tant en augmentant qu'en diminuant: comme *maggiore, minore, megliore,* ou *migliore, peggiore, superiore, inferiore,* qui signifient, majeur, mineur, meilleur, pire, superieur & inferieur. Et c'est quasi tout ce qu'il y a de Noms Cóparatifs, tant en Italien qu'en François, lesquels encor se resoluent au Positif, en y adioustát l'aduerbe de quantité *più,* & à tous les autres generalement: comme de *grande:* au lieu de *maggiore,* vous direz, *più grande,* plus grand, de *piccolo:* pour *minore,* vous direz *più piccolo,* & ainsi des autres.

Le Superlatif est celuy qui excede au souuerain degré, & qui en François se cognoist par la particule, tres, adioustée au Positif, & en Italien il se forme dudit Positif, ostát la derniere voyelle d'iceluy, & en adioustant en son lieu *issimo:* comme de *grande* se fera *grandissimo,* tres-grand; de *honorato, honoratissimo,* tres-honorable, & ainsi de tous les autres.

Il y a bien quelques superlatifs qui ne suiuent pas ceste reigle: comme sont, *ottimo*, *peßimo*, & *infimo*, tres-bon, tres-meschant, infime ou tres-bas.

Aussi sont exceptez, *primo* & *vltimo*, superlatifs de *priore* & *posteriore*, qui tous deux n'ont point de positifs: *postremo* & *estremo*, sont aussi superlatifs, & signifient le mesme que, *vltimo*. *Sourano* & *supremo*, sont autant ou plus, que, *altißimo*: comme, souuerain & supreme, sont par dessus & d'auantage que, tres-haut.

# De l'espece du Nom.

Le Nom est de deux especes, Primitiue ou principale: comme, *Terra, Cielo, Padre, bianco*; & Deriuatiue, comme, *terreno, celeste, paterno, bianchezza*, & ainsi tous les autres qui deriuent des primitifs.

# Des Noms diminutifs, & augmentatifs.

Les Italiens sont fort abondans en noms diminutifs & augmétatifs: car d'vn mesme Nom primitif, ils en tirent plusieurs diminutifs & augmentatifs, comme de *Casa*, ils en font & diminuent, *casina, casetta, casellina, casuzza* ou *casuccia* & *casipola*: de *huomo*, se font, *hornaccino, homicino, homicciuolo, huomicciaia, homicciatolo, homuzzo*: de *vecchio*, se tire t, *vecchino, vecchiuzzo, vecchiettino, vecchierello*, ou *vecchiarella*, & *vecchierellino*: libro à *libretto, libricciuolo*, & *libricciuoletto*, & ainsi de quelques autres: Mais pour les augmétatifs, *casa*, prend *casone, casotto*

*cafotto* & *cafottone: huomo* reçoit *huomone* & *homaccio-
ne:* de *vecchio* se font *vecchione* & *vecchiotto: libro* fait
*librone* & *librotto*, vn gros bouquin de liure mal
basty: *libreffa*, vn grand sot liure. De plus, quand
on veut signifier quelque homme corrompu, on
dit, *homaccio, vecchiaccio:* & *libraccio*; pour vn grand
& meschant liure tout gasté de vieilleffe. Et encor d'autres: comme, *cafaccia, ftanzaccia, cortaccia: fa-
ionaccio*, vne grande iaquette deschirée & vfée;
*ferraccio, mantellaccio, triftaccio, ribaldaccio, fciaguratac-
cio:* tous lefquels ne fe peuuent bonnement expliquer en François, finon par grand ou gros, pour
le regard des augmentatifs; trop bien les diminutifs fe difent: comme, maifonnette, hommet,
ou petit homme, vieillot, liuret. Et ainfi d'vne
infinité d'autres que les ftudieux de la langue
pourront recognoiftre, en lifant les bons Autheurs.

## Du Pronom.

Le Pronom troifiefme partie de l'oraifon, eft
vne certaine forte de diction qui fe met pour &
au lieu du Nom, en diuerfes façons, comme il fe
verra.

Il fe diuife premierement en deux fortes, à fçauoir en Primitifs ou principaux; & Deriuez, defquels nous dirons cy-apres.

Il a pour accidents, le genre, le nombre la perfonne, les cas, la figure ou formaifon, & la fignification.

Le genre $\begin{cases} \text{Mafculin, comme } egli, colui; \text{luy, celuy.} \\ \\ \text{Fœminin, côme } ella, colei; \text{elle, celle-là.} \end{cases}$

C

Le nombre,
{
— Singulier. *io, tu, egli.*

ie ou moy, tu ou toy, il
( ou luy.

Plurier. *noi, voi, eglino.*

nous, vous, ils, ou eux.
}

La personne,
{
la premiere qui parle: comme *io,*
( ie ou moy.

la seconde à qui on parle, comme
( *tu,* tu ou toy.

la troisiesme de qui on parle, có-
( me *egli,* il ou luy.
}

Le cas est comme au Nom, & y en a six, ainsi
qu'és noms, ce qui se verra en la declinaison.

La figure ou
formaison.
{
Simple, comme *chi,* qui.

Composée, comme *chiunque,* qui-
( conque.
}

La significa-
tion est de
plusieurs sor-
tes, sçauoir.
{
Demonstratiue, c'est à dire pour
demonstrer.

Relatiue. *i.* pour repliquer ou re-
ferer ce qui a esté dit.

Possessiue. *i.* de posseder quelque
chose.

Interrogatiue. *i.* pour demander.

Indefinie. *i.* qui ne se restraint
point à qui.
}

# Des Pronoms Primitifs.

Les Pronoms primitifs ou principaux, sont
ceux qui l'ensuiuent: *Io, tu, egli, ei, e', lui, colui, quelli,*
*quegli, quei, questi, questo, costui, cotestui, coresto, chi, che,*
*cui, quale, esso, se, ciascuno.*

## Des Pronoms deriuez.

Les Pronoms qui font deriuez des autres, font ceux-cy, *mio, tuo, fuo, noftro, voftro, cui, loro, altrui.* Vne partie defquels, tant des primitifs que deriuatifs, ont leur feminin, comme il fe verra cy-apres, chafcun en fon ordre.

## De la declinaifon des Pronoms.

Les Pronoms primitifs en leur declinaifon n'admettent point l'article comme les noms, à fçauoir, *il, del, al, dal;* ains feulement les Prepofitions, *di, a,* & *da,* aux trois cas, comme vous verrez cy-deffous. Mais les deriuatifs le reçoiuent tout de mefme que les Noms, & f'en donnera auffi des exemples cy-apres.

## Exemple du Pronom de la premiere perfonne.

### Singulier.

| Nominatif. | *io,* | ie, ou moy. |
|---|---|---|
| Genitif. | *di me,* | de moy. |
| Datif. | *a me,* | à moy. |
| Accufatif. | *me,* | moy. |
| Ablatif. | *da me,* | de moy, ou par (moy. |

### Plurier.

| Nominatif. | *noi,* | nous. |
|---|---|---|
| Genitif. | *di noi,* | de nous. |
| Datif. | *a noi,* | à nous. |
| Accusatif. | *noi,* | nous. |
| Ablatif. | *da noi,* | de nous, ou par (nous. |

Ce Pronom n'a point de vocatif.

# Exemple de la seconde personne.

### Singulier.

| Nominatif. | *tu,* | toy, ou tu. |
|---|---|---|
| Genitif. | *di te,* | de toy. |
| Datif. | *a te,* | à toy. |
| Accusatif. | *te,* | toy. |
| Vocatif. | *ô tu,* | ô toy. |
| Ablatif. | *da te.* | de toy, ou par toy. |

### Plurier.

| Nominatif. | *voi,* | vous. |
|---|---|---|
| Genitif. | *di voi,* | de vous. |
| Datif. | *a voi,* | à vous. |
| Accusatif. | *voi,* | vous. |
| Vocatif. | *ô voi,* | ô vous. |
| Ablatif. | *da voi.* | de vous, ou par (vous. |

Ces deux Pronoms s'accommodent aux deux genres, tant masculin que feminin, & sont demonstratifs.

Tous les exemples cy-apres, & tous
les autres Pronoms font de la
troifiefme perfonne, &
premierement.

## Des Pronoms *Egli, ei,*
### *e* &, *lui.*

Le Pronom *Egli*, eft du genre mafculin : *Ella*, eft
du feminin : L'vn & l'autre eft au cas nominatif,
car és autres ils font fort differents, comme f'enfuit, & en voicy la declinaifon.

### Singulier.

| Nominatif. | *egli, ei, e',* | il, ou luy. |
| Genitif. | *di lui,* | de luy. |
| Datif. | *a lui,* | à luy. |
| Accufatif. | *lui,* | luy. |
| Ablatif. | *da lui.* | de luy, ou par luy. |

### Plurier.

| Nominatif. | *eglino,* | ils, ou eux. |
| Genitif. | *di loro,* | d'eux. |
| Datif. | *a loro,* | à eux. |
| Accufatif. | *loro,* | eux. |
| Ablatif. | *da loro.* | d'eux, ou par eux. |

## Declinaison de son feminin *la*.

### Singulier.

| Nominatif. | *Ella,* | elle. |
|---|---|---|
| Genitif. | *di lei,* | d'elle. |
| Datif. | *a lei,* | à elle. |
| Accufatif. | *lei,* | elle. |
| Ablatif. | *da lei.* | d'elle, ou par elle. |

### Plurier.

| Nominatif. | *Elleno, elle,* | elles. |
|---|---|---|
| Genitif. | *di loro,* | d'elles. |
| Datif. | *a loro,* | à elles. |
| Accufatif. | *loro,* | elles. |
| Ablatif. | *da loro.* | d'elles, ou par elles. |

Vous voyez que le nombre Plurier és quatre derniers cas du feminin, eft femblable à celuy du genre mafculin ; & en l'vn & l'autre genre, *loro,* s'abrege par apocope, & fe dit feulement *lor.* Il fe trouve auffi fouuent en la compofition fans la Prepofition ou marque du cas.

Le Pronom *e',* ou *ei,* vaut autant que *egli,* & fe trouue au Nominatif feulement de l'vn & l'autre nombre.

Les Pronoms *lui* & *lei,* fe trouuent en tous les bons Autheurs feulement és cas obliques; neantmoins aucuns veulent qu'on en vfe au Nominatif lors que le relatif *che,* fuit apres : comme *lui che, lei che*; mais ce n'eft que l'opinion du vulgaire.

qui n'eſt pas bonne à ſuiure: toutesfois l'vſage l'a
emporté, tellement qu'on le dit à tout propos,
ſans que meſme il ſuiue *che*; comme *lui m'ha detto*,
il m'a dit, *lei mi perdoni*, qu'elle me pardonne, au
lieu de *egli m'ha detto*, *ella mi perdoni*.

## Du Pronom *Colui* maſculin, & de *Colei* ſon feminin.

En adjouſtant la ſillabe *co*, auec les cas obliques
des Pronoms cy-deſſus, *lui*, & *lei*, ſe forment ces
deux *Colui* & *Colei* au Singulier, & *Coloro* au Plurier
par tous les cas, comme l'enſuit.

### Singulier.

| | | |
|---|---|---|
| Nominatif. | *Colui,* | celuy, ou celuy-là, |
| Genitif. | *di colui,* | de celuy. |
| Datif. | *a colui,* | à celuy. |
| Accuſatif. | *colui,* | celuy. |
| Ablatif. | *da colui.* | de celuy, ou par (celuy. |

### Plurier.

| | | |
|---|---|---|
| Nominatif. | *Coloro,* | ceux-là. |
| Genitif. | *di coloro,* | de ceux-là. |
| Datif. | *a coloro,* | à ceux-là. |
| Accuſatif. | *coloro,* | ceux-là. |
| Ablatif. | *da coloro.* | de ceux-là, ou par ceux-là. |

### Singulier.

| | | |
|---|---|---|
| Nominatif. | *Colei,* | celle, & celle-là. |
| Genitif. | *di colei,* | de celle-là. |

C iiij

| Datif. | *a colei,* | à celle-là. |
| Accusatif. | *colei,* | celle-là. |
| Ablatif. | *da colei.* | de celle-là, ou par cel-(le-là. |

### Plurier.

| Nominatif. | *coloro,* | celles-là. |
| Genitif. | *di coloro,* | de celles-là. |
| Datif. | *a coloro,* | à celles-là. |
| Accusatif. | *coloro,* | celles-là. |
| Ablatif. | *da coloro.* | de celles-là , ou par ( celles-là. |

## Declinaison de *Quello* & *Quella.*

### Singulier.

| Nominatif. | *quello,* | celuy. |
| Genitif. | *di quello,* | de celuy. |
| Datif. | *a quello,* | à celuy. |
| Accusatif. | *quello,* | celuy. |
| Ablatif. | *da quello.* | de celuy, ou par ce-( luy. |

### Plurier.

| Nominatif. | *quelli, & quegli,* | ceux. |
| Genitif. | *di quelli,* | de ceux. |
| Datif. | *a quelli,* | à ceux. |
| Accusatif. | *quelli.* | ceux. |
| Ablatif. | *da quelli.* | de ceux, ou par ( ceux. |

### Singulier.

| Nominatif. | *quella,* | celle. |

| | | |
|---|---|---|
| Genitif. | *di quella,* | de celle. |
| Datif. | *a quella,* | à celle. |
| Accusatif. | *quella,* | celle. |
| Ablatif. | *da quella.* | de celle, ou par (celle. |

### Plurier.

| | | |
|---|---|---|
| Nominatif. | *quelle,* | celles. |
| Genitif. | *di quelle,* | de celles. |
| Datif. | *a quelle,* | à celles. |
| Accusatif. | *quelle,* | celles. |
| Ablatif. | *da quelle.* | de celles, ou par (celles. |

Il faut icy noter que *quello* & *quella*, estans demonstratifs, signifient simplement celuy & celle, ou celuy-là & celle-là : Mais estans relatifs, ils veulent dire iceluy & icelle. *Quello* se prend aussi au genre neutre, où il est simplement demonstratif, & ne se construit point auec le substantif, il signifie autant que nostre Pronom, ce, ou cela, & cest: comme, *quel ch'io dico*, ce que ie dis: *egli è pur ver quello*, il est pourtant vray cela: Item *quell'altro*, cest autre, ou cest autre là.

Il y a aussi vne difference entre *quello* & *colui*, qui est que *colui* se dit simplement des personnes, & ne se construit point auec le substantif: car on ne dit pas, *colui huomo*, ains simplement *colui*, pour dire celuy-là, ou cest homme-là. Mais *quello* se dit de tout indifferemment, & se ioinct à quelque substantif que ce soit: comme, *quell'huomo*, cest homme; *quel caualo*, ce cheual : de plus vous voyez icy comme il s'abbrege, selon qu'il est appliqué deuant la voyelle ou consonante. Faut aussi en-

tendre que la mefme difference eft entre *quella* &
*colei*, d'autant que le genre feminin fuit ordinairement mefmes reigles que le mafculin ; & y a
feulement à dire, que *quella* ne s'abbrege pas de la
fillabe entiere, comme *quello*, qui fe dit *quel*, comme vous auez veu ; ains feulement de fa lettre finale, & par apoftrophe, comme *quell' altra*, cefte
autre, pour *quella altra*, & non pas *quel altra.*

## Du Pronom *Quelli ou quegli, & quei.*

Le Pronom *Quello* demonftratif, fe conuertit
auffi en relatif, changeant l'o en *i*, & fe faict *quelli*
ou *quegli*, qui fembleroit eftre le Plurier; mais les
exemples qui s'en trouuent ordinairement és
bons Autheurs, monftrent qu'il eft auffi du nombre Singulier, & fignifie, celuy.

I'ay defia monftré comment *quello* s'abrege au
Singulier, car au lieu d'iceluy on dit *quel*, mais il
faut auffi dire, qu'au Plurier, au lieu de *quelli* ou
*quegli*, vous trouuez *que'* & *quei* ; & ce dernier eft
pareillement du nombre Singulier, toutesfois
c'eft quand il fe trouue fans fubftantif, & fignifie
en François autant que, *colui*, celuy, comme *quei
che dice*, celuy qui dit.

## Des Pronoms *Quefto, Quefta, Quefti.*

Ces Pronoms font demonftratifs, & fe declinent comme les autres cy-deffus, auec les notes
des cas, à fçauoir *di* & *da*. *Quefto* faict au Plurier
*quefti*, qui eft mafculin, *Quefta* fon feminin faict
*quefte*, fans varier la terminaison, ny le mot par les

eas, tant droicts qu'obliques. *Questi* est aussi du nombre Singulier, & signifie autant que *costui*, qui est à dire, cestuy-cy; mais il ne se construict point auec le substantif, comme font *questo* & *questa*, qui veulent aussi dire, ce ou cest, & ceste: comme *questo cauallo*, ce cheual, *quest' huomo*, cest homme: *questa casa*, ceste maison.

*Questo* est aussi à dire: cecy, qui semble estre vn genre neutre: comme *questo è vero*, cecy est vray; & en ceste signification il n'est iamais ioinct au substantif.

## Du Pronom *Cotesto.*

*Cotesto* signifie cestuy-cy & cecy, & semble plus demonstrer que *questo*: il a en son Plurier *cotesti*, ceux-cy. Son feminin est *cotesta* au Singulier, cette-cy, & *coteste* au Plurier, celles-cy. *Cotesti* se trouue aussi au Singulier sans substantif adjoinct.

## Du Pronom *Cotestui.*

*Cotestui* a quelque force plus grande que *cotesto* cy-dessus, & a la mesme signification en François, encor qu'il se trouue rarement és Autheurs: ains seulement est en vsage parmy le vulgaire; il a son feminin *cotestei*, & au Plurier ils font tous deux *cotestoro.*

## Du Pronom *Costui.*

*Costui* se decline par tous les cas, excepté au vocatif, & pareillement son feminin *costei*, comme s'ensuit.

Singulier.

Nom. *coſtui,* ceſtuy-cy, *coſtei,* ceſte-cy.
Gen. *di coſtui,* de ceſtuy-cy, *di coſtei,* de ceſte-cy.
Datif. *a coſtui,* à ceſtuy-cy, *a coſtei,* à ceſte-cy.
Accuſ. *coſtui,* ceſtuy-cy, *coſtei,* ceſte-cy.
Ablat. *da coſtui,* de ceſtuy-cy; *da coſtei,* de ceſte-cy,
          ou par ceſtuy-cy,  ou par ceſte-cy.

Plurier pour les deux genres.

Nominatif. *coſtoro,* ceux-cy,   celles-cy.
Genitif.    *di coſtoro,* de celle-cy, de celles-cy.
Datif.      *a coſtoro,* à ceux-cy,  à celles-cy.
Accuſatif.  *coſtoro,* ceux-cy,   celles-cy.
 Ablatif.    *da coſtoro.* de ceux-cy, de celles-cy,
         ou par ceux-cy,  ou par celles-cy.

## Du Pronom *Che.*

Ce Pronom relatif *Che* ne reçoit point de genre, ains l'applique indifferemment à toutes ſortes de dictions, & a pluſieurs ſignifications: comme ſont, qui, que, quoy, mais diuerſement: car au
nominatif, il veut dire, qui, a l'accuſatif, que; & és
autres cas, ou auec les Prepoſitions, & meſme au
Nominatif en diuerſes ſortes de compoſitions, il
ſignifie quoy, voyez en pluſieurs exemples,

       *colui* ⎰ *che parla,* celuy qui parle.
Singulier. ⎱
       *colei* ⎰ *che vede,* celle qui voit,

*Lo studio,* che io amo, l'estude que i'ayme.

Singulier.

*La scientia,* che io cerco, la science que ie cher-
(che.

*coloro* che parlano, ceux ou celles qui par-
(lent.

Plur. *i vitij* che io fuggo, les vices que ie fuy.

*le virtù.* che io seguo, les vertus que ie suy.

Lors qu'il reçoit l'article, ou la note des cas, il represente le genre neutre, & signifie autant que *cosa*, qui est à dire quoy, ou laquelle chose, comme vous voyez en sa declinaison cy-apres.

Singulier.

Nom. *che,* ou *lo che. i. la qual cosa:* quoy, ou ce qui.
Gen. *di che,* ou *del che, della qual cosa:* dequoy & dont.
Datif. *a che,* ou *al che, alla cosa:* à quoy.
Accus. *che,* ou *lo che, la qual cosa:* quoy ou ce que.
Abl. *da che,* ou *dal che, dalla qual cosa:* dequoy & dót.

Plurier.

Genitif. *di che, i. delle quali cose,* dequoy & dont.
Datif. *a che, alle quali cose,* à quoy, ausquelles
(choses.

*Che che,* redoublé, signifie quoy que.

## Des Pronoms *Chi* & *Cui.*

*Chi* est Pronom interrogatif & indefiny au Nominatif; & és autres cas il a les marques ou Prepositions *di, a,* & *da,* & signifie en François qui,

Il a force d'antecedent & de relatif tout enſemble; autant que ſi on diſoit, *perſona la quale*; en voicy des exemples : *Io non conoſco chi ardiſſi ciò fare*; chi. i. *perſona la quale*: & en François, ie ne cognois qui oſaſt faire cela ; où il ſe voit auſſi que noſtre qui, vaut autant que, perſonne qui , ou perſonne laquelle : Item par interrogant, *chi ha egli percoſſo? i. quale perſona* : qui a-il frappé ? i. quelle perſonne? *chi che*, ſignifie qui que, *chiunque*, quiconque: *cheunque.i. qualunque coſa*, quelconque choſe ; ceſtuy-cy repreſente le genre neutre.

Cui eſt és cas obliques de *chi*, de tous les genres & nombres, encor que le meſme *chi* ayant les notes deſdits cas, y tienne luy-meſme: comme, *di chi, a chi, da chi*, auſſi bien que *di cui, a cui, da cui*: car l'vn & l'autre ſignifie en François ; de qui , à qui , de qui,& par qui. Toutesfois il eſt bien à noter que *cui* ſe trouue ſans leſdites Prepoſitions: comme, *il cui libro*, le liure de qui: *cui parlo io? i. a cui*, ou *a chi* ? à qui parle ic? mais *chi* ne ſe peut dire en ce cas ſans leſdites notes ou Prepoſitions.

## Du Pronom *Quale.*

*Quale* relatif reçoit les articles , & eſt commun aux genres maſculin & feminin, comme vous verrez en ſa declinaiſon qui ſ'enſuit. Qui ſi on en oſte l'article; de relatif il ſe change en demonſtratif ou interrogatif, & ſe decline ainſi.

| Maſculin. | | Singulier. | Feminin. |
|---|---|---|---|
| Nom. | *il quale,* lequel. | *la quale,* | laquelle. |
| Gen. | *del quale,* duquel. | *della quale,* | de laquelle. |
| Datif. | *al quale,* auquel. | *alla quale,* | à laquelle. |

Acc. *il quale*, lequel. *la quale*, laquelle.
Abl. *dal quale.* duquel, *dalla quale*, de laquelle, ou
     ( ou par lequel.    ( ou par laquelle.

## Plurier.

Nom. *quali*, lefquels. *le quali*, lefquelles.
Gen. *de' quali*, defquels. *delle quali*, defquelles.
Dat. *a' quali*, aufquels. *alle quali*, aufquelles.
Acc. *i quali*, lefquels. *le quali*, lefquelles.
Abl. *da' quali*, defquels ou *dalle quali*, defquelles ou
     ( par lefquels.    ( par lefquelles.

*Qualunque*, qui eſt compoſé de *quale*, ſe met auec les ſubſtantifs de tous genres, & en tous les nombres : comme, *qualunque huomo, qualunque perſona, qualunque coſa* ; en François, quelconque homme, quelconque perſonne, quelconque choſe ; que nous pouuons auſſi dire, quelque homme que ce ſoit, &c. pour le Plurier, *qualunque eſſi ſiano*, quels qu'ils ſoient, ou quiconque ils ſoient. *Quale* ſe met auſſi abregé par la figure apocope : comme, *qual gratia*, quelle grace ; *qual romore*, quel bruit.

*Quale*, ſignifie ſouuent en François, tel que, tout ainſi que, ou comme : Exemple, *Qual' il reo ch' al ſupplicio s'auicina*, tel que, tout ainſi que, ou comme le patiét & coulpable qui ſ'approche du ſupplice. Item, *Qual pargoletta ò damma, ò capriola, &c.* tel ou tout ainſi qu'vne petite daime, ou cheuruelle, &c. à quoy ſuit aucunefois *tale*, qui ſembleroit deuoit preceder, ou bien eſtre redoublé, ainſi qu'en François ; comme, *quale io ti trouo, tale io ti piglio*, tel que ie te trouue, tel ie te prends : & ne dirons pas proprement, quel ie te trouue, tel ie te prens.

# Du Pronom *Esso.*

Ce Pronom *esso*, reçoit les deux genres, & les nombres en ceste sorte.

Sing. $\begin{cases} \textit{Esso}, \text{masculin; iceluy.} \\ \textit{essa}, \text{feminin; icelle.} \end{cases}$   Pl. $\begin{cases} \textit{essi}, \text{iceux.} \\ \textit{esse}, \text{icelles.} \end{cases}$

Et ainsi en tous les cas, hors-mis le vocatif, & prennent seulement les Prepositions, *di*, *a* & *da:* mais il est bien à noter que *esso*, encor qu'il soit masculin, & du nombre singulier, neantmoins il se compose aussi auec le plurier de tous genres: Exemple, *con esso noi*, auec nous; *con esso loro*, auec eux, ou auec elles; *con esso lui*, auec luy, ou iceluy; *con esso lei*, auec elle, ou icelle.

Tout de mesme se dit aux deux genres & nombres.

Singulier. $\begin{cases} \textit{stesso}, \text{ou } \textit{istesso}, \text{mesme.} \\ \textit{stessa}, \text{ou } \textit{istessa}, \text{mesme.} \end{cases}$

Plurier. $\begin{cases} \textit{stessi}, \text{ou } \textit{istessi}, \text{mesmes.} \\ \textit{stesse}, \text{ou } \textit{istesse}, \text{mesmes.} \end{cases}$

Et se construit auec le superieur: exemple, *esso stesso*, iceluy mesme; *essi stessi*, iceux mesmes; & aussi auec d'autres Pronoms: comme, *egli stesso*, luy-mesme, *io stesso*, moy-mesme, *voi stessi*, vous-mesmes; *da se stesso*, de soy-mesme; *fra me stesso*, en moy-mesmes; & pareillement auec les substantifs: comme, *lo effetto istesso*, l'effect mesme.

On trouue aussi ce Pronom *desso* és deux genres & nombres, comme s'ensuit, & a la mesme signification fignification que *eſſo*, mais il eſt peu vſité.

Sing. { *deſſo*, maſculin, luy.     Plur. { *deſſi*, eux.
{ *deſſe*, elles.

Exemp. *Egli è deſſo*, c'eſt luy, c'eſt iceluy.

## Du Pronom *Se*.

Ce Pronom *ſe*, ſe trouue és cas obliques ſeulement en tous les deux genres, Maſculin & Feminin, & és deux nombres, Singulier & Plurier,
auec les Prepoſitions, comme ſ'enſuit.

Genitif.      *di ſe*,      de ſoy.
Datif.        *a ſe*,       à ſoy.
Accuſatif.    *ſe*,         ſoy.
Ablatif.      *da ſe*.      de ſoy, ou par ſoy.

Et ſe conſtruit ſouuent auec le Pronom *ſteſſo*,
comme *ſe ſteſſo*, *ſe ſteſſa*, ſoy-meſme.

## Du Pronom *Ciaſcuno*.

*Ciaſcuno* ſe varie par les nombres, & par les cas,
& a ſon feminin *ciaſcuna*.

Singulier. { *Ciaſcuno huomo*, chaſcun homme, ou
{ ( chaſque homme.
{ *Ciaſcuna donna*, chaſcune femme, ou
{ ( chaſque femme.

Plurier. { *Ciaſcuni*, chaſcuns.
{ *Ciaſcune*, chaſcunes.

Par la figure Apocope il ſe dit *ciaſcun*.
Et par l'Epentheſe ſe trouue ſouuent *ciaſchedu-
no*, & *ciaſcheduna*.

D

Les Anciens difoient *Catauno* & *Catauna*, en faifant quatre fillables, comme vous voyez, *ca ta u no* : Les Efpagnols ont retenu ce mot, & difent *Cadauno*, mais ils le partiffent en deux, ainfi, *Cada vno*, parce qu'eftant ioinct on n'en feroit que trois fillables, dont l'vne feroit diphtongue, en cefte forte *Ca dau no*.

## Du Pronom *Veruno*.

*Veruno* au genre mafculin, & *veruna* au feminin, fignifient nul & nulle : mais il eft toufiours, ou le plus fouuent ioinct à d'autres dictions : comme, *veruno è che fe ne accorga ?* il n'y a nul qui f'en apperçoiue ? *verun modo*, nul moyen ; *veruna perfona*, nulle perfonne. Quelquesfois il fe met vne apoftrophe au lieu de fa derniere voyelle; comme *verun' patto*, nul pact ou accord.

## Des Pronoms *Niuno*, & *Neffuno*.

*Niuno* eft femblable, ou vn peu moindre en fignification que *veruno* cy-deffus, & fe dit *niuno huomo*, nul homme, pour le mafculin : & *niuna perfona*, nulle perfonne, pour le feminin. Il fe trouue auffi fans fubftantif, eftant neantmoins conftruit auec d'autres dictions : comme *niuno vi era*, nul n'y eftoit.*i.* il n'y auoit perfonne : & par Apocope, *niun fa*, nul ne fçait, ou perfonne ne fçait.

*Neffuno* ne differe en rien de *niuno*, & fe conftruit auec des fubftantifs, & d'autres dictions : comme, *I miei di più leggier, che neffun ceruo*, en Petrarque : qui veut dire, Mes iours plus legers que pas vn cerf.*i.* qu'aucun cerf, ou que nul cerf.

Item, *neſſun ſa quanto ſi viua*, nul ne ſçait, ou perſonne ne ſçait, combien il vit. *Neſſun* ſe dit auſſi par Apocope. *Neſſuna* eſt le feminin; comme *neſſuna perſona*, nulle perſonne. *Neſſuno* eſt plus commun aux Poëtes, & *Niuno* eſt plus ordinaire en Proſe.

## Du Pronom *Alcuno.*

*Alcuno* & *alcuna*, aucun & aucune, reſpondent affirmatiuement aux Pronoms cy-deſſus: bien qu'en François on en vſe indifferemment, car nous mettons ſouuent, aucun & aucune, auec la negatiue: comme, *No ci era coſa neſſuna*, il n'y auoit choſe aucune; & ne ſe diroit pas bien en Italien negatiuement, *non ci era coſa alcuna.*

## Des Pronoms *Altro, Altri & Altrui.*

On vſe de ce Pronom *Altro*, quand il reſpond à ce mot *vno*; comme, *diceua l'vno all' altro*, l'vn diſoit à l'autre. Et s'il ſe ioinct au ſubſtantif, alors il eſt adiectif: comme, *altro libro*, autre liure, *altra lettione*, autre leçon: leurs Pluriers ſont, *altri* & *altre.*

Auſſi *altro*, quand il ſe trouue tout ſeul ſans ſubſtantif, il vaut autant que *altra coſa*; comme, *non dico altro*, ie ne dis autre choſe: *volete altro?* voulez-vous autre choſe? & n'a point de Plurier.

*Altri* ſe trouue au nombre Singulier, & au Nominatif ſeulement: comme *egli, e non altri, habbia queſto*, luy & non autre: aye cecy: *Altri dice, altri*

D ij

*fà*, vn autre dit, vn autre fait. *i* on dit, on fait; mais ceſte derniere ſignification ſembleroit en Fran-çois eſtre imperſonnelle.

Les cas obliques ſont *altrui*, qui ſe mettent quelquesfois ſans les Prepoſitions, & d'autres auec icelles: comme pour le Genitif, *ha biſogno d'altrui*, il a beſoin d'autruy: Item, *l'altrui vita*, la vie d'autruy: pour le Datif, *dare altrui*, donner à au-truy: pour l'Accuſatif, *trouare altrui*, trouuer au-truy, *mandare ad altrui*, enuoyer à autruy. Ceſt exemple dernier eſt du Datif auec la Prepoſition. Il me ſouuiét toutefois auoir leu *altri* és cas obli-ques, auec les Prepoſitions: comme, *la roba d'altri*, au lieu de *l'altrui roba*, les biens d'autruy, & autres ſemblables exemples.

## Du Pronom *Ciò.*

Ce Pronom *Ciò* ſe trouue ſeulement au Singu-lier, & a la ſignification neutre, parce qu'il ſert à l'intelligence des choſes, & non des perſonnes, & vaut en François noſtre ce, ou cela: Exemple, *Ciò piacque a tutti*, cela pleuſt à tous. Item, *di ciò fu contento ogniuno*, chaſcun fut content de ce: on dit auſſi *ciò che*, ce que, conjognant ces deux Pro-noms *ciò* & *che*: & ſe trouue en tous les cas auec leurs marques; comme, *di ciò che*, de ce que, *acciò che*, à ce que. *i.* afin que.

## Du Pronom *Tale.*

Si on met les articles deuant ce Pronom *Tale*, il ſera demonſtratif, & des deux genres, comme vous voyez.

|  | Mafculin. | Feminin. |
|---|---|---|
| Singulier. | *Il tale*, le tel. | *la tale*, la telle. |
| Plurier. | *i tali*, les tels. | *le tali*, les telles. |

Mais fi vous en oftez l'article, alors il fera Pronom indefiny, & vaut autant que ce mot, quelqu'vn, & à iceluy refpond le Pronom *che*, comme *tale che*, & par apocope, *tal*: *Tal fu che non parlò mai*: tel fut, ou y eut tel qui ne parla iamais: ou bien eftant Adjectif, il refpond aux Noms de fimilitude, *tale* & *quale*, tel & quel, ou telle & quelle.

## Du Pronom *Medefimo*.

Ce Pronom *Medefimo*, qui veut dire, mefme, fe ioinct aux autres Pronoms, & aux Subftantifs: comme *io medefimo*, moy-mefme, *tu medefimo*, toy-mefme, *egli medefimo*, luy-mefme, & autres; *Piedro medefimo*, Pierre mefme: *il Signore medefimo*, le Seigneur mefme, & femblables.

# De certains Pronoms monofillabes, lefquels fe ioignent aux verbes immediatement, mais à la fin, & font ceux qui fuiuent,

*Mi, ti, ci, ne, vi*: lefquels valent ces autres, *me, tu*, & *te, fe, noi, voi*, lefquels fignifient en François: me, te, fe, nous, vous: mais notez que *ci* & *ne*, fignifient tous deux nous. En outre, il y en a deux d'iceux, à fçauoir *ci* & *vi*, qui font aduerbes, du lieu, & fignifient ce qui eft denoté par noftre y François: comme, *io ci verrò*, i'y viendray; *io non vi era*: ie n'y eftois pas: & reciproquement *io vi verrò*, & *io no ci era*, ou *io non c'era*.

Or d'autant que ce n'est icy le lieu de parler de la construction de ces Pronoms, nous la remettrons apres auoir traicté des Verbes, & cependant il faut acheuer de dire des autres Pronoms qui restent.

## Des Pronoms Possessifs & Deriuez.

Les Pronoms possessifs sont, comme desia dit est, *mio, tuo, suo, nostro, vostro, cui, loro, altrui* : dont les cinq premiers ont leur feminin, & se varient ainsi.

| Masculin. | Feminin. |
|---|---|
| Sing. *Mio*, mien, mon. | Sing. *Mia*, mienne, ma. |
| Plur. *Miei*, miens, mes. | Plur. *Mie*, miennes, ( mes. |

Et auec les articles par tous les cas, comme s'ensuit.

### Singulier Masculin.

| Nominatif. | *il mio,* | le mien. |
|---|---|---|
| Genitif. | *del mio,* | du mien. |
| Datif. | *al mio,* | au mien. |
| Accusatif. | *il mio,* | le mien. |
| Ablatif. | *dal mio.* | du mien, ou par le ( mien. |

### Plurier Masculin.

| Nominatif. | *i miei,* | les miens. |
|---|---|---|
| Genitif. | *de' miei,* | des miens. |
| Datif. | *a' miei,* | aux miens. |
| Accusatif. | *i miei,* | les miens. |
| Ablatif. | *da' miei.* | des miens, ou par les ( miens. |

### Singulier Feminin.

| Nominatif. | *la mia,* | la mienne. |
|---|---|---|
| Genitif. | *della mia,* | de la mienne. |
| Datif. | *alla mia,* | à la mienne. |
| Accusatif. | *la mia,* | la mienne. |
| Ablatif. | *dalla mia.* | de la mienne, ou par (la mienne. |

### Plurier Feminin.

| Nominatif. | *le mie,* | les miennes. |
|---|---|---|
| Genitif. | *delle mie,* | des miennes. |
| Datif. | *alle mie,* | aux miennes. |
| Accusatif. | *le mie,* | les miennes. |
| Ablatif. | *dalle mie.* | des miennes, ou par (les miennes. |

Le Vocatif, s'il y en a, s'exprime tousiours par l'Aduerbe d'appeller, qui est o.

Les autres se varient tout de mesme, car *tuo,* tien, au Singulier, fait *tuoi,* tiens, au Plurier. *Tua,* tienne, *tue,* tiennes. *Suo,* sien, *suoi,* siens: *sua,* sienne, *sue,* siennes: *Nostro,* nostre, *nostri,* nostres; *nostra,* nostre: *nostre,* nostres; *Vostro,* *Vostra,* Masculin & Feminin vostre: *Vostri,* *Vostre,* vostres. Il faut noter qu'en François pour le Plurier nous en auons de deux sortes; car nous disons, mes, tes, ses, nos, vos: mais c'est lors que nous les mettons deuant la chose possedée: comme, pour dire *miei fratelli,* en François, nous dirons, mes freres, & non pas les miens freres, auec l'article; ouy bien s'il y auoit vn nombre deuant: comme, *due miei fratelli,* deux miens freres. Et aussi au Singulier, il y a pour les trois premiers, *mio,* *tuo,* *suo,* mon, ton, son : mais c'est, comme dit eſt,en les mettant deuant le nom, & ſans article, trop bien auec les Prepoſitions ou notes des cas obliques, qui ſont de,& a, pour le François; car pour le regard de l'Italien il vſe plus librement de l'article, d'autant qu'il dit, *il mio fratello m'ha detto,*que nous expliquons ſans article,mon frere m'a dit.

## Des Pronoms *Cui, Loro* & *Altrui.*

Il ſeſt parlé cy-deſſus du Pronom *cui,*qui eſt és cas obliques de *chi,* mais en ce lieu-là il eſt demonſtratif,& icy eſtant poſſeſſif, il faut dire que, *cui,* & les deux autres *loro* & *altrui* ( deſquels ſemblablement il a eſté touché cy-deuant ) ne ſe varient point pour le regard du genre , ains ſont ſeulement du Genitif cas. En voicy des exemples.

## De *Cui.*

*Il cui valore,*i.*il valor del quale, della quale, de' quali,* & *delle quali,*la valeur de qui,*i.* duquel, de laquelle, deſquels, & deſquelles : que nous expliquons auſſi en François, par ce mot, dont , en toutes ſortes: comme,dont la valeur.

*La cui virtù,*la vertu de qui, ou dont la vertu. *i.* duquel, de laquelle, deſquels & deſquelles ; mais il faut icy noter que l'article eſt au Nom , & non pas au Pronom:tellement que ledit Nom ſe peut dire au Plurier ſans voir le Pronom : comme, *le cui virtù,*i.*le virtù del quale,* ou *della quale,*dont les vertus.

## Exemples de *Loro.*

*Il loro hauere,*i.*l'hauere di quelli,*leur auoir.
*La loro bontà,*i.*la bontà di quelli,*leur bonté.

. Et ſeulement au Plurier pour le regard du Pronom; car quant au Nom il ſe dit en tous les deux
nombres, & au Plurier on dit auſſi,

*I loro compagni. i. i compagni di quelli*: leurs compa-
gnons.

*Le loro facoltà. i. le facoltà di quelli*: leurs biens & fa-
cultez.

Par où vous voyez tout de meſme que deſſus,
comment l'article eſt appliqué au Nom ſeulement; toutesfois il faut conſiderer, qu'au François, ce Pronom ſe change au nombre : car ſi la
choſe poſſedée eſt vnique, nous diſons leur: comme, les ſoldats & leur Capitaine; & au contraire,
ſi les choſes poſſedées ſont en Plurier, nous diſons leurs; comme, les femmes & leurs maris, laquelle mutation ne ſe faict en l'Italien.

Exemples de *Altrui.*

*La roba altrui*, ou *l'altrui roba. i. la roba d'altri* : la
choſe d'autruy. *i.* les biens & commoditez
d'autruy.

*Le caſe altrui*, ou *l'altrui caſe. i. le caſe d'altri*: les maiſons d'autruy ; & ce en tous les deux genres,
& és deux nombres.

# De certaines particules qui ſe ioi-gnent apres les Noms immediate-ment, au lieu des Pronõs poſſeſſifs.

. Ces particules, *ma, mo, ta, to, ſo,* & quelquesfois
*ſa,* ſe mettent apres les Noms immediatement
au lieu de *mia, mio, tua, tuo, ſuo & ſaa,* en laiſſant la
voyelle du milieu. Exemples, *mogliema, fratelmo,*

*sirocchiata, fratelo, signorso,* pour *fratel mio,* mon frere:
*sirocchia tua,* ta ſœur: *fratel tuo,* ton frere: *signorsuo,*
ſon Seigneur; mais ce dernier *signorso,* ne ſe trouue ſinon és Poëtes, & pour le regard de *ſa* l'exemple en eſt l'vnique, à ſçauoir, *ʒieſa*; pour *ʒiaſua,*
ſa tante.

## Du Verbe.

Le Verbe, quatrieſme partie de l'Oraiſon, eſt
vne ſorte de diction, qui ſignifie & repreſente
toute action, eſtre, ou paſſion; & ſe decline ou
coniugue par les modes, temps, perſonnes, &
nombres. Pour le regard de l'action, elle eſt de-
notée par les verbes actifs: comme, *Io amo, veggo,*
*leggo, dico, ho, corro, e' tuona:* qui veut dire, i'aime, ie
voy, ie lis, i'ay, ie cours, il tonne: Pour l'eſ-
ſtre il a le verbe Subſtantif *sono,* ie ſuis. Quant à la
paſſion, tous les verbes Paſſifs n'ont qu'vne ſeule
voix, (qui eſt le Preterit parfaict de l'Actif) à laquelle ſe ioinct le verbe Subſtantif *sono,* en toute
la coniugaiſon; comme ſi au Preterit de *amo,* ſçauoir eſt *amato:* vous l'y adjouſtez, vous en ferez le
verbe Paſſif, *sono amato,* ie ſuis aimé.

Il y a bien quelques Verbes qui ont qualité de
paſſion; comme, *Io ardo,* ie bruſle: *io sento,* i'oy, ou ie
ſens: *io odo,* i'oy: *io patisco,* i'endure; & autres ſemblables, qui ſ'appellent Intranſitifs ou abſoluts,
ne pouuant tranſporter leur force en aucun
ſubject.

## Des accidents du Verbe.

Les accidents du Verbe ſont, le Mode, le Téps,
la Perſonne, & le Nombre. Aucuns y adjouſtent

la Figure; & fe pourroit auffi dire que la Coniugaifon ou Declinaifon eft accident : mais c'eft la
variation d'iceluy par les quatre fus-nommez,
tellement qu'elle les comprend tous.

Le premier accident, qui eft le mode, eft de cinq
fortes, à fçauoir Indicatif ou demonftrant, Imperatif ou commandant, Optatif ou defirant,
Subjonctif ou Conjonctif, & Infinitif.

Mode.
- Indicatif, *Io amo*, i'aime.
- Imperatif, *ama tu*, aime toy.
- Optatif, *Dio voleffe ch'io*, pleuft à Dieu que *amaßi*, i'aimaffe.
- Conjonctif, *Concio fia cofa*, cóme ainfi foit *ch'io amaßi*, que i'aimaffe.
- Infinitif. *amare*, aimer.

Le temps.
- Prefent, comme, *Io amo*, i'aime.
- Paffé, ou Pre-terit.
  - Imparfait. *io amaua*, i'aimois.
  - Parfait. 1. *io amai*, i'aimay.
  - Parfait. 2. *io ho amato*, i'ay aimé.
  - Plufq.parf. *io haueua*, i'auois ai-(amato. (mé.
- Futur, *io amerò*, i'aimeray.

La perfonne.
- Premiere, *Io leggo*, ie lis.
- Seconde, *tu leggi*, tu lis.
- Troifiefme. *colui legge*. il, ou celuy-là (lit.

Le nóbre.
- Singulier, *io parlo*, ie parle.
- Plurier. *noi parliamo*. nousparlons.

La fi-gure.
- Simple, *leggo*, ie lis.
- Compofée. *rileggo*. ie relis.

## Des Coniugaifons des Verbes.

Il y a en la langue Italienne quatre Coniugaifons des verbes, fi on a efgard aux Infinitifs: mais fi on confidere tous les autres modes, on n'en trouuera que deux, d'autant que les trois dernieres fe conforment quafi entierement és verbes reguliers, hors mis en l'Infinitif, qui a cefte difference, que la premiere fe termine en *are*, en fon Infinitif, auec a long deuant *re*, comme *amáre infegnáre, andáre*, aimer, enfeigner, aller.

La feconde en *ere*, auec l'e de la penultiefme long: comme, *fapére, cadére, hauére*, fçauoir, choir, ou tomber, auoir.

La troifiefme auffi en *ere*, mais auec l'e de la penultiefme bref: comme, *fcriuere, leggere, rifpléndere*, efcrire, lire, reluire, ou refplandir.

La quatriefme en *ire*, auec i long; comme, *fentíre, vdíre, fornire*, fentir, ouyr, acheuer: *féntire*, fignifie tous les deux, fentir & ouyr.

Or faut noter en paffant, que la troifiefme perfonne finguliere de l'Indicatif du temps prefent fe termine en ces deux voyelle *a* & *e*, aufquelles adjouftant le *re*, il fe forme vn grand nombre d'Infinitifs: l'*a* feruant pour les verbes de la premiere Coniugaifon: comme, *ama, parla, chiama*, aime, parle, appelle; & l'*e* f'accommodant aux trois autres: comme, *vede, legge, fente*, voit, lit, fent, ou oyt, & autres infinis: Et pour le regard des Verbes de la quatriefme, ils forment leurs Infinitifs de la feconde perfonne du prefent de l'Indicatif: comme de *fenti*, tu fens, fe faict *fenfire*, adjouftant feulement la fillabe *re*.

# Des Preterits ou paſſez parfaicts, & plus que parfaicts.

Les Preterits ou paſſez parfaicts, ſeconds ou compoſez, & les plus que parfaicts, s'expriment par le Participe, auec les Verbes auxiliaires ou aidans, qui ſont *Sono* ie ſuis, & *Ho*, i'ay; le premier ſeruant aux paſſifs, non ſeulement eſdits preterits: mais auſſi en toute la coniugaiſon; comme, *Io ſono amato*, & le ſecond aide aux actifs, ainſi qu'il ſe verra és coniugaiſons que nous mettrons cy-apres.

Mais il faut, deuant que de donner des exemples de toutes les quatre Coniugaiſons, mettre ces deux ſuſdits *Sono* & *Ho* bien au long, afin de cognoiſtre leur force & ſignification, lors qu'ils ſe ioindront aux autres, le premier ſera *Sono*, verbe ſubſtantif, lequel ſert d'auxilaire à ſoy-meſme en la langue Italienne, ce qui n'eſt pas en la Françoiſe ny Eſpagnole.

## Coniugaiſon du Verbe ſubſtantif *Sono*, ie ſuis.

### Indicatif au temps preſent.

Sing. *Io Sono*, ou *ſo*, *tu ſei*, & *colui è*, & ancien-
& *ſon*, ie ſuis. *ſe*, tu es. nement *ee'*, il eſt.
Plur. *Noi ſiamo*, & *Voi ſiete*, ou *quelli ſono*, ou *ſon*,
*ſemo*, nous *ſete*, vous & *enno* antique,
ſommes. eſtes. ils ſont.

### Preterit, ou Passé Imparfaict.

Sing. *Io ero,* ou *era,*   *tu eri*     *quello era.*
i'eſtois.      tu eſtois. il eſtoit.

Plur. *Noi erauámo,*  *voi erauáte,*  *quelli erano, eran.*
ó *erámo,* nous  *eri,* vous  ils eſtoient.
eſtions.     eſtiez.

### Preterit Parfaict 1. ou ſimple.

Sing. *Io fui,* & *fu,*  *tu fuſti, foſti,*  *egli fu,* & *fue,*
ie fus.      *foſtu?* inter- il fut.
rogatif : tu
fus, fus tu?

Plur. *Noi fummo,*  *voi fuſte, foſte,*  *quelli furono, furo,*
nous fumes. vous fuſtes. *furno, fur,* & *furon,*
ils furent.

### Parfaict 2. ou compoſé.

Sing. *Io ſono ſtato,*  *tu ſei ſtato,*  *egli è ſtato, è*
*ſon ſuto,*    *ſe' ſuto,*    *ſuto,*
i'ay eſté.    tu as eſté. il a eſté.

Plur. *Noi ſiamo ſtati,* *voi ſiete ſtati,* *quelli ſono ſtati,*
nous auons vous auez *ſon ſuti,*
eſté.      eſté.     ils ont eſté.

Aucuns y font vn troiſieſme parfaict, qui eſt:

*Io fui ſtato,*   *tu foſſi ſtato,*
i'eus eſté.    tu eus eſté, &c.

Et ce en adjouſtant au Participe *ſtato,* le parfait
ſimple *fui,* en toutes les perſonnes & nombres,
mais il ſemble que ce ſoit pluſtoſt vn temps du

Conjonctif, que de l'Indicatif, d'autant qu'il y doit touſiours auoir vne de ces dictions iointes, *quando*, *poiche*, ou *dopò che*, quand, puiſque, ou apres que.

### Pluſque Parfaict.

Sing. *Io ero, ou era ſtato, ſuto*, i'auois eſté.    *tu eri ſtato*, tu auois eſté.    *colui era ſtato*, il auoit eſté.

Plur. *Noi erauámo o erámo ſtati*, nous auions eſté.    *voi erauáte o eri ſtati*, vous auiez eſté.    *coloro érano ſtati*, ils auoient eſté.

### Temps Futur, ou à venir.

Sing. *Io farò, ſarragio*, antique: ie feray.    *tu ſarai*, tu feras.    *egli ſarà, fia, fie*, il ſera.

Plur. *Noi ſaremo*, nous ferons.    *voi ſarete*, vous ferez.    *quelli ſaranno, fiano, fian, fien & fieno*, ils feront.

# Imperatif ou commandant.

### Preſent.

Sing. .......    *ſij tu, ſie tu*, fois toy.    *fia colui*, qu'il ſoit.

& en deffendant. *non eſſer*, ne fois.

Plur. *ſiamo noi*, foyons.    *ſiate voi*, foyez.    *fiano, ou ſieno coloro*, qu'ils ſoient.

Futur.

Sing. ......	*farai tu,*	*farà colui,*
	feras tu.	fera il.

Plur. *Saremo noi,*	*farete voi,*	*faranno coloro,*
	ferons nous.	ferez vous.	feront ils.

Ce Futur femble pluftoft deuoir eftre pris pour interroger, que pour commander.

# Optatif ou defirant.

## Temps Prefent.

*Voleffe Iddio che,* Pleuft à Dieu que,

Sing. *Io foßi & fußi, tu foßi & fußi, egli foße & fuße,*
	ie fuffe.	tu fuffes.	il fuft.

Plur. *Noi foßimo,*	*voi fofte,&*	*coloro foßero, foßer,*
	nous fuffions.	*fufte,*	*foßino,& fuffero,*
		vous fuffiez.	ils fuffent.

Encor autrement pour le Prefent & Futur.

*Dio voglia che,* Dieu vueille que,

Sing. *Io fia,*	*tu fij,*	*colui fia,*
	ie fois.	tu fois.	il foit.

Plur. *Noi fiamo,*	*voi fiate,*	*coloro fiano & fie-*
	nous foyons.	vous foyez.	*no,* ils foient.

## Temps paffé Imparfaict.

Sing. *Sarei io,*	*farefti tu,*	*farrebbe egli, faria*
	*faria,*	tu ferois.	*& fora,*
	ie ferois,		il feroit.

									Plurier.

Plur. *Saremmo noi,* *sareste voi,* *sarebbono essi, sa-*
nous serions. vous seriez. *rebbero,* & *saria-*
*no,* ils seroient.

Ce temps s'accompagne auec ceste forme de
parler : *ô che volentieri sarei io* , ô que ie serois volontiers.

Et encor selon aucuns, le Present du mesme
Optatif cy-dessus, se met en l'Imparfait. *o Dio vo-*
*lesse ch' io fossi,* Pleust à Dieu que ie fusse, &c.

### Preterit Parfaict.

Sing. *Io sia stato,*    *tu sij staro,*    *egli sia stato,*
   i'ay esté.     tu ayes esté. il ait esté.
Plur. *Noi siamo stati,* *voi siate stati,* *coloro siano stati,*
   nous ayons    vous ayez    ils ayent esté.
   esté.      esté.

### Plusque Parfaict.

*O Dio volesse che,* Pleust à Dieu que,

Sing. *Io fossi stato,*    *tu fossi stato,*    *egli fosse stato,*
   i'eusse esté.    tu eusses esté. & *suto* , il
                            eust esté.
Plur. *Noi fossimo,*    *voi foste stati,*    *eglino fossero sta-*
   *stati* , nous    vous eussiez    *ti,* & *suti,* ils
   eussions esté. esté.        eussent esté.

Autrement auec la forme de parler, en souhai-
tant, *ô che volentieri,* ô que volontiers.

Sing. *Io sarei,* & *saria tu saresti, stato, egli sarebbe,* &
   *stato* , i'eusse, tu eusses, ou    *saria stato* , il
   ou i'aurois aurois esté. eust, ou au-
   esté.                               roit esté.

E

Plur. *Noi saremmo* *Voi sareste sta-* *coloro sarebbono,*
*stati*, nous *ti*, vous eus- *sarebbero*, & *sa-*
eussions, ou siez, ou au- *riano stati*, ils
aurions esté. riez esté. eussent, ou
auroient esté.

Le Futur est desia mis cy-dessus auec le Present.

# Conjonctif.

## Present.

Sing. *Io sia*,    *tu sij*,    *egli sia*,
ie sois.    tu sois.    il soit.

Plur. *Noi siamo*,    *voi siate*,    *coloro siano* & *sie-*
nous soyons. vous soyez.    *no*, ils soient.

Encor autrement auec la particule
conditionnelle *se*, si.

Sing. *Se io fossi*,    *se tu fossi*,    *se egli fosse*,
ô *fussi*,    o *fussi*,    ô *fusse*,
si i'estois. si tu estois. s'il estoit.

Plur. *Se noi fossimo*, *se voi foste*, ô *se eglino fossino*,
si nous *fusti*, si vous ô *fossero*, s'ils
estions. estiez. estoient.

Ce temps se trouue en certaine composition
aussi expliqué en François, par ie serois, &c. ce
qui se cognoistra par discretion & par estude.

## Imparfaict.

Auec les formules, *benche*, *quantunque*, & *tutto*
*che*, combien que, encor que, *con ciosi ache*,
comme ainsi soit que.

Sing. *Io fossi*, *fussi*, *tu fossi fussi*, *egli fosse*, *fusse*,
ie fusse. tu fusses. il fust.

Plur. *Noi foßimo,* *voi foste, fuste,* *eglino fußoro,*
fußimo, nous vous fußiez. *foßino, fußino,*
fußions. *foßero, foßer,*
ils fußent.

Autrement auec la particule *se*, & l'auxilaire;
& en ceste sorte il participe du Present & de
l'Imparfaict n'agueres passé.

Sing. *s'io foßi stato,* *se tu foßi stato,* *s'egli foße stato,*
si i'auois si tu auois s'il auoit esté.
esté. esté.

Plur. *Noi foßimo* *voi foste stati,* *eglino foßero sta-*
*stati,* nous vous auiez *ti,* ils auoient
auions esté. esté. esté.

Exemple de ce temps: *s'io foßi stato qui vn' hora*
*farei contento:* si i'auois esté icy vne heure, ie serois
content: *se tu foßi stato alla Messa, faresti collatione;* si
tu auois esté à la Messe, tu desieunerois; & se voit
que ce temps icy & le suiuant se construisent l'vn
auec l'autre, estant tous deux Imparfaits : Autres
exemples d'autres Verbes; *s'io haueßi fatto quello, io*
*nol negherei;* si i'auois faict cela, ie ne le nierois pas;
& s'en trouue de mesme en tous les Verbes : *se*
*noi haueßimo desinato, ne anderemmo via:* si nous
auions disné, nous nous en irons: *Se io haueßi par-*
*lato con eßo lui, io saprei la verità del fatto;* si i'auois
parlé auec luy, ie sçaurois la verité de l'affaire.

Encor autrement sans formule, comme en
l'Imparfaict de l'Optatif.

Sing. *Io farei, faria,* *tu faresti,* *egli farrebbe,*
ie serois. tu serois. *fora, saria,*
il seroit.

E ij

**Plur.** *Noi farem-* *voi fareſte,* *eglino ſarebbero*
*mo,* nous                      *ſarebbono,* & *ſaria-*
ſerions.    vous ſeriez.   *no,* ils ſeroient.

## Parfaict.

*Conciofia coſa che ,* Comme ainſi ſoit que.
*Quantunque,* Combien que.

**Sing.** *Io ſio ſtato,* *tu ſij ſtato,* *eglia ſia ſtato,*
i'aye eſté.   tu ayes eſté.   il ait eſté.

**Plur.** *Noi ſiamo* *voi ſiate ſtati,* *coloro ſiano o ſieno*
*ſtati,* nous   vous ayez   *ſtati ,* ils ayent
ayons eſté.   eſté.    eſté.

## Pluſque parfaict.

Auec les formules, *ſe, benche , come che , concioſa*
*coſa che;* ſi, bien que, encor que, comme
ainſi ſoit que.

**Sing.** *Io foſſi ſtato,* *tu foſſi ſtato,* *egli foſſe ſtato,*
i'euſſe eſté.   tu euſſes eſté.   il euſt eſté.

**Plur.** *Noi foſſimo* *Voi foſte ſtati,* *coloro foſſero ,* &
*ſtati,* nous   vous euſſiez   *foſſino ſtati ,* ils
euſſions eſté.   eſté.    euſſent eſté.

Autrement ſans formules, & auec formules.

**Sing.** *Io ſarei,* & *ſa-* *tu ſareſti ſta-* *egli ſarebbe, ſaria,*
*ria ſtato,* l'au-   *to,* tu aurois   ou *fora ſtato ,* il
rois eſté , ou   eſté, ou euſ-   auroit eſté, ou
i'euſſe eſté.   ſes eſté.    euſt eſté.

**Plur.** *Noi saremmo stati*, nous aurions esté, ou eussions esté.  *Voi sareste stati*, vous auriez esté, ou eussiez esté.  *coloro sarrebbero, ou sarebbono, sariano & forano stati*, ils auroient esté, ou eussent esté.

Il faut noter que les Italiens accouplent tousiours ces deux façons d'imparfaicts ; les faisant suiure l'vn l'autre en la composition: comme, *s'io fossi stato quiui, tu non ci saresti rimaso vn'hora.* Si i'eusse esté là, tu n'y fusses pas demeuré vne heure : là où vous voyez que le François n'en faict pas de mesme, car il redouble l'vne des sortes, sans prendre la seconde :

Futur, comme en l'Indicatif pour l'Italien, excepté qu'il y a icy la particule ou formule *se*, adjointe de plus.

**Sing.** *Se io farò,* si ie suis.   *se tu sarai,* si tu es.   *s'egli sarà,* s'il est.

**Plur.** *Si noi saremo,* si nous sommes.   *se voi sarete,* si vous estes.   *se coloro saranno,* s'ils sont.

On peut aussi dire en François, si ie seray, & le reste du futur de l'Indicatif, auec la conionction si, mais c'est lors qu'il precede d'autres Verbes: comme pour exemple, *Io non sò se sarà vero*, ie ne sçay pas s'il sera vray.

Encor vn autre Futur, ou apres futur.

*Quando,*   Quand.

**Sing.** *Io farò stato,* i'auray esté.   *tu sarai stato,* tu auras esté.   *egli sarà stato,* il aura esté.

**Plur.** *Noi saremo stati*, nous aurons esté.   *voi sarete stati,* vous aurez esté.   *coloro saranno stati*, ils auront esté.

Ceſt Aduerbe du temps *Quando*, ſe ioinct auſſi
auec le premier Futur, & ſe dit, *Quando io ſarò*,
quand ie ſeray ; & ainſi de tout le reſte des perſonnes.

## Infinitif.

### Preſent.

*Eſſere*, eſtre.

### Paſſé.

*Eſſer ſtato*, auoir eſté.

### Futur.

*Douere eſſere*, ou *hauere ad eſſere*, deuoir eſtre.
*Eſſer per eſſere*, eſtre pour eſtre.

### Et encor pour vn iadis Futur.

*Eſſer ſtato per eſſere*, auoir eſté pour eſtre.

## Le Gerondif.

### Preſent.

*Eſſendo*, eſtant.

### Paſſé.

*Eſſendo ſtato*, ayant eſté.

### Futur.

*Douendo eſſere*, *hauendo ad eſſere*,　*eſſendo per eſſere*.
Deuant eſtre, ayant à eſtre,　　eſtant pour eſtre.

Il ne ſera hors de propos, deuant que paſſer
outre aux Coniugaiſons des autres Verbes, de
dire, que les Italiens ont vne maniere de parler,
en laquelle ils vſent de l'Imparfaict de l'Indicatif, au lieu du Pluſque Parfaict du Conionctif;
car ils diſent : *s'io ci era, la coſa non andaua coſi*, qui

fignifie en François; fi i'y euffe efté, la chofe ne
fuft pas allée ainfi. Vous en verrez des exemples
d'autres Verbes, en ces deux Stances qni font du
premier chant de l'Ariofte. La premiere eft, la
foixante & fixiefme,qui dit ainfi.

*Sofpira e geme, non perche l'annoi,*
*Che piede o braccio, s'habbia rotto o fmoffo,*
*Ma per vergogna fola, onde a' di fuoi,*
*Nè pria nè dopo, il vifo hebbe fi roffo:*
*E più, ch'oltre al cader, fua donna poi*
*Fu, che li tolfe il gran pefo da doffo:*
*Muto reſtaua, mi cred' io, fe quella,*
*Non li rendea la voce e la fauella.*

Il foufpire & gemit, non pas qu'il luy ennuye,
Qu'vn pied ou vn bras, il fe foit rompu, ou
    defmis,
Mais de honte feulement,dont en fa vie,
Ny deuant,ny apres,il n'eut le vifage fi rouge:
Et d'auantage,qu'outre la cheute,fa dame puis
Fut celle, qui luy ofta le grand fardeau de
    deffus:
Il fuft demeuré muet,comme ie croy,fi icelle
Ne luy euft rendu la voix & la parole.

Là où vous pouuez voir que ce mot *reſtaua*, au
feptiefme vers, qui eft du temps Imparfaict de
l'Indicatif, & qui fimplement fignifie, demeu-
roit, en ce lieu icy veut dire, il fuft demeuré: &
tout de mefme *rendea*, du dernier vers, au lieu de
rendoit, fignifie, euft rendu. Et en la Stance fe-
ptante-quatriefme qui eft icy.

*Smonta il Circaffo, e al deſtrier s'accoſta,*
*Et fi penfaua dar di mano al freno;*
*Con le groppe il deſtrier li fa riſpoſta,*

*Che fù presto al girar, come vn baleno:*
*Ma non arriua doue i calci appostà.*
*Misero il Caualier se giungeà a pieno:*
*Che ne' calci tal possa hauea il cauallo,*
*C'hauria spezzato vn monte di metallo.*

Le Circassien descend, & s'approche du de-
　strier,
Et pensoit mettre la main à la bride;
Le destrier luy faict response auec la croupe,
Car il fut prompt à se tourner, comme vn
　esclair :
Mais il n'arriue où il addresse ses ruades.
Miserable le Cheualier, s'il eust attaint à plein;
Car le cheual auoit en ses ruades telle force,
Qu'il eust brisé vne montagne de metal.

Tellement qu'au sixiesme vers, ce mot *giungeà,*
qui signifie simplement, attaignoit ; icy vaut autant que, eust attaint. Il s'en trouue infinis autres
exemples semblables.

Coniugaison du Verbe auxiliaire *Ho,* lequel sert
　aux Verbes Actifs, pour former leurs
　　Preterits, auec le Participe d'iceux.

## Indicatif.

### Present.

| | |
|---|---|
| Sing. *Io ho,* i'ay | *tu hai, colui hà,* |
| *Haggio,* (Poëtique:) | tu as, *hae,* |
| *Habbo,* ancienne voix, | *Haue,* Poëtique. |
| n'est plus en vsage. | il a. |

Plur. *Noi habbiámo,* *voi hauéte,* *coloro hanno,* &
ou *hauemo,* vous auez. · *han,* ils ont.
nous auons,

### Preterit Imparfaict.

Sing. *Io hauéuo,* *tu hauéui,* *egli hauéua,*
*hauéua,* tu auois. *hauéa,*
*hauéa,* il auoit.
i'auois.

Plur. *Noi haueuámo* *voi haueuáte,* *Quegli hauéuano,*
& *haueámo,* vous auiez. *hauéano, hauean,*
nous auions. & *hauieno,* ils
auoient.

### Peterit Parfaict simple.

Sing. *Io hebbi, hauei:* *tu hauesti,* *colui hebbe,*
i'eu : *hei,* an- tu eus. il eut.
cienne voix
hors d'vsage.

Plur. *Noi hauém-* *voi haueste,* *coloro hebbono, heb-*
*mo,* nous vous eustes. *bon, hebbero, heb-*
eusmes. *ber,* ils eurent.

### Parfaict composé.

Sing. *Io ho hauuto,* *tu hai hauuto,* *egli ha hauuto,*
i'ay eu. tu as eü. il a eu.

Plur. *Noi habbiámo,* *voi hauete* *quelli hanno*
*ô hauemo hauuto,* *hauuto,* *hauuto,*
nous auons vous auez ils ont eu.
eu.

### Parfaict troisiesme, auec les Aduerbes.

*Quando,* quand.
*Poiche,* apres que.

Sing. *Io hébbi* *tu hauesti,* *colui hebbe*
*hauúto,* *hauuto,* *hauuto,*
i'eusse eu. tu eus eu. il eut eu.

Plur. *Noi hauémmo* *voi hauéste* *coloro hébbono, ô*
*hauuto,* *hauuto,* *hebbero hauuto,*
nous eus- vous eustes ils eurent eu.
mes eu. eu.

### Plusque Parfaict.

Sing. *Io haueua* *tu haueui* *colui haueua*
*hauuto,* *hauuto,* *hauuto,*
i'auois eu. tu auois eu. il auoit eu.

Plur. *Noi haueuá-* *voi haueui,* *coloro hauéuano*
*mo hauuto,* *hauenáte* *hauuto,*
nous auions *hauuto,* ils auoient
eu. vous auiez eu.
eu.

## Futur.

Sing.  
Io *hauerò,* tu *hauerai,* colui *hauerà,*  
*haurò, harò,* *haurai,* *haurà,*  
& *harraggiò,* *harai,* *harà,*  
(Poëtique) tu auras. il aura.  
j'auray.

Plur.  
Noi *haueremo* Voi *hauerete,* coloro *haueran-*  
*hauremo,* *haurete,* *no, hauranno,*  
*haremo,* *harete,* *haranno,*  
nous aurons. vous aurez. ils auront.

# Imperatif.

## Preſent.

Sing. ......... *Habbi tu,* *habbia colui,*  
ayes toy. qu'il ait.

Plur. *Habbiámo noi,* *habbiáte Voi,* *hábbiano coloro,*  
ayons. ayez. *habbino,*  
qu'ils ayent.

## Futur.

Sing. ......... *Haurai tu,* *harà colui,*  
*harai,* *haurà,*  
auras-tu. aura-il.

Plur. *hauremo,* *haurete, harete* *hauranno, ha-*  
*haremo noi,* Voi, aurez- *ranno quelli,*  
aurons nous. vous. auront-ils.

## Optatif ou defideratif.

### Prefent.

*o voleſſe Dio che,* ô pleuſt à Dieu que,

Sing. *Io haueßi,ha-*　*tu haueßi,*　*colui haueſſe,*
*ueſſe,*Poëtiq.　tu euſſes.　il euſt,
i'euſſe.

Plur. *Noi haueßimo,*　*voi haueſte,*　*quelli haueſſero,*
nous euſ-　*haueßi,*vous　*haueſſono,*& ha-
fions.　euſſiez.　*ueßino,* ils
euſſent.

### Autrement pour le Prefent & Futur.

*Dio voglia che,* Dieu vueille que,

Sing. *Io habbia,*　*tu habbia,*　*colui habbia,*
*haggia,*　*habbi,*　il ait.
i'aye.　tu ayes.

Plur. *Noi habbiamo,*　*voi habbiate,*　*quelli habbiano,*
nous ayons.　vous ayez.　*habbino,haggia-*
*no,* ils ayent.

### Preterit Imparfaict.

*O che volentieri,* ô que volontiers,

Sing. *Io hauerei,*　*tu haueresti,*　*colui hauerebbe,*
*haurei,*　*hauresti,*　*haurebbe, ha-*
*harei,*　*haresti,*　*rebbe, haueria,*
*haueria,*　tu aurois.　& *hauria,*
i'aurois.　　il auroit.

Plur. *Noi hauerem-* *voi hauereſte,* *coloro hauerebbo-*
mo, *hauremo,* *haureſte,* no, *haurebbonɨ,*
*haremmo,* *hareſte,* *harebbono, hauri-*
nous au- vous auriez. *ano, haurebbero,*
rions. ils auroient.

Notez que toutes ces formules de la troiſieſme perſonne du Plurier ſe trouuent ſouuent abbregées de leur derniere lettre *o,* & ce en tous les
Verbes qui ſont les meſmes terminaiſons.

Pareillement faut noter, que comme dit eſt cy-
deſſus en la variation du Verbe *sono,* le Preſent de
ce meſme Optatif eſt auſſi de l'Imparfaict du
meſme Mode, à ſçauoir, *ô Dio voleſſe ch'io haueſſi,*
pleuſt à Dieu que i'euſſe, &c.

### Preterit Parfaict.

*Dio voglia che,* Dieu vueille que,
Sing. *Io habbia* *tu habbi ô hab-* *colui habbia,*
*hauuto,* *bia hauuto,* *hauuto,*
i'aye eu. tu ayes eu. il ait eu.

Plur. *Noi habbiamo* *voi habbiate* *quelli habbiano*
*hauuto,* nous *hauuto,* vous *hauuto,* ils
ayons eu. ayez eu. ayent eu.

### Pluſque Parfaict.

*O Dio voleſſe che,* pleuſt à Dieu que,
Sing. *Io haueſſi* *tu haueſſi,* *colui haueſſe*
*hauuto,* *hauuto,* tu *hauuto,* il
i'euſſe eu. euſſes eu. euſt eu.

**Plur.** *Noi haueßimo,* *voi haueste,* ô  *haueßero*
*hauuto,* nous  *haueßi hauuto,*   *hauuto,* ils
euſſions eu.  vous euſſiez eu.  euſſent eu.

Encor autrement auec ceſte forme de dire,
ô *che volentieri*, ô que volontiers.

**Sing.** *Io haurei,* &  *tu hauresti,*  *colui haurebbe,*
*harei hauuto,*  *haresti hauuto,*  & *ha-ebbe ha-*
j'euſſe, ou  tu euſſes, ou  *uuto,* il euſt,
j'aurois eu.  aurois eu.  ou auroit eu.

**Plur.** *Noi hauremmo,*  *voi haureste,*  *coloro haurebbo-*
ô *haremmo*  ô *hareste*  *no,* ô *harebbono*
*hauuto,*  *hauuto,*  *hauuto,*
nous euſ-  vous euſ-  ils euſſent,
ſions, ou  ſiez, ou  ou auroient
aurions eu.  auriez eu.  eu.

Voyez le Futur cy-deſſus auec le Preſent.

# Conjonctif.

## Preſent.

*Conciosia cosa che,* Comme ainſi ſoit que,

**Sing.** *Io habbia,*  *tu habbia,*  *colui habbia,*
*haggia,*  *habbi,*  *haggia,*
j'aye.  tu ayes.  il ait.

Plur. *Noi habbiamo,* *voi habbiate,* *coloro habbiano,*
haggiamo, vous ayez. habbino,
nous ayons. hag giano,
ils ayent.

**Encor autrement auec la Particule
conditionnelle, *se*, *si*.**

Sing. *se io haueßi,* *se tu haueßi,* *se colui haueße,*
si i'auois. si tu auois. s'il auoit.

Plur. *se noi haueßi-* *se voi haueste,* *se coloro haueße-*
*mo,* si nous *& haueßi,* si *ro, & haueßono,*
auions. vous auiez. s'ils auoient.

Souuentesfois il se trouue en la composition
que ce temps est expliqué en François, par i'aurois, tu aurois, &c. Voyez au Preterit Imparfaict
de l'Optatif pour le François. Exemple, *Quando io
haueßi,* quand i'aurois. *Item, chi haueße,* qui auroit.

**Passé Imparfaict auec les formules suiuantes.**

*Benche, conciosia che, & quantunque,*
Combien que, & comme ainsi soit que.

Sing. *Io haueßi,* *tu haueßi,* *colui haueße,*
i'eusse. tu eusses. il eust.

Plur. *Noi hauessimo,* *voi haueste, &* *quegl'i haueßero,*
nous eus- *hauessi,* vous *& hauessino,*
sions. eussiez. ils eussent.

Autrement pour le Prefent & Imparfaict, auec
auxiliaire & la particule *fe, fi.*

Sing. *s'io haueſſi* 　　 *tu haueſſi* 　　 *egli haueſſe*
　　 *hauuto,* 　　　 *hauuto,* 　　　 *hauuto,*
　　 ſi j'auois eu. 　 tu auois eu. 　 il auoit eu.

Plur. *Noi haueſſimo* 　 *voi haueſte* 　 *quelli haueſſerò*
　　 *hauuto,* nous 　 *hauuto,* vous 　 *hauuto,* ils
　　 auions eu. 　　 auiez eu. 　　 auoient eu.

Ce temps icy & le ſuiuant ſe conſtruiſent ordinairement l'vn auec l'autre : Exemple , *s'io haueſſi hauuto coſi bella occaſione, farei hora ricco :* ſi j'auois
eu vne ſi belle occaſion, ie ſerois maintenant
riche.

Encor autrement ſans formule, comme en
l'Imparfaict de l'Optatif.

Sing. *Io haurei,* 　　 *tu haureſti,* 　 *egli haurebbe,*
　　 *harei, haueria,* *hareſti,* 　　 *harébbe,*
　　 *hauria,* 　　　　　　　　 *hauria.*
　　 j'aurois. 　　 tu aurois. 　 il auroit.

Plur. *Noi hauerem-* *voi hauereſte,* *coloro hauerebbo-*
　　 *mo, hauremmo,* *haureſte,* 　 *no, haurebbono,*
　　 *haremmo,* 　 *hareſte,* 　　 *harebbono, hau-*
　　　　　　　　　　　　　　 *rebbero, hauria-*
　　 nous aurions. vous auriez. *no,* ils auroient

Parfaict.

*Concioſia coſa che,* Comme ainſi ſoit que.
*Quantunque,* 　　 Encor que.

Singulier.

Sing. Io habbia     tu habbi, ou    egli habbia
hauuto,         habbia hauuto,   hauuto,
i'aye eu.        tu ayes eu.     il ait eu.

Plur. *Noi habbiamo*   *voi habbiate*   *quelli habbian*
*hauuto*, nous   *hauuto*, vous   *hauuto*,
ayons eu.       ayez eu.      ils ayent eu.

## Plusque parfait auec les formules suiuantes.

*Se, si, benche,* bien que, *quantunque,* encor que.
*Conciosia cosa che,* comme ainsi soit que.

Sing. *Io hauessi*     *tu hauessi*    *egli hauesse*
*hauuto,*       *hauuto,*      *hauuto,*
i'eusse eu.      tu eusses eu.   il eust eu.

Plur. *Noi hauessimo*   *voi haueste,*
*hauuto,*        ou *hauessi*    *quelli hauessere*
nous eus-       *hauuto,* vous   *hauuto,*
sions eu.        eussiez eu.   ils eussent
                                eu.

## Encor autrement sans formules, & auec icelles.

Sing. *Io haurei,* &   *tu hauresti,* &   *egli haurebbe,* &
*hauria hauuto,*   *haresti hauuto,*   *hauria hauuto,*
i'aurois, ou    tu aurois, ou   il auroit, ou
i'eusse eu.     eusses eu.     eust eu.

Plur. *Noi haremmo,*   *voi haureste,*   *quelli haurebbo-*
*hauuto,*        *hauuto,*      *no,* & *hauriano*
nous au-       vous auriez,   *hauuto,* ils aurions, ou       ou eussiez    roient, ou
eussions eu.    eu.        eussent eu.

F

Ce temps fert aucunesfois d'auxiliaire ou aide à quelques autres Verbes en certaine compofition, où il femble que ce foit vn temps outre le Plufque parfaict ; car ce Verbe auxiliaire *hauere,* n'eft pas ordinairement compofé pour feruir à vn autre, là où au contraire en ce cas, ce feroit vn auxiliaire fur vn autre, comme quand nous entendons auoir eu faict, ou pouuoir auoir eu faict quelque chofe en certain temps prefix, prefuppofant & exprimant l'action, nous vfons de ce temps pour aide de l'autre Verbe. Exemple, *Se io hauefsi hauuto fpedito le mie facende all'hora che voi fiete venuto, io non farei ftato impedito da cerra difgratia che mi è in quel punto arriuata:* Si i'euffe eu expedié mes affaires à l'heure que vous eftes venu, ie n'euffe pas efté empefché par vn certain malheur qui en ceft inftant m'eft arriué: *Item, Io haurei hauuto fcritto tre fogli di carta intieri, nel punto che voi fiete arriuato, fe non mi hauefle difturbato vncerto mio parente, che mi era venuto a vifitare:* l'euffe eu efcrit trois fueilles de papier entieres iuftement, quand vous eftes arriué, fi vn certain mien parent qui m'eftoit venu vifiter, ne m'euft deftourbé.

Il ne fera befoin de repeter ce temps és autres Coniugaifons, en remettant l'obferuation d'iceluy à la diligence & iugement des ftudieux.

Futur comme en l'Indicatif pour l'Italien, où le François fe fert du Prefent : mais il y a la formule de plus.

Sing. *se io haurò,*　*fe tu haurai,*　*s'egli haurà,*
　　　fi i'ay.　　　　fi tu as.　　　　f'il a.

Plur. *se noi hauremo,* *se voi haure-* *se quelli ha-*
 si nous       *te,* si vous     *uranno,* s'ils
 auons.         auez.           ont.

Nous pouuons auſſi dire en François, ſi i'auray, & tout le reſte comme en l'Indicatif au Futur, auec la particule, ſi, mais c'eſt quand quelque
autre Verbe va deuant, comme, *voglio vedere ſe*
*io l'haurò,* ie veux voir ſi ie l'auray.

### Encor vn autre Futur, ou apres Futur.

|  | *Quando,* |  | Quand, |
|---|---|---|---|
| Sing. | *Io haurò hauuto,* i'auray eu. | *tu haurai hauuto,* tu auras eu. | *egli haurà ô ha-rà hauuto,* il aura eu. |
| Plur. | *Noi hauremo ô harémo hauu-to,* nous au-rons eu. | *voi haurete hauuto,* vous aurez eu. | *quelli hauran-nò, haranno hauuto,* ils auront eu. |

Ceſt Aduerbe *Quando,* ſe met auſſi auec le premier Futur, & ſe dit : *Quando io haurò,* quand i'auray, & ainſi du reſte, par toutes les perſonnes.

# Infinitif.

### Preſent.

*Hauere,* auoir.

### Paſſé.

*Hauere hauuto,* auoir eu.

### Futur.

*Eſſer per hauere,* eſtre pour auoir.

### Iadis Futur.

*Eſſer ſtato per hauere,* auoir eſté pour auoir.

F ij

# Le Gerondif.

## Prefent.

*Hauendo,* ayant.

## Paſſé.

*Hauendo hauuto,* ayant eu.

## Futur.

*Douendo hauere,* deuant ou deuant auoir.
*Hauendo ad hauere,* ayant à auoir.
*Eſſendo per hauere,* eſtant pour auoir.

# De la premiere Coniugaiſon.

La premiere Coniugaiſon, qui eſt quaſi en tout diſſemblable aux trois autres, termine ſon Infinitif en *âre,* auec *a* long deuant *re :* & la troiſieſme perſonne du temps Preſent de l'Indicatif du nombre Singulier, il la termine touſiours en *a,* dont ſuiuent les exemples.

# Coniugaiſon du Verbe *Amare.*

# Infinitif.

## Prefent.

| | | |
|---|---|---|
| Sing. *Io Amo,* | *tu ami,* | *quello ama,* |
| i'aime. | tu aimes. | il aime. |
| Plur. *Noi amiámo,* | *Voi amate,* | *quelli ámans,* |
| *amémo,* Poët. | vous aimez. | ils aiment. |
| nous aimons. | | |

## Imparfaict.

Sing. *Io amáua*, & *tu amáui*, *egli amáua*,
*amáuo*, vulg. tu aimois. il aimoit.
j'aimois.

Plur. *Noi amauámo*, *voi amauáte*, *quelli amáuano*,
nous ai- *amáui*, vous ils aimoient.
mions. aimiez.

## Parfaict simple.

Sing. *Io amai*, *tu amásti*, *egli amò, amòe*,
j'aimay. tu aimas. il aima.

Plur. *Noi amámmo*, *voi amáste*, *quelli amárono*,
*amássimo*, se vous aima- *amórno*,
dit en quel- stes. ils aimerent.
ques Prouinces d'Italie.
nous aimasmes.

## Parfait composé.

Sing. *Io ho amato*, *tu hai amato*, *egli ha amato*,
j'ay aimé. tu as aimé. il a aimé.

Plur. *Noi habbiámo* *voi hauete* *quelli hanno*
*amato*, nous *amato*, vous *amato*, ils
auons aimé. auez aimé. ont aimé.

## Parfaict troisiesme auec les Aduerbes.

*Quando*, quand. *Poiche*, apres que.

Sing. *Io hebbi amato*, *tu hauesti* *quello hebbe*
*hei amato*, Poët. *amato*, tu *amato*, il eut
j'eus aimé. eus aimé. aimé.

F iij

Dante. *Poi c'hei posato alquanto il corpo lasso.*
    Apres que i'eus reposé quelque peu mon
    corps laſſé.

| | | |
|---|---|---|
| Plur. | *Noi hauemmo amato,* nous euſmes aimé. | *Voi haueſte amato,* vous euſtes aimé. | *quelli hebbero ô hebbono amato,* ils eurent aimé. |

### Pluſque Parfaict.

| | | |
|---|---|---|
| Sing. | *Io hauéua amato,* i'auois aimé. | *tu haueui amato,* tu auois aimé. | *colui haueua amato,* il auoit aimé. |
| Plur. | *Noi hauéuamo amato,* nous auions aimé. | *Voi hauéuáte amato,* vous auiez aimé. | *quelli hauéuano amato,* ils auoient aimé. |

### Futur.

| | | |
|---|---|---|
| Sing. | *Io amerò,* i'aimeray. | *tu amerái,* tu aimeras. | *egli amerà,* il aimera. |
| Plur. | *Noi ameremo,* nous aimerons. | *Voi amerete,* vous aimerez. | *quelli ameranno,* ils aimeront. |

# Imperatif.

### Preſent.

| | | |
|---|---|---|
| Sing. | ........ | *ama tu,* aime toy. | *ami quello,* qu'il aime. |
| Plur. | *Amiamo noi,* aimons. | *amate voi,* aimez. | *amino quelli,* qu'ils aiment. |

### Futur.

| | | |
|---|---|---|
| Sing. | ....... | *Amerai tu,* aimeras-tu. | *amera quello,* aimera-il. |

Plur. *Ameremo noi,* *amerete voi,* *ameranno quel-*
aimerons- aimerez- *li,* aimeront
nous. vous. ils.

# Optatif.

## Prefent.

*O voleffe Dio che,* ô pleuſt à Dieu que,

Sing. *Io amaſſi, a-* *tu amaſſi,* *egli amaſſe,*
*maſſe,* Poëtiq. tu aimaiſſes. il aimaſt.
j'aimaſſe.

Plur. *Noi amaſſimo,* *voi amaſte, a-* *coloro amaſſero,*
nous aimaſ- *maſſi,* vous *amaſſino,* ils
ſions. aimaſſiez. aimaſſent.

## Autrement pour le Prefent & Futur.

*Voglia Iddio che,* *Piaccia à Dio che,*
Dieu vueille que, Plaiſe à Dieu que,

Sing. *Io ami,* *tu ami,* *quello ami, &*
j'aime. tu aimes. *ame,* il aime.

Plur. *Noi amiámo,* *voi amiáte,* *coloro ámino,*
nous ai- vous aimiez. *& ameno,*
mions. ils aiment.

## Imparfaict.

*O che volentieri,* ô que volontiers,

Sing. *Io amerei,* *tu amereſti,* *egli amerebbe,*
*ameria,* tu aimerois. *ameria,* il
j'aimerois. aimeroit.

Plur. *Noi amerem-* *voi amereſte,* *coloro amerébbe-*
*mo,* nous ai- vous aime- *no, amerebbero,*
merions. rez. ils aimeroiét.

F iiij

### Encor autrement.

*Voleſſe Dio che*, Pleuſt à Dieu que,

Sing  *Io amaßi,*      *tu amaßi,*
j'aimaſſe,      tu aimaſſes, &c. comme au
premier preſent cy-deſſus, du meſme
Optatif.

### Parfaict.

*Faccia ô voglia Dio che*, Dieu face ou vueille que,

|  | Sing. | | |
|---|---|---|---|
| | *Io habbia amato,* | *tu habbi ô habbia amato*, tu | *egli habbia amato,* |
| | j'aye aimé. | ayes aimé. | il ait aimé. |
| Plur. | *Noi habbiamo amato,* | *voi habbiate amato,* | *coloro habbiano amato,* |
| | nous ayons aimé. | vous ayez aimé. | ils ayent aimé. |

### Pluſque Parfaict.

*Dio voleſſe che*, Pleuſt à Dieu que,

| | | | |
|---|---|---|---|
| Sing. | *Io haueßi amato,* | *tu haueßi amato*, tu | *egli haueſſe amato,* il |
| | j'euſſe aimé. | euſſes aimé. | euſt aimé. |
| Plur. | *Noi haueßimo amato,* nous | *voi haueſte amato,* vous | *eßi haueſſero,* & *haueſſeno amato,* ils euſſent |
| | euſſions aimé. | euſſiez aimé. | aimé. |

### Autrement auec ceſte forme de ſouhaiter.

*O che volentieri,* ô que volontiers,

| | | | |
|---|---|---|---|
| Sing. | *Io haurei, amato,* j'euſſe, | *tu haureſti, amato,* tu euſ- | *colui haurebbe, amato,* il euſt, |
| | ou j'aurois aimé. | ſes ou tu au- rois aimé. | ou auroit aimé. |

Plur. *Noi hauremmo* *voi haurefte* *coloro haurebbo-*
*amato*, nous *amato*, vous *no amato*, ils
euſſions, ou euſſiez, ou euſſent, ou au-
aurions aimé. auriez aimé. roient aimé.

Le Futur eſt cy-deſſus auec le Preſent.

# Conjonctif.

## Preſent.

*Conciofia cofa che*, Comme ainſi ſoit que,

Sing. *Io ami*, ou *tu ami*, ou a- *quello ami*, ou
*ame*, i'aime. *me*, tu aimes. *ame*, il aime.

Plur. *Noi amiamo*, *voi amiate*, *quelli amino*, ou
nous ai- vous aimiez. *ameno*, ils
mions. aiment.

Autrement auec la particule conditionnelle, *fe*, ſi.

Sing. *Se io amaſſi*, *fe tu amaſſi*, *fe colui amaſſe*,
ſi i'aimois. ſi tu aimois. ſ'il aimoit.

Plur. *Se noi amaſſi-* *fe voi amaſte*, *fe quelli amaſſe-*
*mo*, & *amaſſe-* & *amaſſi*, *ro*, & *amaſſino*,
*mo*, ſi vous ſi vous ai- ſ'ils aimoient.
aimions. miez.

Encor autrement pour le François, auec
l'Aduerbe.

*Quando*, Quand,

*Io amaſſi*, *tu amaſſi*, *colui amaſſe*,
i'aimerois. tu aimerois. &c. comme en
l'Imparfaict de l'Optatif, pour le regard du
François.

### Imparfaict auec ces formules.

*Benche, tutto che, quantunque,* combien que,
*Conciosa cosa che,* comme ainsi soit que,

Sing. *Io amassi,*     *tu amassi,*     *colui amasse,*
    i'aimasse.     tu aimasses.     il aimast.

Plur. *Noi amassimo,*    *Voi amaste,*    *quelli amassero,*
    *amassemo,* nous   vous    & *amassino,*
    aimassions.    aimassiez.    ils aimassent.

### Autrement pour le Present & Imparfaict, auec auxiliaire & la particule *se, si.*

Sing. *S'io hauessi*    *tu hauessi*    *quello hauesse*
    *amato,* si i'a-   *amato,* tu    *amato,* il
    uois aimé.    auois aimé.   auoit aimé.

Plur. *Noi hauessimo*   *Voi haueste*   *coloro hauessero*
    *amato,* nous   *amato,* vous   *amato,* ils
    auions aimé.   auiez aimé.   auoient aimé.

*S'io l'hauessi amato, l'amerei sempre,* si ie l'auois aimé, ie l'aimerois tousiours : Nous dirions bien
aussi en François, si ie l'eusse aimé, &c.

### Encor autrement sans formules, & auec icelles.

Sing. *Io amerei, ame-*   *tu ameresti,*   *egli amerebbe,*
    *ria,* Poëtiq.     tu aimerois.   *ameria,* il
    i'aimerois.                 aimeroit.

Plur. *Noi ameremmo,*   *Voi amereste,*   *coloro amerebbo-*
    *ameriano,* Poët. vous aime-   *no, amerebbero,*
    nous aime-    rez.     *ameriano,* ils
    rions.                    aimeroient.

## Parfaict.

*Conciosa cosa che,* comme ainsi soit que,
*Quantunque,* combien que, encor que,

Sing. *Io habbia amato,* i'aye aimé.    *tu habbi amato,* tu ayes aimé.    *colui habbia amato,* il ait aimé.

Plur. *Noi habbiamo amato,* nous ayons aimé.    *Voi habbiate amato,* vous ayez aimé.    *quelli habbiano amato,* ils ayent aimé.

## Plusque Parfaict.

*Se, si, ben che,* bien que, *quantunque,* encor que,
*Conciosa cosa che,* comme ainsi soit que,

Sing. *Io hauessi amato,* i'eusse aimé.    *tu hauessi amato,* tu eusses aimé.    *colui hauesse amato,* il eust aimé.

Plur. *Noi hauessimo amato,* nous eussions aimé.    *Voi haueste o hauessi amato,* vous eussiez aimé.    *quelli hauessero, & hauessino amato,* ils eussent aimé.

## Autrement sans formules.

Sing. *Io haurei amato,* i'aurois, ou i'eusse aimé.    *tu hauresti amato,* tu aurois, ou eusses aimé.    *egli haurebbe amato,* il auroit, ou eust aimé.

Plur. *Noi hauremmo, o haremmo amato,* nous aurions, ou eussions aimé.    *Voi haureste amato,* vous auriez, ou eussiez aimé.    *eglino haurebbano amato,* ils auroient, ou eussent aimé.

Futur, comme en l'Indicatif, pour le regard de
l'Italien ; car pour le François, il faut prendre
le Present : & en tous les autres Verbes de
mesme, excepté qu'il y a la formule *se* de plus,
comme s'ensuit.

Sing. *se io amerò,*　*se tu amerai,*　*se colui amerà,*
　　　si i'aime.　　si tu aime.　　s'il aime.
Plur. *Se noi ameremo, se voi amerete, se quelli ame-*
　　　si nous　　　si vous　　　*ranno ,* s'ils
　　　aimons.　　　aimez.　　　aiment.

Nous disons pareillement en François, si i'aimeray, &c. comme au Futur de l'Indicatif, lors
qu'il precede vn autre Verbe ou location : comme, *Non so s'io amerò,* ie ne sçay si i'aimeray.

L'Aduerbe *Quando,* estant ioinct au Futur, il se
dira en toutes les deux langues, comme en l'Indicatif : Exemple, *Quando io amerò,* quand i'aimeray.

Autre Futur, ou après Futur, aussi auec
l'Aduerbe *Quando,* quand.

Sing. *Io haurò ama-*　*tu haurai a-*　*colui haurà a-*
　　　*to ,* i'auray　　*mato ,* tu au-　*mato,* il aura
　　　aimé.　　　ras aimé.　　aimé.
Plur. *Noi hauremo*　　*voi haurete a-*　*quelli hauranno*
　　　*amato ,* nous　　*mato ,* vous　*amato,* ils au-
　　　aurons aimé. aurez aimé.　ront aimé.

# Infinitif.

### Present.

*Amare,* aimer.

### Paſſé.

*Hauere amato,* auoir aimé.

### Futur.

*Hauere ad amare,* auoir auoir.
*Douer amare,* deuoir aimer.
*Eſſer per amare,* eſtre pour aimer.

### Iadis Futur.

*Eſſer ſtato per amare,* auoir eſté pour aimer.

# Le Gerondif.

### Preſent.

*Amando,* aimant.

### Paſſé.

*Hauendo amato,* ayant aimé.

### Futur.

*Douendo amare,* deuant aimer.
*Hauendo ad amare,* ayant à aimer.
*Eſſendo per amare,* eſtant pour aimer.

## De la ſeconde Coniugaiſon.

La ſeconde Coniugaiſon termine ſon Infinitif
en *ère,* auec l'*e* de la penultieſme long, & ſe varie
comme ſenſuit.

## Coniugaison du Verbe *Vedere.*

## Indicatif.

### Present.

Sing. *Io vedo, veggo, tu vedi,*     *egli vede,*
*veggio,* Poët. tu vois.   il voit.
ie voy.

Plur. *Noi vediámo,*   *voi vedéte,*   *coloro védono,*
*vedemo,*                 *veggono,*
*veggiamo,*   vous voyez. ils voyent.
nousvoyons.

### Imparfaict.

Sing. *Io vedeua, ve-*   *tu vedeui,*   *quello vedeua,*
*dea,* & *vedeuo,*   tu voyois.  il voyoit.
vulgairement
ie voyois.

Plur. *Noi vedeuá-*   *voi vedeuáte,*   *quelli vedéuano,*
*mo,* nous   vous voyez.  *vedeano, vedie-*
voyons.                   *no,* ils voyoiët.

### Parfaict simple.

Sing. *Io vidi,* ou   *tu vedesti,*   *egli vide,* ou
*viddi,* ie vis,   tu vis,   *vidde,* il vit,
ou ie veis.              ou veit.

Plur. *Noi vedemmo, voi vedeste, eglino viddero,*
nous vismes, vous vistes, ils virent, ou
ou veismes. ou veistes.  veirent.

## Parfaict compofé.

Sing. Io ho veduto,  tu hai veduto,   egli ha veduto,
ou vifto,       ou vifto, tu    ou vifto,
i'ay veu.       as veu.        il a veu.

Plur. Noi habbiamo  voi hauete     coloro hanno
veduto, vifto,  veduto, vifto,  veduto, vifto,
nous auons      vous auez      ils ont veu.
veu.            veu.

## Parfaict troifiefme, auec les Aduerbes.

Quando,            Poiche,
Quand,             Apres que,

Sing. Io hebbi vedu-  tu hauefti     egli hebbe
to, vifto, &c.   veduto,        veduto,
i'eus veu.       tu eus veu.    il eut veu.

Plur. Noi hauemmo  voi hauefte    quelli hebbero,
veduto,          veduto,        o hebbono
nous eufmes      vous euftes    veduto, ils
veu.             eu.            eurent veu.

## Plufque Parfaict.

Sing. Io haueua     tu haueui      quello haueua
veduto,          veduto,        veduto,
i'auois eu.      tu auois veu.  il auoit veu.

Plur. Noi haueuamo  voi haueuate   quelli haueuano
veduto, nous     veduto, vous   veduto, ils
auions veu.      auiez veu.     auoient veu.

## Futur.

Sing. Io vedrò,     tu vedrai,     egli vedrà,
ie verray.       tu verras.     il verra.

Plur. *Noi vedremo, voi vedrete, quelli vedranno,*
nous verrons. vous verrez. ils verront.

## Imperatif.

### Present.

| | | |
|---|---|---|
| Sing. ...... | *vedi tu, ve,* voy toy, vois. | *vedda,* ou *vegga quello,* qu'il voye. |
| Plur. *Veggiamo noi,* voyons. | *vedete voi,* voyez. | *vedano,* ou *veggano quelli,* qu'ils voyent. |

### Futur.

| | | |
|---|---|---|
| Sing. ...... | *vedrai tu,* verras-tu. | *vedra quello,* verra-il. |
| Plur. *Vedremo noi,* verrons-nous. | *vedrete voi,* verrez-vous. | *vedranno quelli,* verront-ils. |

## Optatif.

### Present.

*Iddio volesse che,* Pleust à Dieu que,

| | | |
|---|---|---|
| Sing. *Io vedeßi, ve-deße,* Poëtiq. ie visse, ou veisse. | *tu vedeßi,* tu visses, ou veisses. | *egli vedeße,* il vist, ou veist. |
| Plur. *Noi vedeßimo,* nous vißions, ou veißions. | *voi vedeste, vedeßi,* vous vißiez, ou veißiez. | *quelli vedeßino, vedeßero,* ils vißent, ou veißent. |

Autrement

### Autrement pour le Present & Futur.

*Iddio voglia che,* Dieu vueille que,

|  | | | |
|---|---|---|---|
| Sing. | *Io veda, veg-* | *tu vedda, veg-* | *egli veda, veg-* |
| | *ga, veggia,* | *ghi, veggi,* | *ga, vegga,* |
| | ie voye. | tu voyes. | il voye. |
| Plur. | *Noi vediámo,* | *voi vediáte,* | *quelli védano,* |
| | *veggiamo,* | *veggiate,* | *véggiano, vég-* |
| | nous voyons. | vous voyez. | *gano,* ils voyét. |

### Imparfaict.

*O che volentieri,* ô que volontiers,

|  | | | |
|---|---|---|---|
| Sing. | *Io vedrei,* | *tu vedreſti,* | *quello vedrebbe,* |
| | ie verrois. | *vedreſtu,* | il verroit. |
| | | tu verrois. | |
| Plur. | *Noi vedrem-* | *voi vedreſte,* | *quelli vedreb-* |
| | *mo,* nous | vous verriez. | *bono,* ils ver- |
| | verrions. | | roient. |

### Encor autrement.

*Dio voleſſe che,* Pleuſt à Dieu que,

|  | | | |
|---|---|---|---|
| Sing. | *Io vedeſſi, ve-* | *tu vedeſſi,* | *egli vedeſſe,* |
| | *deſſe,* Poëtiq. | tu veiſſes. | il veiſt. |
| | ie veiſſe. | | |

Le reſte eſt ſemblable au Preſent cy-deſſus
de ce meſme Optatif.

### Parfaict.

*Voglia Dio che,* Dieu vueille que,

|  | | | |
|---|---|---|---|
| Sing. | *Io habbia ve-* | *tu habbi* | *quello habbia* |
| | *duto, viſto,* | *veduto,* | *veduto,* |
| | j'aye veu. | tu ayes veu. | il ait veu. |

G

Plur. *Noi habbiamo* *voi habbiate* *quelli habbiano,*
*veduto,* nous *veduto,* vous *ô habbino ve-*
ayons veu.  ayez veu.  *duto,* ils ayent
                                     ( veu.

### Plusque Parfaict.

*Dio voleße che,* Pleuſt à Dieu que,
Sing. *Io haueßi ve-* *tu haueßi ô* *egli haueße ve-*
*duto et viſto,* *haueſtu veduto,* *duto,* il euſt
i'euſſe veu.  tu euſſes veu.  veu.
Plur. *Noi haueßimo* *voi haueſte* *eglino haueßero*
*veduto,* nous *veduto,* vous *veduto,* ils
euſſions veu.  euſſiez veu.  euſſent veu.

### Autrement auec ceſte forme de deſirer.

*O che volentieri,* ô que volontiers,
Sing. *Io haurei ve-* *tu haureſti ve-* *egli haurebbe*
*duto,* i'euſſe, *duto,* tu euſ- *veduto,* il
ou i'aurois ſes, ou au- euſt, ou au-
veu.  rois veu.  roit veu.
Plur. *Noi hauerem-* *voi haureſte* *quelli haurebbo-*
*mo veduto,* *veduto,* vous *no veduto,* ils
nous euſ- euſſiez, ou euſſent, ou
fions, ou auriez veu.  auroient veu.
aurions veu.
Le Futur, voyez cy-deſſus auec le Preſent.

# Conjonctif.
## Preſent.
*Conciosia cosa che,* comme ainſi ſoit que,

Sing. *Io vedá* , *veg-*  *tu veda, veg-*  *colui veda,*
    *ga* , *veggia,*  *hi, veggi,*  *vegga, veggia,*
    ie voye.    tu voyes.    il voye.

Plur. *Noi vediamo,*  *voi vediate,*  *vedano, veg-*
    *veggiamo* ,  *veggiate,*  *giano, veggano,*
    nous voyons. vous voyez. ils voyent.

Autrement auec la particule *se,* si.

Sing. *Se io vedeßi,*  *tu vedeßi,*  *egli vedeße,*
    *vedeße,*Poët. tu voyois.  il voyoit.
    si ie voyois.

Plur. *Noi vedeßi-*  *voi vedeste*  *quelli vedeßere*
    *mo* , nous  *vedeßi,*  *vedeßino* , ils
    voyons.    vous voyez. voyoient.

Encor autrement pour le François, auec
l'Aduerbe *Quando,* Quand,

*Io vedeßi,*  *tu vedeßi,*  *egli vedeße,*
ie verrois,  tu verrois , &c. voyez en le
François tout au long, en l'Imparfaict de
l'Optatif.

Imparfaict auec ces formules.

*Benche, come che, quantunque,* combien que,
*Conciosia cosa che,* comme ainsi soit que,
Sing. *Io vedeßi,*  *tu vedeßi,*  *egli vedeße,*
    ie veille.    tu veilles.  il veist.

Plur. *Noi vedeßimo,*  *Voi vedeste,*  *quelli vedeßero,*
    nous veil-  *vedeßi,* vous ils vissent.
    sions.    veilliez.

Autrement pour le Prefent & Imparfaict, auec
auxiliaire & la particule *fe*, fi.

Sing. *s'io haueßi*    *tu haueßi*    *colui haueffe*
    *veduto,* fi i'a- *veduto,* tu    *veduto,* il
    uois veu.     auois veu.    auoit veu.

Plur. *Noi haueßimo*   *voi haueße*   *coloro haueffero*
    *veduto,* nous *veduto,* vous *veduto,* ils
    auions veu.   auiez veu.   auoient veu.

   *S'io l'haueßi veduto, potrei conofcerlo,* fi ie l'auois
veu, ie le pourrois cognoiftre.

Encor autrement fans formules, & auec icelles.

Sing. *Io vedrei,*    *tu vedrefti,*   *egli vedrebbe,*
    ie verrois.    tu verrois.   il verroit.

Plur. *Noi vedrem-*   *voi vedrefte,* *quelli vedreb-*
    *mo,* nous    vous ver-   *bono,* ils ver-
    verrions.    riez.     roient.

### Parfaict.

   *Conciofa cofa che,* comme ainfi foit que,
   *Quantunque, auuenga che,* combien que,
   iaçoit que,

Sing. *Io habbia ve-* *tu habbi ve-* *colui habbia*
    *duto, vifto,*   *duto,* tu    *veduto,*
    i'aye veu.    ayes veu.   il ait veu.

Plur. *Noi habbiamo* *voi habbiate* *quelli habbiano*
    *veduto,*    *veduto,*    *veduto,*
    nous ayons   vous ayez   ils ayent
    veu.     veu.     veu.

## Plufque Parfaict.

*Se, fi, benche,* bien que, *quantunque,* encor que,
*Conciofia cofa che,* comme ainfi foit que,

Sing. *Io haueßi*     *tu haueßi*     *colui haueße*
     *veduto,*     *veduto,* tu     *veduto,* il
     i'euffe veu.     euffes veu.     euft veu.

Plur. *Noi haueßimo*    *voi haueſte, o*    *colui haueße*
     *veduto,*     *haueßi vedu-*    *veduto,* ils
     nous euf-     *to,* vous euf-    euffent veu.
     fions veu.     fiez veu.

### Autrement fans formules.

Sing. *Io haurei, o*    *tu haureſti*    *egli haurebbe*
     *harei veduto,*    *veduto,* tu    *veduto,* il
     i'euffe, ou     euffes, ou    euft, ou au-
     i'aurois veu.    aurois veu.    roit veu.

Plur. *Noi hauremmo,*   *voi haureſte*   *quelli haureb-*
     *o haremmo*    *veduto,* vous   *bono veduto,*
     *veduto,* nous   euffiez, ou   ils euffent,
     euffions, ou   auriez veu.   ou auroient
     aurions veu.           veu.

### Futur.

Il eft femblable à l'Indicatif pour le regard de
l'Italien, & pour le François on prend le Prefent
d'iceluy Indicatif, auec la particule *fe,* comme
f'enfuit.

Sing. *s'io vedrò,*    *fe tu vedrai,*   *s'egli vedrà,*
     fi ie voy.     fi tu vois.    f'il voit.

Plur. *Se noi vedre-*   *fe voi vedre-*   *fe quelli ve-*
     *mo,* fi nous   *te,* fi vous   *dranno,* f'ils
     voyons.     voyez.     voyent.

Nous difons bien auffi en François: fi ie verray, quand il precede vne autre locution ; comme, ie doute fi ie verray, & ie ne fçay fi ie verray,
mais pour l'Italien il eft toufiours de mefme.

Et auec l'Aduerbe *Quando*, on mettra le Futur
de l'Indicatif en l'vne & l'autre langue : Exemple, *Quando'l vedrò*, quand ie le verray.

## Autre Futur, ou apres Futur, auffi auec *Quando*, quand,

| Sing. | | |
|---|---|---|
| *Io haurò Ve-duto*, i'auray veu. | *tu haurai Ve-duto*, tu au-ras veu. | *egli haurà Ve-duto*, il aura veu. |

| Plur. | | |
|---|---|---|
| *Noi hauremo Veduto*, nous aurons veu. | *Voi haurete Veduto*, vous aurez veu. | *coloro hauranno Veduto*, ils auront veu. |

# Infinitif.

## Prefent.
*Vedere*, veoir, ou voir.

## Paffé.
*Hauere veduto*, auoir veu.

## Futur.
*Hauer a vedere*, deuoir voir, ou auoir à voir.
*Effere per vedere*, eftre pour voir.

## Iadis Futur,

*Effere ftato per vedere*, auoir efté pour voir.

# Le Gerondif.

### Prefent.

*Vedendo,* voyant.

### Paffé.

*Hauendo veduto,* ayant veu.

### Futur.

*Douendo vedere,* deuant voir.

*Hauendo à vedere,* ayant à voir.

*Effendo per vedere,* eftant pour voir.

## De la troifiefme Conjugaifon.

La troifiefme Coniugaifon termine fon In-
finitif en *ere,* auec l'*e* bref deuant le *re,* & fe varie
comme f'enfuit.

## Indicatif.

### Prefent.

Sing. *Io fcriuo,*     *tu fcriui,*     *egli fcriue,*
      i'efcris.       tu efcris.       il efcrit.

Plur. *Noi fcriuiámo, voi fcriuéte,* quelli fcriuo-
      nous efcri-    vous efcri-    *no,* ils efcri-
      uons.         uez.         uent.

### Imparfaict.

Sing. *Io fcriueua,*    *tu fcriueui,*    *colui fcriueua,*
      ou *fcriueuo,*    tu efcriuois. il efcriuoit.
      i'efcriuois.

                 G iiij

Plur. *Noi ſcriueuá-* *Voi ſcriueuáte,* *quelli ſcriuéua-*
*mo* , nous       vous eſcri-      *no* , ils eſcri-
eſcriuions.      uiez.            uoient.

### Parfaict ſimple.

Sing. *Io ſcriſsi,*      *tu ſcriueſti,*     *egli ſcriſſe,*
j'eſcriuis.       tu eſcriuis.      il eſcriuit.

Plur. *Noi ſcriuem-*   *Voi ſcriueſte,*    *quelli ſcriſſero,*
*mo* , nous eſ-   vous eſcri-       *ſcriſſono* , ils
criuimes.        uiſtes.           eſcriuirent.

### Parfaict compoſé.

Sing. *Io ho ſcritto,*   *tu hai ſcritto,*   *egli ha ſcritto,*
j'ay eſcrit.      tu as eſcrit.     il a eſcrit.

Plur. *Noi habbiamo* *Voi hauete* *quelli hanno*
*ſcritto* , nous   *ſcritto* , vous  *ſcritto* , ils
auons eſcrit.    auez eſcrit.      ont eſcrit.

### Parfaict troiſieſme auec les Aduerbes.

*Quando,*            *Poiche,*
Quand,             Apres que,
Sing. *Io hebbi ſcritto,* *tu haueſti*      *colui hebbe*
j'eus eſcrit.     *ſcritto* , tu     *ſcritto* , il eut
eus eſcrit.       eſcrit.

Plur. *Noi hauemmo* *Voi haueſte* *quelli hebbero*
*ſcritto* ,         *ſcritto* ,        *ſcritto* ,
nous euſmes  vous euſtes  ils eurent
eſcrit.          eſcrit.          eſcrit.

## Plusque Parfaict.

Sing. *Io haueua,* ou    *tu haueui*     *egli haueua*
     *haueuo scritto,*   *scritto,* tu    *scritto,* il
     i'auois escrit.   auois escrit.   auoit escrit.

Plur. *Noi haueuamo*   *Voi haueuate,*   *coloro haueuano*
     *scritto,*       *o haueui scritto, scritto,*
     nous auions    vous auiez   ils auoient
     escrit.        escrit.      escrit.

### Futur.

Sing. *Io scriuerò,*    *tu scriuerai,*   *egli scriuerà,*
     i'escriray.     tu escriras.   il escrira.

Plur. *Noi scriueremo,*   *Voi scriuerete,*   *quelli scriue-*
     nous escri-    vous escri-   *ranno,* ils
     rons.        rez.      escriront.

# Imperatif.

## Present.

Sing. ......       *scriui tu,*    *scriua quello,*
           escris toy.   qu'il escriue.

Plur. *Scriuiamo noi,*   *scriuete voi,*   *scriuano quelli,*
     escriuons.    escriuez.   qu'ils escriuët.

### Futur.

Sing. ......       *scriuerai tu,*   *scriuera quello,*
           escriras tu.   escrira il.

Plur. *Scriueremo noi,*   *scriuerete voi,*   *scriuerano quel-*
     escrirons    escrirez   *li,* escriront
     nous.       vous.     ils.

# Optatif.

## Preſent.

*Dio voleſſe che,* Pleuſt à Dieu que,

Sing. *Io ſcriueſſi,*    *tu ſcriueſſi,*    *egli ſcriueſſe,*
j'eſcriuiſſe.    tu eſcriuiſſes.    il eſcriuiſt.

Plur. *Noi ſcriueſſimo,*    *voi ſcriueſte,*    *coloro ſcriueſſero,*
nous eſcri-    vous eſcri-    ils eſcriuiſ-
uiſſions.    uiſſiez.    ſent.

## Autrement pour le Preſent & Futur.

*Dio voglia che,* Dieu vueille que,

Sing. *Io ſcriua,*    *tu ſcriui,*    *egli ſcriua,*
j'eſcriue.    tu eſcriues.    il eſcriue.

Plur. *Noi ſcriuiamo,*    *voi ſcriuiate,*    *quelli ſcriuano,*
nous eſcri-    vous eſcri-    ils eſcriuent.
uions.    uiez.

## Imparfaict.

*O che volentieri,* ô que volontiers.

Sing. *Io ſcriuerei,*    *tu ſcriuereſti,*    *egli ſcriuerebbe,*
j'eſcrirois.    tu eſcrirois.    il eſcriroit.

Plur. *Noi ſcriuerem-*    *Voi ſcriuereſte,*    *quelli ſcriuereb-*
*mo,* nous    vous eſcri-    *bono,* ils eſcri-
eſcririons.    riez.    roient.

### Autrement.

*Dio voleſſe che,* Pleuſt à Dieu que,

Sing. *Io ſcriueſſi,*    *tu ſcriueſſi,&c.* comme au Preſent cy-deſſus, tant en Italien, qu'en
François.

### Parfaict.

*Dio voglia che,* Dieu vueille que,

Sing. *Io habbia scritto,* i'aye escrit.    *tu habbi scritto,* tu ayes escrit.    *quello habbia scritto,* il ait escrit.

Plur. *Noi habbiamo scritto,* nous ayons escrit.    *Voi habbiate scritto,* vous ayez escrit.    *quelli habbiano scritto,* ils ayent escrit.

### Plusque Parfaict.

*Dio volesse che,* Pleust à Dieu que,

Sing. *Io hauessi scritto,* i'eusse escrit.    *tu hauessi scritto,* tu eusses escrit.    *colui hauesse scritto,* il eust escrit.

Plur. *Noi hauessimo scritto,* nous eussions escrit.    *Voi haueste scritto,* vous eussiez escrit.    *quelli hauessero scritto,* ils eussent escrit.

### Autrement auec ceste forme de desirer.

*O che volentieri,* ô que volontiers,

Sing. *Io harei scritto,* i'eusse, ou i'aurois escrit.    *tu haresti scritto,* tu eusses, ou aurois escrit.    *egli harebbe scritto,* il eust, ou auroit escrit.

Plur. *Noi haremmo scritto,* nous eussions, ou auriôs escrit.    *Voi hareste scritto,* vous eussiez, ou auriez escrit.    *quelli harebbono scritto,* ils eussent, ou auroient escrit.

Le Futur est cy-dessus en suitte du Present, où vous le pourrez voir.

## Conjonctif.

### Prefent.

*Conciofa cofa che*, comme ainfi foit que,
*Quantunque*, encor que, combien que,

Sing. *Io fcriua,*    *tu fcriui,*    *colui fcriua,*
i'efcriue.    tu efcriues.    il efcriue.

Plur. *Noi fcriuiamo,*   *voi fcriuiate,*   *quelli fcriuano,*
nous efcri-   vous efcri-   ils efcriuent.
uions.    uiez.

### Autrement auec la particule *fe, fi.*

Sing. *S'io fcriueßi,*   *tu fcriueßi,*   *egli fcriueffe,*
fi i'efcriuois. tu efcriuois. il efcriuoit.

Plur. *Se noi fcriueßi-* *voi fcriuefte o* *coloro fcriueffe-*
*mo ,* fi nous *fcriueßi,* vous *ro ,* ils efcri-
efcriuions. efcriuiez. uoient.

### Encor autrement pour le François, auec l'Aduerbe *Quando,* Quand.

*Io fcriueßi.*   *tu fcriueßi,*   *egli fcriueffe,*
i'efcrirois.   tu efcrirois, &c. Voyez en le
François tout au long en l'Imparfaict de
l'Optatif.

### Imparfaict auec ces formules.

*Benche, quantunque,* combien que,
*Conciofa cofa che,* comme ainfi foit que,
Sing. *Io fcriueßi,*   *tu fcriueßi,*   *quello fcriueffe,*
i'efcriuiffe. tu efcriuiffes. il efcriuift.

Plur. *Noi ſcriueßimo, voi ſcriueſte, coloro ſcriueſſere,* nous eſcri-
uiſſions. vous eſcri-
uiſſiez. ils eſcriuiſ-
ſent.

### Autrement pour le Preſent & Imparfaict auec auxiliaire, & la particule *ſe, ſi.*

Sing. *S'io haueßi* *tu haueßi ſcrit-* *egli haueſſe* ſcritto, ſi i'a-
uois eſcrit. *to,* tu auois
eſcrit. *ſcritto,* il auoit
eſcrit.

Plur. *Noi haueßimo* *voi haueſte* *eglino haueſſero* ſcritto, nous
auions eſcrit. ſcritto, vous
auiez eſcrit. ſcritto, ils a-
uoient eſcrit.

S'io haueßi ſcritto anchora tre righe, ſarebbe fornita
tutta l'opera, ſi i'auois eſcrit encor trois lignes,
l'œuure ſeroit toute acheuée.

### Encor autrement ſans formules pour l'Imparfaict.

Sing. *Io ſcriuerei,* *tu ſcriuereſti,* *colui ſcriuereb-* i'eſcrirois. tu eſcrirois. be, il eſcriroit.

Plur. *Noi ſcriuerem-* *voi ſcriuereſte,* *quelli ſcriuereb-* mo, nous eſcririons. vous eſcri-
riez. bono, ils eſcri-
roient.

### Parfaict.

*Conciosa coſa che,* comme ainſi ſoit que,
*Quantunque, auuenga che,* combien que,
iaçoit que,

Sing. *Io habbia* *tu habbi ſcrit-* *colui habbia* ſcritto,
i'aye eſcrit. *to,* tu ayes
eſcrit. *ſcritto,* il ait
eſcrit.

Plur. *Noi habbiamo* *voi habbiate* *coloro habbiano* ſcritto, nous
ayons eſcrit. ſcritto, vous
ayez eſcrit. ſcritto, ils
ayent eſcrit.

## Plufque Parfaict.

*Se,* fi, *benche,* bien que, *tutto che,* encor que,
*Conciofia cofa che,* comme ainfi foit que,

|       |                     |                   |                   |
|-------|---------------------|-------------------|-------------------|
| Sing. | *Io haueßi fcritto*, i'euffe efcrit. | *tu haueßi fcritto*, tu euffes efcrit. | *colui haueffe fcritto*, il euft efcrit. |
| Plur. | *Noi haueßimo fcritto*, nous euffions efcrit. | *Voi hauefte, o haueßi fcritto*, vous euffiez efcrit. | *eglino haueffero fcritto*, ils euffent efcrit. |

## Autrement fans formules, & auec icelles.

|       |                     |                   |                   |
|-------|---------------------|-------------------|-------------------|
| Sing. | *Io haurei fcritto*, i'euffe, ou aurois efcrit. | *tu haurefti fcritto*, tu euffes, ou aurois efcrit. | *egli haurebbe fcritto*, il euft, ou auroit efcrit. |
| Plur. | *Noi hauremmo fcritto*, nous euffions, ou aurions efcrit. | *Voi haurefte fcritto*, vous euffiez, ou auriez efcrit. | *quelli haurebbono fcritto*, ils euffent, ou auroient efcrit. |

## Futur.

Il eft comme en l'Indicatif, pour le regard de l'Italien, & au François on met le Prefent dudit Indicatif, auec la particule *fe,* comme f'enfuit.

|       |                     |                   |                   |
|-------|---------------------|-------------------|-------------------|
| Sing. | *S'io fcriuerò*, fi i'efcris. | *tu fcriuerai*, tu efcris. | *egli fcriuerà*, il efcrit. |
| Plur. | *Noi fcriueremo*, nous efcriuons. | *Voi fcriuerete*, vous efcriuez. | *quelli fcriueranno*, ils efcriuent. |

En François nous difons, fi i'efcriray, lors qu'il
precede vne autre locution : comme; il faut voir
fi i'efcriray bien cela, ils ne fçauent f'ils efcri-
ront; qui eft fuiuant le Futur de l'Indicatif, &
pour l'Italien il ne varie point.

Auffi auec l'Aduerbe *Quando*, on mettra le Futur de l'Indicatif, en l'vne & l'autre langue: *Quan-*
*do io fcriuerò*, quand i'efcriray.

Autre Futur, ou apres Futur, auffi auec
l'Aduerbe *Quando*, Quand,

| | | |
|---|---|---|
| Sing. *Io haurò fcrit-* *to*, i'auray efcrit. | *tu haurai fcrit-* *to*, tu auras efcrit. | *colui haurà* *fcritto*, il aura efcrit. |
| Plur. *Noi hauremo* *fcritto*, nous aurons efcrit. | *voi haurete* *fcritto*, vous aurez efcrit. | *coloro hauranno* *fcritto*, ils au- ront efcrit. |

# Infinitif.

Prefent.

*Scriuere*, efcrire.

Paffé.

*Hauere fcritto*, auoir efcrit.

Futur.

*Hauere da fcriuere*, auoir à efcrire, ou deuoir efcrire.
*Effer per fcriuere*, eftre pour efcrire.

Iadis Futur.

*Effer ftato per fcriuere*, auoir efté pour efcrire.

# Gerondif.

## Prefent.

*Scriuendo,* efcriuant.

## Paſſé.

*Hauendo ſcritto,* ayant efcrit.

## Futur.

*Douendo ſcriuere,* deuant efcrire.
*Hauendo a ſcriuere,* ayant à efcrire.
*Eſſendo per ſcriuere,* eſtant pour efcrire.

# De la quatrieſme Coniugaiſon.

La quatrieſme Coniugaiſon termine ſon In-
finitif en *ire,* faiſant l'*i* long deuant le *re,* & ſe varie en ceſte forte.

# Indicatif.

## Prefent.

Sing. *Io ſento,*　　*tu ſenti,*　　*egli ſente,*
　　　ie ſens.　　　tu ſens.　　　il ſent.
Plur. *Noi ſentiámo,*　*voi ſentite,*　*quelli ſéntono,*
　　　nous ſentons.　vous ſentez.　ils ſentent.

## Imparfaiĉt.

Sing. *Io ſentiua,*　　*tu ſentiui,*　　*colui ſentiua,*
　　　& *ſentiuo,*　　tu ſentois.　　il ſentoit.
　　　ie ſentois.

Plurier.

Plur. *Noi sentiuá-* *voi sentiuáte,* *quelli sentiua-*
*mo,* nous & *sentiui,* *no,* ils sen-
sentions. vous sentiez. toient.

## Parfaict simple.

Sing. *Io sentij,* ou *tu sentisti,* *egli senti,*
*senti,* ie tu sentis. il sentit.
sentis.

Plur. *Noi sentimo,* *voi sentiste,* *quelli sentirono,*
nous sentis- vous sen- ils sentirent.
mes. tistes.

## Parfaict composé.

Sing. *Io ho sentito,* *tu hai sentito,* *egli ha sentito,*
i'ay senty. tu as senty. il a senty.

Plur. *Noi habbiamo* *voi hauete* *eglino hanno*
*sentito,* nous *sentito,* vous *sentito,* ils ont
auons senty. auez senty. senty.

## Parfaict troisiesme, auec les Aduerbes.

|  | *Quando,* Quand, | *Poiche,* Apres que, |
|---|---|---|
| Sing. | *Io hebbi sen-tito,* i'eu senty. | *tu hauesti sen-tito,* tu eus senty. | *egli hebbe sen-tito,* il eut senty. |
| Plur. | *Noi hauemmo sentito,* nous eusmes senty. | *voi haueste sentito,* vous eustes senty. | *eglino hebbero sentito,* ils eu-rent senty. |

H

### Plufque Parfaict.

Sing. *Io haueua fen-* *tu haueui fen-* *colui haueua* *tito,* i'auois *tito,* tu auois *fentito,* il fenty. fenty. auoit fenty.

Plur. *Noi haueuamo* *voi haueuate* *quelli haueua-* *fentito,* nous *fentito,* vous *no fentito,* ils auions fenty. auiez fenty. auoiét fenty.

### Futur.

Sing. *Io fentirò,* *tu fentirai,* *egli fentirà,* ie fentiray. tu fentiras. il fentira.

Plur. *Noi fentirémo,* *voi fentirete,* *quelli fentirán-* nous fenti- vous fenti- *no,* ils fenti- tons. rez. ront.

# Imperatif.

## Prefent.

Sing. .. .... *fenti tu,* *fenta quello,* fens toy. qu'il fente.

Plur. *sentiamo noi,* *fentite voi,* *fentano quelli,* fentons. fentez. qu'ils fentét.

### Futur.

Sing. .. .... *fentirai tu,* *fentira quello,* fentiras tu. fentira il.

Plur. *Sentiremo noi,* *fentirete voi,* *fentiranno quel-* fentirons fentirez *lo,* fentiront nous. vous. ils.

# Optatif.

## Prefent.

*Dio voleffe che,* Pleuſt à Dieu que,

Sing. *Io fentiſſi,*    *tu fentiſſi,*    *quello fentiſſe,*
ie fentiffe.    tu fentiffes.    il fentiſt.

Plur. *Noi fentiſſimo,* *voi fentiſte, o* *quelli fentiſſero,*
nous fentiſ-    *fentiſſi,* vous   ils fentiſ-
fions.     fentiffiez.    fent.

## Autrement pour le Prefent & Futur.

*Dio voglia che,* Dieu vueille que,

Sing. *Io fenta,*    *tu fenta, &* *colui fenta,*
ie fente.    *fenti,* tu   il fente.
     fentes.

Plur. *Noi fentiamo,* *voi fentiate,* *quelli fentano,*
nous fen-    vous fentiez. ils fentent.
tions.

## Imparfaict.

*O che volentieri,* ô que volontiers.

Sing. *Io fentirei,*    *tu fentirefti,* *egli fentirebbe,*
ie fentirois.    tu fentirois. il fentiroit.

Plur. *Noi fentirem-* *voi fentirefte,* *quelli fentireb-*
*mo,* nous    vous fenti- *bero, & fenti-*
fentirions.    riez.    *rebbono,* ils
     fentiroient.

## Autrement.

*Dio voleffe che,* Pleuſt à Dieu que,

Sing. *Io fentiſſi, tu fentiſſi,&c.* comme au Prefent cy-deſſus, tant pour l'Italien que
pour le François.

## Parfaict.

*Dio voglia che,* Dieu vueille que,

Sing. *Io habbia sen-*   *tu habbi sen-*   *quello habbia*
*tito*, i'aye    *tito*, tu ayes   *sentito*, il ait
fenty.       fenty.       fenty.

Plur. *Noi habbiamo*   *Voi habbiate*   *quelli habbiano*
*sentito*, nous   *sentito*, vous   *sentito*, ils
ayons fenty.   ayez fenty.   ayent fenty.

## Plusque Parfaict.

*Dio voleffe che,* Pleuft à Dieu que,

Sing. *Io haueßi sen-*   *tu haueßi sen-*   *colui haueffe*
*tito*, i'euffe   *tito*, tu euffes   *sentito*, il euft
fenty.       fenty.       fenty.

Plur. *Noi haueßimo*   *Voi haueste, o*   *quelli haueffero*
*sentito*, nous   *haueßi sentito,*   *sentito*,
euffions     vous euffiez   ils euffent
fenty.       fenty.       fenty.

## Autrement auec cefte forme de defirer.

*O che volentieri,* ô que volontiers,

Sing. *Io haurei sen-*   *tu haurefti*   *colui haurebbe*
*tito*, i'euffe,   *sentito*, tu   *sentito*, il euft,
ou i'aurois   euffes, ou   ou auroit
fenty.       aurois fenty.   fenty.

Plur. *Noi hauremmo*   *Voi haureste*   *quelli haurebbe-*
*sentito*, nous   *sentito*, vous   *ro sentito,*
euffions, ou   euffiez, ou   ils euffent,
aurions     auriez fenty.   ou auroient
fenty.              fenty.

Le Futur, voyez le cy-deſſus auec le Preſent.

## Conjonctif.

### Preſent.

*Conciofia coſa che,* comme ainſi ſoit que,
*Quantunque,* combien que, encor que,

Sing. *Io ſenta,*    *tu ſenta, & quello ſenta,*
ie ſente.    *ſenti,* tu    il ſente.
           ſentes.

Plur. *Noi ſentiamo,* *voi ſentiate,* *quelli ſentano,*
nous ſen-    vous ſentiez. ils ſentent.
tions.

Autrement auec la particule *ſe, ſi.*

Sing. *S'io ſentiſsi,*    *ſe tu ſentiſsi,*    *s'egli ſentiſſe,*
ſi ie ſentois.    ſi tu ſentois.    ſ'il ſentoit.
Plur. *Se noi ſentiſsi-*    *voi ſentiſte, o*    *quelli ſentiſſero,*
*mo,* ſi nous    *ſentiſsi,* vous    ils ſentoient.
ſentions.    ſentiez.

Encor autrement pour le François, auec
l'Aduerbe *Quando,* Quand.

*Io ſentiſsi,*    *tu ſentiſsi,*    *egli ſentiſſe,*
ie ſentirois,    tu ſentirois, &c. Voyez en
le François tout au long en l'Imparfaict
de l'Optatif.

Imparfaict auec ces formules.

*Benche, quantunque,* combien que,
*Conciofia coſa che,* comme ainſi ſoit que,
                    H iij

Sing. *Io sentißi,*    *tu sentißi,*    *egli sentisse,*
ie sentisse.    tu sentisses.    il sentist.

Plur. *Noi sentißimo,* *voi sentiste, o* *quelli sentisse-*
nous sentif- *sentißi,* vous *ro,* ils sentif-
sions.    sentissiez.    sent.


Autrement pour le Present & Imparfaict, auec
auxiliaire & la particule *se, si.*


Sing. *S'io haueßi* *tu haueßi* *egli hauesse*
*sentito, si i'a-* *sentito,* tu *sentito,* il
uois senty.    auois senty.    auoit senty.

Plur. *Noi haueßimo* *voi haueste, o* *quelli hauessero*
*sentito,* *haueßi sentito,* *sentito,* ils
nous auions vous auiez auoient
senty.    senty.    senty.


Encor autrement pour l'Imparfaict sans
formules.


Sing. *Io sentirei,* *tu sentiresti,* *colui sentirebbe,*
ie sentirois.    tu sentirois.    il sentiroit.

Plur. *Noi sentirem-* *voi sentireste,* *quelli sentireb-*
*mo,* nous vous senti- *bono, & senti-*
sentirions.    riez.    *rebbero,* ils
      sentiroient.

Parfaict.


*Conciosia cosa che,* comme ainsi soit que,
*Quantunque, auenga che,* combien que,
Sing. *Io habbia* *tu habbi sen-* *colui habbia*
*sentito,* i'aye *tito,* tu ayes *sentito,* il ait
senty.    senty.    senty.

Plur. *Noi habbiamo* *Voi habbiate* *quelli habbiano*
*fentito*, nous *fentito*, vous *fentito*, ils
ayons fenty. ayez fenty. ayent fenty.

### Plufque Parfaict.

*Se, fi, benche,* bien que, *quantunque* encor que,
*Conciofia cofa che*, comme ainfi foit que,

Sing. *Io haueßi* *tu haueßi* *quelo haueße*
*fentito,* *fentito,* tu *fentito,* il euft
i'euffe fenty. euffes fenty. fenty.

Plur. *Noi haueßimo* *Voi haueße, o* *coloro haueßero*
*fentito*, nous *haueßi fentito,* *Contiro,* ils
euffions vous euffiez euffent fenty.
fenty. fenty.

### Autrement fans formules, & auec icelles.

Sing. *Io haurei fen-* *tu haureßi fen-* *colui haurebbe*
*tito,* i'euffe, *tito,* tu euffes, *fentito,* il euft,
ou i'aurois ou aurois ou auroit
fenty. fenty. fenty.

Plur. *Noi hauremmo* *Voi haureße* *quelli haureb-*
*fentito*, nous *fentito*, vous *bono fentito,*
euffions, ou euffiez, ou ils euffent,
aurions auriez fenty. ou auroient
fenty. fenty.

### Futur.

Il eft femblable à celuy de l'Indicatif pour l'I-
talien, & pour le François on prend le Prefent
d'iceluy Indicatif, auec la particule *fe*, comme
f'enfuit.

H iiij

Sing. *s'io sentirò,* *tu sentirai,* *egli sentirà,*
si ie sens. tu sens. il sent.

Plur. *Noi sentiremo,* *voi sentirete,* *quelli sentiran-*
nous sen- vous sentez. *no,* ils sentent.
tons.

Toutesfois nous disons en François, si ie sen-
tiray, lors qu'il y a vne autre locution precedente; comme, à sçauoir mon si ie sentiray bien que
c'est, en le touchant?

Et auec l'Aduerbe *Quando,* on mettra le Futur
de l'Indicatif en toutes les deux langues: *Quando*
*io sentirò,* quand ie sentiray.

### Autre Futur, ou apres Futur, aussi auec *Quando,* Quand,

Sing. *Io haurò sen-* *tu haurai sen-* *colui haurà sen-*
*tito,* i'auray *tito,* tu auras *tito,* il aura
senty. senty. senty.

Plur. *Noi hauremo* *voi haurete* *hauranno senti-*
*sentito,* nous *sentito,* vous *to,* ils auront
aurons senty. aurez senty. senty.

## Infinitif.

### Present.

*Sentire,* sentir.

### Passé.

*Hauer sentito,* auoir senty.

### Futur.

*Hauer a sentire,* auoir à sentir, ou deuoir sentir.

*Eſſer per ſentire,*eſtre pour ſentir.

### Iadis Futur.

*Eſſer ſtato per ſentire,*auoir eſté pour ſentir.

## Gerondif.

### Preſent.

*Sentendo,*ſentant.

### Paſſé.

*Hauendo ſentito,* ayant ſenty.

### Futur.

*Douendo ſentire,*deuant ſentir.
*Hauendo a ſentire,*ayant à ſentir.
*Eſſendo per ſentire,* eſtant pour ſentir.

 Ce Verbe *ſentire* , en Italien ſe prend auſſi pour
ouyr: comme, *ho ſentito dire,* i'ay ouy dire , *ſentir la
Meſſa,* ouyr la Meſſe.

## Des Verbes Imperſonnels.

 Les Verbes Imperſonnels ne ſont autre choſe
pour la pluſpart , que la troiſieſme perſonne du
Singulier de tous les temps & modes des Verbes
Actifs , joinct à icelle la particule *ſi,* deuant ou
apres, laquelle en François ſe reſoult en on, l'on
ou ſe : comme, *amaſi,* on aime, ou bien l'on aime;
*vedeſi,* on voit , ou il ſe voit; *leggeſi,* il ſe lit; *odeſi,*
l'on oit. Et faut conſiderer qu'en François,nous
adjouſtons ceſte particule relatiue il, deuant
ſe ; ſi ce n'eſt qu'il y ait ceſt autre Pronom de-

monstratif, cela : comme, cela se faict , & en ce
cas l'Italien y met aussi ledit Pronom : comme, *ciò
si dice*, cela se dit; *quello si fa*, cela se faict.

Aussi quand ladite particule *si*, est mise deuant
le Verbe, elle est souuent accompagnée de *egli*,
ou *e'* par sincope, qui vaut on, & il : comme, *egli si
vede*, il se voit; *egli si legge*, il se lit, ou bien on lit;
*e' si ama*, on aime; *e' si dice*, il se dit, ou l'on dit.

Et pour le regard des Preterits, ils se forment
du Verbe Substantif *sono*, qui est auxiliaire, & de
la voix passiue, qui est le Participe : comme, *erasi
amato*, on auoit aimé; *essi amato*, on a aimé; *fussi
amato*, on eut aimé : Et faut bien noter que lors
que ladite particule *si*, se met apres le Verbe qui
a l'accent graue sur la derniere sillabe, il faut re-
doubler l'*ss*, comme vous voyez en *essi amato*, qui
est au lieu de *si amato*, & *fussi amato*, au lieu de *si
fu amato* : & en ces autres suiuans, *amerassi* pour *si
amerà*, on aimera; *vedrassi*, au lieu de *si vedrà* on
verra; & autres infinis, qui ont ( comme dit est )
l'accent sur la derniere sillabe.

Il faut dire en passant, que les Italiens en interrogeant d'vne chose du tout incertaine, mettent ceste particule *si*, deuant le Verbe simplement; comme, *Doue si va* où va-on? *Quando si legge?*
quand lit-on ? *Che si dice?* que dit-on ? Mais en de-
mandant d'vne chose aucunement certaine, &
toutesfois douteuse, ils adjoustent ceste autre
particule *egli*; comme, *Vassi egli ancora?* va-on point
encore? *Leggesi egli hoggi?* lit-on aujourd'huy ? Et
aussi és Preterits, ils adjoustent ladite particule
*egli*; comme, *erassi egli letto*, auoit-on leu ? *Essi egli
letto?* a-on leu? Et en respondant à la demande,

on mettra la particule *ſi*, apres le Verbe, ſans autre addition: comme, *vaſſi, leggeſi*, on va, on lit, ou
il ſe lit : ou bien ladite particule ſe met deuant,
auec l'addition de *egli*, comme *egli ſi legge* , on lit;
& en ce cas *egli* eſt particule affirmatiue, ou ex-
pletiue: ceſte maniere de parler eſt auſſi ordinairement demonſtratiue.

# Conjugaiſon ou variation du Verbe Imperſonnel.

## Indicatif.

### Preſent.

*Amaſi*, ou *ſi ama*, l'on aime.

### Imparfaict.

*Amauaſi*, ou *ſi amaua*, on aimoit.

### Parfaict ſimple.

*Amôſſi*, ou *ſi amò*, on aima.

### Parfaict compoſé.

*Eſſi amato*, ou *ſi è amato* , on a aimé.

### Parfaict troiſieſme.

*Fuſſi amato*, ou *ſi fù amato*, on eut aimé.

### Pluſque Parfaict.

*Eraſi amato*, ou *ſi era amato*, on auoit aimé.

### Futur.

*Ameráſſi*, ou *ſi amerà*, on aimera.

# Imperatif.

## Prefent.

*Amifi,* que l'on aime.

## Futur.

*Amerafii,* aimera-on.

# Optatif.

## Prefent.

*O Amaffefi,* ou *voleffe Iddio che egli fi amaffe,* Pleuft à Dieu que l'on aimaft.

## Imparfaict.

*Amerebbefi,* ou *fi amerebbe,* on aimeroit.

## Parfaict.

*Faccia Dio che fi fia amato,* Dieu vueille que l'on ait aimé.

## Plufque Parfaict.

*Fuffefi amato,* que l'on euft aimé.

## Item encores.

*Sarrebefi amato,* on euft ou auroit aimé.

## Futur.

*Dio voglia che egli fi ami,* Dieu vueille que l'on aime.

# Conjonctif.

## Prefent.

*Conciofia che egli fi ami,* comme ainfi foit que l'on aime.

## Autrement.

*Se egli fi amaffe,* ou *amaffefi,* fi on aimoit.

Item encor.

*Quando si amasse,* quand on aimeroit.

Imparfaict.

*Quantunque si amasse,* combien que l'on aimast.

Autrement.

*Amerebbesi,* ou *si amerebbe,* l'on aimeroit.

Parfaict.

*Conciosia che si sia amato,* comme ainsi soit que l'on ait aimé.

Plusque Parfaict.

*Se si fosse amato,* si on eust, ou auroit aimé.

Encor autrement.

*Si sarrebbe amato,* on eust, ou auroit aimé.

Futur.

*Si amerà,* on aimera.

Item, *Se si amerà,* si on aime, & si on aimera.

Apres le Futur.

*Sarassi amato,* ou *si sarà amato,* on aura aimé.

# Infinitif.

### Present.

*Amarsi,* s'aimer.

### Passé.

*Esser si amato,* s'estre aimé.

Item, *Esser stato amato,* auoir esté aimé.

### Futur.

*Douersi amare,* se deuoir aimer.

# Gerondif.

### Present.

*Amandosi,* s'aimant.

Paſſé.

*Eſſendoſi amato,* ſ'eſtant aimé.

Futur.

*Hauendoſi ad amare,* ſe deuant aimer.

Et ainſi ſe coniugueront tous les autres.

Il y a encor vne autre ſorte de Verbes Imperſonnels abſoluts, leſquels encor qu'ils ne ſoient autre choſe que la troiſieſme perſonne des meſmes Verbes, ce neantmoins ils ne reçoiuent point l'adjonction de ceſte particule *ſi*, ny deuant ny apres ſoy, ains ſe diſent abſolument: comme, *Accade, accadeua, accadè*, il aduient, ou eſchet, il aduenoit, il aduint : *Auuiene*, il aduient: *interuiene*, il ſe rencontre : ou bien ils veulent ceſte particule *egli* deuant ſoy: comme, *egli accade*, il aduient: *occorre, occorreua, occorſe*, ou *egli occorre*, il eſt beſoin, il eſt requis, *pare*, ou *egli pare*, il ſemble: *appare*, ou *egli appare*, il appert.

# Des Verbes Paſſifs.

La langue Italienne, comme toutes les autres vulgaires, n'a point de Verbe Paſſifs, ſinon le participe Paſſif, de quelque Verbe que ce ſoit, ioinct à iceluy le Verbe Subſtantif *ſono*, & ce par toute la Coniugaiſon : comme il ſe voit en l'exemple qui ſ'enſuit.

## Indicatif.

### Preſent.

### Singulier.

| | |
|---|---|
| *Io ſono amato,* | Ie ſuis aimé. |
| *Tu ſei amato,* | Tu es aimé. |
| *Quello è amato.* | Il eſt aimé. |

### Plurier.

| | |
|---|---|
| *Noi siamo amati,* | Nous sommes aimez. |
| *Voi siete amati,* | Vous estes aimez. |
| *Quelli sono amati.* | Ils sont aimez. |

## Imparfaict.

### Singulier.

| | |
|---|---|
| *Io era amato,* | I'estois aimé. |
| *Tu eri amato,* | Tu estois aimé. |
| *Quello era amato.* | Il estoit aimé. |

### Plurier.

| | |
|---|---|
| *Noi erauámo amati,* | Nous estions aimez. |
| *Voi erauáte amati,* | Vous estiez aimez. |
| *Quelli érano amati.* | Ils estoient aimez. |

## Parfaict premier.

### Singulier.

| | |
|---|---|
| *Io fui amato,* | Ie fus aimé. |
| *Tu fusti amato,* | Tu fus aimé. |
| *Egli fu amato.* | Il fut aimé. |

### Plurier.

| | |
|---|---|
| *Noi fummo amati,* | Nous fusmes aimez. |
| *Voi fuste amati,* | Vous fustes aimez. |
| *Quelli furono amati.* | Ils furent aimez. |

## Parfaict deuxiesme.

### Singulier.

| | |
|---|---|
| *Io sono stato amato,* | I'ay esté aimé. |
| *Tu sei stato amato,* | Tu as esté aimé. |
| *Egli è stato amato.* | Il a esté aimé. |

### Plurier.

| | |
|---|---|
| *Noi siamo stati amati,* | Nous auons esté aimez. |
| *Voi siete stati amati,* | Vous auez esté aimez. |
| *Quelli sono stati amati.* | Ils ont esté aimez. |

## Parfaict troisiesme, *Quando*, Quand.

### Singulier.

| | |
|---|---|
| Io fui stato amato, | I'eus esté aimé. |
| Tu fusti stato amato, | Tu eus esté aimé. |
| Egli fu stato amato. | Il eut esté aimé. |

### Plurier.

| | |
|---|---|
| Noi fummo stati amati, | Nous eusmes esté aimez. |
| Voi fuste stati amati, | Vous eustes esté aimez. |
| Quelli furono stati amati. | Ils eurent esté aimez. |

## Plusque Parfaict.

### Singulier.

| | |
|---|---|
| Io era stato amato, | I'auois esté aimé. |
| Tu eri stato amato, | Tu auois este aimé. |
| Egli era stato amato. | Il auoit esté aimé. |

### Plurier.

| | |
|---|---|
| Noi erauamo stati amati, | Nous auions esté aimez. |
| Voi erauate stati amati, | Vous auiez esté aimez. |
| Quelli erano stati amati. | Ils auoient esté aimez. |

## Futur.

### Singulier.

| | |
|---|---|
| Io farò amato, | Ie seray aimé. |
| Tu farai amato, | Tu seras aimé. |
| Egli farà amato. | Il sera aimé. |

### Plurier.

| | |
|---|---|
| Noi faremo amati, | Nous serons aimez. |
| Voi farete amati, | Vous serez aimez. |
| Quelli faranno amati. | Ils seront aimez. |

Imperatif.

# Imperatif.

### Prefent.

### Singulier.

| | |
|---|---|
| *Sij amato tu,* | Sois aimé toy. |
| *Sia amato quello.* | Qu'il foit aimé. |

### Plurier.

| | |
|---|---|
| *Siamo amati noi,* | Soyons aimez. |
| *Siate amati voi,* | Soyez aimez. |
| *Siano amati quelli.* | Qu'ils foient aimez. |

### Futur.
### Singulier.

| | |
|---|---|
| *Sardi amato tu,* | Seras tu aimé. |
| *Sarà amato quello.* | Sera il aimé. |

### Plurier.

| | |
|---|---|
| *Saremo amati noi,* | Serons nous aimez. |
| *Sarete amati voi,* | Serez vous aimez. |
| *Saranno amati quelli.* | Seront ils aimez. |

# Optatif.

### Prefent.

*Dio voleffe che,* Pleuft à Dieu que,

### Singulier.

| | |
|---|---|
| *Io foßi amato,* | Ie fuffe aimé. |
| *Tu foßi amato,* | Tu fuffes aimé. |
| *Egli foffe amato.* | Il fuft aimé. |

### Plurier.

| | |
|---|---|
| *Noi foßimo amati,* | Nous fuffions aimez. |
| *Voi fofte amati,* | Vous fuffiez aimez. |
| *Eglino foffero amati.* | Ils fuffent aimez. |

I

Autrement pour le Prefent & Futur.

*Dio voglia che,* Dieu vueille que,

### Singulier.

| | |
|---|---|
| *Io fia amato,* | Ie fois aimé. |
| *Tu fij amato,* | Tu fois aimé. |
| *Colui fia amato.* | Il foit aimé. |

### Plurier.

| | |
|---|---|
| *Noi fiamo amati,* | Nous foyons aimez. |
| *Voi fiate amati,* | Vous foyez aimez. |
| *Quelli fiano amati.* | Ils foient aimez. |

### Imparfaict.

*O che volentieri,* ô que volontiers.

### Singulier.

| | |
|---|---|
| *Sarei io amato,* | Ie ferois aimé. |
| *Sarefti tu amato,* | Tu ferois aimé. |
| *Sarebbe egli amato.* | Il feroit aimé. |

Et felon aucuns, le Prefent fe prend auffi en l'Imparfait, à fçauoir : *O Dio voleffe che io foffi amato,* Pleuft à Dieu que ie fuffe aimé, &c.

### Parfaict.

*Dio voglia che,* Dieu vueille que,

### Singulier.

| | |
|---|---|
| *Io fia flato amato,* | I'aye efté aimé. |
| *Tu fij flato amato,* | Tu ayes efté aimé. |
| *Egli fia flato amato.* | Il ait efté aimé. |

### Plurier.

| | |
|---|---|
| *Noi fiamo flati amati,* | Nous ayons efté aimez. |
| *Voi fiate flati amati,* | Vous ayez efté aimez. |
| *Eglino fiano flati amati.* | Ils ayent efté aimez. |

## Plufque Parfaict.

*Dio voleſſe che,* Pleuſt à Dieu que,

### Singulier.

| | |
|---|---|
| *Io foſſi ſtato amato,* | I'euſſe eſté aimé. |
| *Tu foſſi ſtato amato,* | Tu euſſes eſté aimé. |
| *Egli foſſe ſtato amato.* | Il euſt eſté aimé. |

### Plurier.

| | |
|---|---|
| *Noi foſſimo ſtati amati,* | Nous euſſiós eſté aimez. |
| *Voi foſte ſtati amati,* | Vous euſſiez eſté aimez. |
| *Coloro foſſero ſtati amati.* | Ils euſſent eſté aimez. |

Autrement auec ceſte forme de ſouhaitter.

*O che volentieri,* ô que volontiers.

### Singulier. (aimé.

| | |
|---|---|
| *Io ſarei ſtato amato,* | I'euſſe, ou i'aurois eſté |
| *Tu ſareſti ſtato amato,* | Tu euſſes, ou aurois eſté aimé. |
| *Colui ſarebbe ſtato amato.* | Il euſt, ou auroit eſté |

### Plurier. (aimé.

| | |
|---|---|
| *Noi ſaremmo ſtati amati,* | Nous euſſions, ou aurions eſté aimez. |
| *Voi ſareſte ſtati amati,* | Vous euſſiez, ou auriez eſté aimez. |
| *Quelli ſarebbono ſtati amati.* | Ils euſſent, ou auroient eſté aimez. |

Voyez le Futur cy-deſſus auec le Preſent.

# Conjonctif.

## Preſent.

*Concioſia coſa che,* comme ainſi ſoit que,

### Singulier.

| | |
|---|---|
| *Io ſia amato,* | Ie ſois aimé. |
| *Tu ſy amato,* | Tu ſois aimé. |
| *Egli ſia amato.* | Il ſoit aimé. |

### Plurier.

| | |
|---|---|
| *Noi siamo amati,* | Nous soyons aimez. |
| *Voi siate amati,* | Vous soyez aimez. |
| *Quelli siano amati.* | Ils soient aimez. |

## Autrement auec la particule condition-
## nelle *se*, si.

### Singulier.

| | |
|---|---|
| *S'io fossi amato,* | Si i'estois aimé. |
| *Se tu fossi amato,* | Si tu estois aimé. |
| *S'egli fosse amato.* | S'il estoit aimé. |

### Plurier.

| | |
|---|---|
| *Se noi fossimo amati,* | Si nous estions aimez. |
| *Se voi foste amati,* | Si vous estiez aimez. |
| *Se quelli fossero amati.* | S'ils estoient aimez. |

## Imparfaict auec ces formules.

*Benche, quantunque,* combien que,
*Conciosia cosa che,* comme ainsi soit que,

### Singulier.

| | |
|---|---|
| *Io fossi amato,* | Ie fusse aimé. |
| *Tu fossi amato,* | Tu fusses aimé. |
| *Egli fosse amato.* | Il fust aimé. |

### Plurier.

| | |
|---|---|
| *Noi fossimo amati,* | Nous fussions aimez. |
| *Voi foste amati,* | Vous fussiez aimez. |
| *Quelli fossero amati.* | Ils fussent aimez. |

Autrement pour le Prefent & Imparfaict, n'a-
gueres paffé, auec la particule *fe*, fi,
& l'auxiliaire.

### Singulier.

| | |
|---|---|
| *S'io foßi ftato amato,* | Si i'auois efté aimé. |
| *Se tu foßi ftato amato,* | Si tu auois efté aimé. |
| *S'egli foffe ftato amato.* | S'il auoit efté aimé. |

### Plurier.

| | |
|---|---|
| *Se noi foßimo ftati amati,* | Si nous auiõs efté aimez. |
| *Se voi fofte ftati amati,* | Si vous auiez efté aimez. |
| *Se quelli foffero ftati amati.* | S'ils auoient efté aimez. |

Encor autrement fans formule, comme en
l'Imparfaict de l'Optatif.

### Singulier.

| | |
|---|---|
| *Io farei o faria amato,* | Ie ferois aimé. |
| *Tu farefti amato,* | Tu ferois aimé. |
| *Egli farebbe o faria amato.* | Il feroit aimé. |

### Plurier.

| | |
|---|---|
| *Noi faremmo amati,* | Nous ferions aimez. |
| *Voi farefte amati,* | Vous feriez aimez. |
| *Quelli farebbono, fariano,* | Ils feroient aimez. |
| *e farrebbero amati.* | |

### Parfaict.

*Conciofia cofa che,* comme ainfi foit que,
*Quantunque,* combien que,

### Singulier.

| | |
|---|---|
| *Io fia ftato amato,* | I'aye efté aimé. |
| *Tu fy ftato amato,* | Tu ayes efté aimé. |
| *Egli fia ftato amato.* | Il ait efté aimé. |

### Plurier.

| | |
|---|---|
| *Noi siamo stati amati,* | Nous ayons esté aimez, |
| *Voi siate stati amati,* | Vous ayez esté aimez. |
| *Coloro siano o sieno stati amati.* | Ils ayent esté aimez. |

### Plusque Parfaict, auec ces formules.

*Se, benche, come che, conciosia cosa che, si, bien que, encor que, comme ainsi soit que,*

### Singulier.

| | |
|---|---|
| *Io fossi stato amato,* | I'eusse esté aimé. |
| *Tu fossi stato amato,* | Tu eusses esté aimé. |
| *Egli fosse stato amato.* | Il eust esté aimé. |

### Plurier.

| | |
|---|---|
| *Noi fossimo stati amati,* | Nous eussiõs esté aimez. |
| *Voi foste stati amati,* | Vous eussiez esté aimez. |
| *Eglino fossero stati amati.* | Ils eussent esté aimez. |

### Autrement sans formules, & auec formules.

### Singulier.

| | |
|---|---|
| *Io sarei, o saria stato amato,* | I'eusse, ou i'aurois esté aimé. |
| *Tu saresti stato amato,* | Tu eusses, ou aurois esté aimé. |
| *Egli sarebbe stato amato.* | Il eust, ou auroit esté aimé. |

### Plurier.

| | |
|---|---|
| *Noi saremmo stati amati,* | Nous eussions, ou aurions esté aimez. |
| *Voi sareste stati amati,* | Vous eussiez, ou auriez esté aimez. |
| *Eglino sarebbero stati amati.* | Ils eussent, ou auroient esté aimez. |

Futur comme en l'Indicatif, excepté qu'il y a
la formule *se*, de plus.

### Singulier.

| | |
|---|---|
| *Se io farò amato,* | Si ie suis aimé. |
| *Se tu farai amato,* | Si tu es aimé. |
| *S'egli farà amato.* | S'il est aimé. |

### Plurier.

| | |
|---|---|
| *Se noi faremo amati,* | Si nous sommes aimez. |
| *Se voi farete amati,* | Si vous estes aimez. |
| *Se quelli faranno amati.* | S'ils sont aimez. |

On dit aussi en François, si ie seray aimé, mais
ce doit estre en suitte d'autres Verbes: comme;
Il faut voir si ie seray aimé: Ie ne sçay si ie seray
aimé.

### Autre Futur, ou apres Futur.

*Quando,* quand,    *Poiche,* apres que.

### Singulier.

| | |
|---|---|
| *Io farò stato amato,* | I'auray esté aimé. |
| *Tu farai stato amato,* | Tu auras esté aimé. |
| *Egli farà stato amato.* | Il aura esté aimé. |

### Plurier.

| | |
|---|---|
| *Noi faremo stati amati,* | Nous aurons esté aimez. |
| *Voi farete stati amati,* | Vous aurez esté aimez. |
| *Quelli faranno stati amati.* | Ils auront esté aimez. |

# Infinitif.

### Present.

*Essere amato,* estre aimé.

## Paſſé.

*Eſſere ſtato amato*, auoir eſté aimé.

## Futur.

*Hauer ad eſſere amato*, deuoir eſtre aimé.
*Eſſer per eſſere amato*, eſtre pour eſtre aimé.

## Iadis Futur.

*Eſſer ſtato per douer eſſere amato*, auoir eſté pour deuoir eſtre aimé.

# Gerondif.

## Preſent.

*Eſſendo amato*, eſtant aimé.

## Paſſé.

*Eſſendo ſtato amato*, ayant eſté aimé.

## Futur.

*Douendo eſſere amato*, deuant eſtre aimé.
*Hauendo ad eſſere amato*, ayant à eſtre aimé.
*Eſſendo per eſſere amato*, eſtant pour eſtre aimé.

Les Verbes Paſſifs ſe conjuguent auſſi en la
troiſieſme perſonne, tant du nombre Singulier
que du Plurier, en y adjouſtant la particule *ſi*, deuant ou apres, comme *Amaſi, amanſi:* ou bien, *ſi
ama & ſi amano*, ſ'aime & ſ'aiment: *Amauaſi &
amauanſi*, ou *ſi amaua, & ſi amauano*, ſ'aimoit, &
ſ'aimoient.

Et au Preterit parfaict, en laiſſant le Verbe auxiliaire des Verbes Actifs, *Ho*, i'ay : on mettra au
lieu d'iceluy le Verbe Subſtantif, *Sono*, en forme
paſſiue, comme, *ſi è amato*, & *ſi ſono amati*, ſ'eſt aimé, & ſe ſont aimez : *Senza alcuna colpa ſi ſono ʋcciſi
de gli huomini*, ſans aucune coulpe ſe ſont tuez des
hommes. *Eraſi amato*, & *eranſi amati*; ou *ſi era amato*,
& *ſi erano amati*; ſ'eſtoit aimé, & ſ'eſtoient aimez.
*Ameraſſi* & *amerannoſi*, ou *ameranſi*, ou bien, *ſi amerà*, & *ſi ameranno*, ſ'aimera & ſ'aimeront : & ainſi
du reſte, comme il ſe voit en la Conjugaiſon du
Verbe Imperſonnel, deſcendant de l'Actif, en y
adjouſtant auſſi la troiſieſme perſonne du Plurier, non pas imperſonnellement, mais paſſiue-
ment, & en reflexion à la perſonne, ou aux perſonnes; ce qui n'eſt pas és Imperſonnels : ains eſt
du tout contraire à leur nature, ou l'action ſe
ſuppoſe, ſans auoir eſgard à la paſſion, encor
qu'elle ſ'en enſuiue. Voicy des exemples du
Paſſif.

   *Quanti parti per queſto, mal lor grado, ʋenuti a bene,
nelle braccia della fortuna ſi gittano ? Guardinſi li ſpedali:
Quanti ancora prima che eſſi il materno latte habbiano
guſtato, ſe n'uccidono ? Quanti a' boſchi, quanti alle fiere
ſe ne concedono ?* Combien d'enfans pour ce ſub-
jet, malgré eux, eſtans venus à bien, ſont iettez
entre les bras de la Fortune? Que l'on regarde les
Hoſpitaux : Combien encor auparauant qu'ils
ayent gouſté le laict de leur mere, ſont tuez?
Combien aux bois, & combien aux beſtes ſont
expoſez ?

   Il ſemble que le François ſe feroit mieux entendre par le Verbe Imperſonnel: car il eſt plus à

propos de dire, iette-on, ou fe iette-il, parce que
ce font toutes les deux formes d’Imperfonnels,
actiue & paffiue; mais cela ne preiudicie point à
la langue Italienne qui a fa proprieté.

Il faut auffi noter, qu’és deux derniers exemples, il y a *fe*, au lieu de *fi*, mais c’eft à caufe qu’il
eft mis deuant la particule relatiue *ne*, dequoy il
fera parlé en fon lieu.

*Amarfi*, s’aimer, ou bien *amare*, auec la particule *fi*, deuant le Verbe finy, dont elle eft gouuer-
née, fe dit paffiuement: En voicy des exemples de
tous deux.

*Niuna cofa fi portà con vicino, con parente, o con amico
trattare, che fe ad effe non è palefe, effe fubitamente non
foffpichino contro a loro adoperarfi, & in loro detrimento
trattarfi.* Il ne fe pourra traitter aucune chofe
auec vn voifin, auec vn parent, ou auec vn amy,
que fi elle ne leur eft manifefte, elles ne foupçon-
nent incontinent que c’eft à l’encontre d’elles, &
à leur detriment qu’elle fe traitte: mais comme
i’ay defia dit, le François a plus de liberté d’vfer
l’Imperfonnel, comme vous voyez que i’ay mis.
Il ne fe pourra traitter aucune chofe, au lieu que
l’Italien dit, Nulle chofe ne fe pourra traitter, &c.

## Des Verbes Imperfonnels de voix actiue.

Il y a certains Verbes qui reçoiuent cefte particule paffiue *fi*, deuant ou apres foy, lefquels
n’ayans qu’vne feule voix, qui eft à dire mefme
terminaifon, en tous les deux nombres Singulier
& Plurier, font par aucuns appellez Imperfonnels (comme n’eftant d’aucune perfonne celle

voix ou mot, qui se peut accommoder à toutes )
ainsi que faict *conuiene*,qui se compose auec *mi*,*ti*,
*si* : & par d'autres sont nommez Defectifs, ayans
les nombres aucunement distinguez, mais non
pas les personnes, comme sont ceux qui suiuent.

| | |
|---|---|
| *Debbe*, doit. | *Disdice*, est mal seaut. |
| *Può*, peut. | *Ricerca*, est requis. |
| *Vuole*, est necessaire. | *Confà*, accorde, on con- |
| *Conuiene*, conuient. | forme. |
| *Dice*, est bien seant. | *Appartiene*, appartient. |

Et autres semblables, lesquels sont aussi personnels ; mais en diuerse signification & construction : comme il est venu en vsage és Imper-
sonnels Passifs, qui sont semblables aux troisies-
mes personnes du Singulier,des Personnels Passifs : mais toutesfois differents d'iceux en signification; car vulgairement & generalement ils se
disent, sans estre construicts auec aucune autre
diction, comme, *viuesi*,*leggesi*,*amasi*, on vit,on lit,
on aime. Et partant on dit,*si debbe*,on doit:*si può*,
l'on peut; *si vuole*, il est necessaire, ou il faut; *si*
*conuiene*,il conuient; *si dice*, il est bien seant; *si dis-*
*dice*,il est mal seant ; *si ricerca*, il est requis: *si confà*,
s'accorde, ou se conforme ; *si appartiene*, il appartient: ou bien en postposant la particule *si*, *debbe-*
*si*; *puòsi*, *vuolsi*, *conuiensi*, *dicesi*, *disdicesi*, *ricercasi*,
*confàsi*, *appartiensi* : en redoublant l's en ces deux
*puòsi & confàsi*, à cause de l'accent graue qui est
sur *può & confà*. Il faut aussi noter que ce Verbe, *si dice*, ou *dicesi*, ne se prend pas icy pour
l'Impersonnel de *dico*, qui signifie, l'on dit, ou
il se dit, mais pour le contraire de *disdice*, comme vous poüuez voir. Voicy des exemples

de leur conſtruction. Boccace au Labyrinthe
d'amour. *Come ſi conuiene, o ſi confaa te, hoggimai ma-*
*turo, il carolare, il gioſtrare, o l'armeggiare?* comment te
conuient il à toy, qui es deformais meur, le dan-
ſer, iouſter & courre la lance, ou combattre? Et
au lieu meſme : *Alla quale dar diſe ottimo eſſempio a*
*più giouani s'appartiene,* à laquelle il appartient, ou
ſ'appartient donner de ſoy vn treſbon exemple
aux plus ieunes.

On vſe auſſi de ces egalantes circonſcriptions
imperſonnelles cy deſſous, *Sta bene, è diceuole, è con-*
*ueneuole, è diſdiceuole, è ſconueneuole:* Exemples du Labyrinthe. *Come è alla tua età conueneuole l'andar di*
*notte, il contrafarti, il naſconderti à ciaſcheduna hora?*
Comment eſt il conuenable à ton aage, aller de
nuict, te contrefaire ou deſguiſer, te cacher à
toute heure? Et vn peu apres. *Male è adunque homai*
*la tua età a gli innamoramenti diceuole, alla quale non il*
*ſeguir le paſſioni, o laſciarſi a loro ſoprauenute vincere, ſta*
*bene.* Ton aage eſt doncques deformais mai conuenable aux amourachemens, & ne luy ſied bien
de ſuiure les paſſions, ou de ſe laiſſer vaincre par
icelles eſtant ſuruenuës.

Ces Verbes ſuiuans ſe mettent ſans la particule *ſi*, aucuns deſquels ont eſté deſia mentionnez
cy deſſus, mais ie ne laiſſeray de les repeter icy, &
ſont; *Accade,* il eſchet; *Auuiene,* il aduient; *Inter-*
*uiene,* il ſe rencontre ; *biſogna,* il faut, ou il eſt beſoin; *occorre,* il eſt beſoin; ou il eſt requis; *tocca,* il appartient; *ſouuiene,* il ſouuient, & autres ſemblab-
bles qui n'ont qu'vne ſeule voix en tous les deux
nombres : comme auſſi, *duole,* ou *increſce,* il deult,
ou il faſche; *lice,* il eſt licite ou permis, & il eſt loi-

fible;*cale*,il chault; lefquels par tous les temps ne prennent qu'vne feule voix , qui eft la troifiefme perfonne. Exemples.

*Come di quefto fatto grandemente mi duole*: Comme de ce faict il me deult grandement, *i.* me faict grand mal: ou i'en fuis bien marry.

*Cofi di voi m'increfce* : Ainfi de vous il me fafche, *i.* pour l'amour de vous,ou de voftre mal.

*Se dir lice, e conuienfi* : S'il eft permis,& conuient de dire.

*Se del tuo honor ti cale* , fil te chault de ton honneur, *i.* fi tu en as foing.

Notez que ce mot de voix , fignifie la diction qui f'efcrit,& non pas la voix que l'on oit.

Voicy la variation de ce dernier Verbe.

## Indicatif.
### Prefent.
*Cale*, il chault.
### Imparfaict.
*Caleua*,il chaloit.
### Parfaict.
*Calfe*, il chalut.
### Futur.
*Calera*, il chauldra.

## Optatif, & Subjonctif.
### Prefent.
*Caleffe*, il chaluft.
### Imparfaict.
*Calerebbe*,*& carebbe*,il chaudroit.
### Futur.
*Caglia*,il chaille.

## Infinitif.
### Prefent.

*Calere,* chaloir.

### Paſſé.

*Eſſer caluto,* eſtre chalu.

Ce dernier ſe trouue rarement, tant en l'Italien qu'en François.

Il ne faut pas laiſſer de mettre ce Verbe Imperſonnel *E,* qui eſt troiſieſme perſonne, tant du nombre Singulier que du Plurier, du Verbe Subſtantif *ſono,* correſpondant à noſtre François, il y a ; pour l'vn & l'autre nombre : mais il faut noter qu'en la langue Italienne, tantoſt il ſe trouue tout ſeul, tantoſt il ſe conſtruit auec les particules demonſtratiues ou relatiues, *ci* & *vi,* leſquelles ſe rapportent à noſtre y François ; comme, *ciè,* ou bien abregé *c'è,* & *viè,* ou *v'è,* il y a : combien qu'aucuns y facent vne difference, voulant dire que *ci* ſe doit entendre du lieu plus proche, & *vi* du plus eſloigné, mais ce ſeroit ſeulement en la relation du lieu, & non pas du temps : pour moy i'ay remarqué que les Florentins vſent plus de *vi* que de *ci.* Voyez en la variation qui ſ'enſuit.

## Indicatif.
### Prefent.

Singulier. *E, ciè,* ou *c'è, viè* & *v'è,* il y a.

Plurier. *Sono, ci ſono,* & *ſon,* il y a.

Ie ne repeteray pas ces abreuiations par tous les modes & temps, les remettant au iugement des diligens Lecteurs, auſſi ſuffira il de mettre l'vne des particules, *ci* ou *vi.*

## Imparfaict.

Sing. *Era, ci era,* il y auoit.
Plur. *Erano, ci erano,* il y auoit.

## Parfaict simple.

Sing. *Fù, ci fù,* il y eut.
Plur. *Furono, furno, fur & furo,* il y eut.

## Parfaict composé.

Sing. *E stato, c'è stato,* il y a eu.
Plur. *Sono stati, ci sono stati,* il y a eu.

## Plusque Parfaict.

Sing. *Era stato, c'era stato,* il y auoit eu.
Plur. *Erano stati, v'erano stati,* il y auoit eu.

## Futur.

Sing. *Sarà, ci sarà,* il y aura.
Plur. *Saranno, ci saranno,* il y aura.

# Imperatif.

### Present & Futur.

Sing. *Sia, fiaui,* qu'il y ait.
Plur. *Siano, fianui,* qu'il y ait.

# Optatif.

*Dio volesse che,* Pleust à Dieu que,

### Present.

Sing. *Fosse o fusse,* il y eust.
Plur. *Fossero, fussero, fossino, & fosser,* il y eust.

### Autrement pour le Present & Futur.

*Dio voglia che*, Dieu vueille que,

Singulier. *Sia*, *ci sia*, il y ait.
Plurier. *Siano*, *ci siano*, il y ait.

### Imparfaict.

Sing. *sarrebbe*, *ci sarrebe*, & *saria*, il y auroit.
Plur. *Sarrebbono vi sarrebbero*, & *sariano*, il y auroit.

### Parfaict.

*Dio voglia che*, Dieu vueille que,

Sing. *Sia stato*, *ci sia stato*, il y ait eu.
Plur. *Siano stati*, *vi siano stati*, il y ait eu.

### Plusque Parfaict.

*Dio volesse che*, Pleust à Dieu que,

Sing. *Fosse stato*, *ci fosse stato*, il y eust eu.
Plur. *Fossero stati*, *ci fussero stati*, il eust eu.

### Autrement auec ceste maniere de dire.

*O che volentieri*, ô que volontiers,

Sing. *Sarebbe* & *saria stato*, *ci sarebbe stato*, il y auroit eu.
Plur. *Sarebbono* & *sariano stati*, *vi sarebbero stati*, il y
auroit eu.

Le Futur est cy-dessus auec le Present.

Conjonctif,

# Conjonctif.

*Conciosia cosa che*, comme ainsi soit que.

## Present.

Singulier. *Sia, ci sia,* il y ait.
Plurier, *siano, vi siano,* il y ait.

## Autrement auec la particule *se, si.*

Sing. *Se fosse, se ci fosse,* s'il y auoit.
Plur. *Se fossero, se vi fossero,* s'il y auoit.

*Conciosia cosa che*, comme ainsi soit que.

Singulier. *Fosse, ci fosse,* il y eust.
Plurier. *Fossero, ci fossero,* il y eust.

## Autrement sans formule.

Sing. *Sarebbe, ci sarebbe, & saria,* il y auroit.
Plur. *Sarebbono, vi sarebbono & sariano,* il y auroit.

*Conciosia che*, comme ainsi soit que.
*Quantunque*, combien que.

## Parfaict.

Sing. *Sia stato, ci sia stato,* il y ait eu.
Plur. *Siano stati, ci sieno stati,* il y ait eu.

*Conciosia cosa che*, comme ainsi soit que,
*Se, benche, si,* encor que.

### Plusque Parfaict.

Sing. *Fosse stato, vi fosse stato,* il y eust eu.
Plur. *Fossero stati, ci fossero stati,* il y eust eu.

### Autrement sans formules, & auec formules.

Sing. *sarebbe & saria stato, ci sarebbe stato,* il y eust, ou
auroit eu.
Plur. *Sarebbono stati, vi sariano stati,* il y eust, ou auroit eu.

### Futur.

Sing. *Se sarà, se vi sarà,* s'il y a, & s'il y aura.
Plur. *Se saranno, se ci saranno,* s'il y a.

### Autre Futur, ou apres le Futur.

*Quando,*　　　Quand,
Sing. *Sarà stato, ci sarà stato,* il y aura eu.
Plur. *Saranno stati, vi saranno stati,* il y aura eu.

# Infinitif.

### Present.

*Essere, esserci,* y auoir.

### Passé.

*Esser stato, esserui stato,* y auoir eu.

### Futur.

*Douerci essere,* y deuoir auoir.

Le reste sera aisé à recognoistre, par la diligen-
te obseruation des estudians.

# De certains Verbes Neutres, qui se declinent en la troisiesme personne seulement.

Il y a certains Verbes Neutres, qui ne se trouuent qu'en la troisiesme personne: comme sont,
*Pioue, neuica,* ou *neua,* & *tuona* , ausquels se ioinct
souuent la particule *egli* , ou bien *e* qui vaut autant; & en François signifient, il pleut, il neige, il
tonne. Exemples sans la particule.

*Già fu per l'Alpi neua d'ogn'intorno.*

Il neige desia dessus les Alpes de tous costez.

*L'ira del Ciel, quando'l gran Gioue tuona.*

L'ire du Ciel, quand le grand Iupiter tonne.

Item, *Il qual hor tuona, hor neuica,* & *hor pioue.*

Lequel tantost tonne, tantost neige, & tantost
pleut.

*Da' begli occhi, vn piacer si caldo pioue.*

Des beaux yeux, vn plaisir si chauld pleut.

*i.* tombe.

Et au nombre Plurier pour l'Italien.

*Nelle pouere case, piouono dal Cielo di diuini spiriti.*

Es pauures maisons, il pleut du Ciel des diuins
esprits.

Lesquels Verbes & autres semblables, se decli-
neront par tous les temps & modes que dessus,
en la troisiesme personne seulement.

## Des Verbes Anomaux.

Il y a en la langue Italienne, comme aussi en
toutes les autres, plusieurs Verbes qui ne suiuent
pas la reigle ordinaire des Coniugaisons cy-
dessus, & partant sont appellez irreguliers ou

K ij

Anomaux, defquels il fe donnera des exemples;
& principalement de toutes les quatre Coniugaifons.

## Des Anomaux de la premiere Coniugaifon.

Les Anomaux ou irreguliers de la premiere
Coniugaifon font, *Do, fto, fò, vo*, monofyllabes, &
fe declinent ou varient comme f'enfuit.

## Indicatif du Verbe *Do*, ie donne.

### Prefent.

Sing. *Do*, ie donne, *dai*, tu donnes, *da* ou *dae*, Poëtique; il donne.

Plur. *Diamo*, nous donnons, *date*, vous donnez,
*danno*, ils donnent.

L'Imparfaict eft comme és Verbes reguliers,
*daua*, ie donnois, &c.

### Parfaict fimple.

Sing. *Detti*, ou *diedi*, & *diè*, ie donnay: *defti*, tu
donnas; *dette, diede*, & *diè*, il donna.

Plur. *Demmo*, nous donnafmes, *defte*, vous don-
naftes; *dettono, dettero*, ou *diedero*, ils don-
nerent.

Le refte fe varie comme les reguliers, & pour
le Parfaict compofé, & plufque Parfaict, il faut
adioufter à l'auxiliaire *Ho*, le Participe *Dato*, variant ledit auxiliaire, felon que le temps le re-
querra.

Le Futur eft *Darò*, ie donneray: *darai*, tu donne-
ras: *darà*, il donnera, &c.

## Du Verbe *Sto.*

Tout de mesme que *Do*, se declinera le Verbe *Sto*, *ftai*, *ftà*, ie suis, tu es, il est : lequel aura en la troisiesme personne du nombre Singulier du Preterit Parfaict simple *ftè*, ou *ftié*, & *fterte*, il fut.

## Indicatif du Verbe *Fo*.

### Present.

Sing. *Fo* & *faccio*: Poëtique. Ie fay: *fai*, tu fais: *fà* & *fao* Poëtique, il faict.

Plur. *Facciamo*, nous faisons ; *fate*, vous faictes: *fanno*, ils font.

L'Imparfaict est comme les Verbes reguliers, à sçauoir *faceua*, ie faisois, & par abreuiation *fea*, *faceuate*, vous faisiez, *facciauate* pour *faceuate*, n'est pas à imiter.

### Parfaict simple.

Sing. *Feci* ou *fei*, ie feis; *facesti* ou *festi*, tu fis; *fece* ou *fe* & *feo*, il fit.

Plur. *Facemmo*, nous fismes ; *faceste* & *feste*, vous fistes, *fecero*, *fenno*, *fero*, ils firent.

Les autres Preterits composez, prennent le Verbe *Ho*, pour auxiliaire, auec le Participe *fatto*: comme,

*Ho fatto*, i'ay faict.

*Hebbi fatto*, i'eu faict.

*Haueuo* ou *haueua fatto*, i'auois faict, &c.

### Le Futur.

*Farò*, ie feray: *farai*, tu feras: *farà*, il fera: & le reste comme les reguliers.

# Imperatif.

## Prefent.

Sing. ..... *Fà tu*, fais: *faccia quello*, qu'il face.
Plur. *Facciamo*, faifons : *fate*, faictes : *facciano quelli*,
qu'ils facent.

L'Optatif & Conionctif, ont *faceßi io*, *faceßi tu*,
ou *feßi*: *farei*, *faresti*, *faccia* ; & tout le refte comme
les reguliers, en y appliquant l'interpretation
Françoife, comme elle conuiendra à chacun
temps.

Le Verbe *Vo*, eft defectif, & fe fupplée par le
Verbe *Andare*, comme f'enfuit.

# Indicatif.

## Prefent.

Sing. *Vo* & *vado*, Poëtique. Ie vay: *vai*, tu vas: *va*
& *vae*, il va.
Plur. *Andiamo*, nous allons : *andate*, vous allez:
*vanno*, ils vont.

## Imparfaict.

*Andauo* & *andaua*, i'allois, &c. comme és reguliers.

## Parfaict fimple.

*Andai*, i'allay, &c.

## Parfaict compofé.

*Sono andato*, ie fuis allé.

Plufque Parfaict.

*Era andato,* i'eftois allé.

Futur.

*Anderò & andrò,* i'iray.

# Imperatif.

### Prefent.

Sing. ...... *Va tu,* vas toy: *vada quello,* qu'il aille.

Plur. *Andiamo noi,* allons: *andate voi,* allez: *vadano quelli,* qu'ils aillent.

# Optatif, & Conionctif.

### Prefent.

*Andaßi io,* que i'allaffe: *andaßi tu,* que tu allaffes, &c.

### Imparfaict.

*Andrei,* i'irois: *andrefti,* tu irois: *andrebbe,* il iroit, &c. felon la reigle.

### Parfaict finy.

*Che io fia andato,* que ie fois allé : *tu ſij andato,* tu fois allé, &c.

### Indefiny.

*Foßi io andato,* que ie fuffe allé.

### Plufque Parfaict.

*Sarei andato io,* ie fuffe ou ferois allé.

### Futur de l'Optatif.

Sing. *Vada io,* que i'aille : *vada tu,* que tu ailles: *vada quello,* qu'il aille.

K iiij

Plur. *Andiamo noi* , que nous allions ; *andiate voi*, que vous alliez ; *vadano quelli*, qu'ils aillent.

Le Futur du Conionctif, est comme celuy de l'Indicatif, & selon la reigle des Verbes cy-dessus.

## Infinitif.

*Andare*, aller.

*Esser andato*, estre allé.

*Esser per andare*, ou *douer andare*, estre pour aller, ou deuoir aller.

## Des Verbes Anomaux de la seconde Coniùgaison.

Les Verbes Anomaux de la seconde Coniugaison sont *Paio, seggo, debbo, posso, tengo, voglio, dolgo, so, soglio, cappio*, *& cado*, lesquels se varient comme s'ensuit.

## Indicatif du Verbe *Paio.*

### Present.

Sing. *Paio*, ie semble ; *pari*, ou *par*, tu sembles ; *pare*, ou *par*, il semble.

Plur. *Paiamo*, nous semblons ; *parete*, vous semblez ; *páiono*, ils semblent.

### Imparfaict.

Sing. *Pareuo, pareua, & parea*, ie semblois ; *pareui*, tu semblois ; *pareua & parea*, il sembloit.

Plur. *Pareuamo, & pareamo,* nous femblions, *pare-uate, & pareui,* vous fembliez ; *pareuano, pa-reano, & parean,* ils fembloient.

### Parfaict fimple.

Sing. *Parui,* ie femblay; *parefti,* tu femblas; *parue,* il fembla.

Plur. *Paremmo,* nous femblafmes: *parefte,* vous femblaftes ; *parueno, & paruero,* ils femble-rent.

### Parfaict compofé.

Sing. *Sono paruto,* i'ay femblé : *fei paruto,* tu as fem-blé: *è paruto,* il a femblé.

Plur. *Siamo paruti,* nous auons femblé: *fiete paruti,* vous auez femblé: *fono paruti,* ils ont fem-blé.

### Plufque Parfaict.

Sing. *Ero* ou *era paruto,* i'auois femblé: *eri paruto,* tu auois femblé: *era paruto,* il auoit femblé.

Plur. *Eramo* ou *erauamo paruti,* nous auions fem-blé: *erauate paruti,* vous auiez femblé : *erano* ou *eran paruti,* ils auoient femblé.

### Futur.

Sing. *Parrò,* ie fembleray: *parrai,* tu fembleras: *par-rà,* il femblera.

Plur. *Parremo,* nous femblerons, *parrete,* vous fem-blerez, *parranno,* ils fembleront.

# Imperatif.

## Prefent.

Sing. ...... *Pari tu,* femble toy : *paia quello,* qu'il femble.

Plur. *Paiamo*, femblons : *parete*, femblez : *paiano*, qu'ils femblent.

### Futur.

Sing. ....... *Parrai tu*, fembleras tu : *parrà quello*, femblera il.

Plur. *Parremo*, femblerons nous: *parrete*, femblerez vous: *parranno*, fembleront ils.

Optatif & Conionctif, auec les particules de l'vn & de l'autre, comme cy-deffus és Verbes reguliers felon l'occurrence.

> *Pareßi io*, que ie femblaffe.
> *Parrei io*, ie femblerois.
> *Sia paruto*, que i'aye femblé.
> *Foßi paruto*, que i'euffe femblé.
> *Sarei paruto*, i'euffe, ou i'aurois femblé.

Sing. *Io paia*, que ie femble : *tu paia*, tu fembles: *quello paia*, qu'il femble.

Plur. *Noi paiamo*, nous femblions: *voi paiate*, vous fembliez : *quelli paiano* ou *paian*, qu'ils femblent.

Le refte fe trouuera comme és reguliers, fur lefquels il fe faudra former.

## Indicatif du Verbe *Seggio.*

### Prefent.

Sing. *Seggo* ou *feggio, & fiedo*, Poëtique. Ie fieds, ou ie fuis affis : *fiedi*, tu fieds : *fiede* ou *fede*, Poëtique, il fied.

Plur. *Seggiamo* ou *fediamo*, nous feons : *fedete*, vous feez: *feggono* ou *fiedono*, ils feent, ou font affis.

### Imparfaict.

Sing. *Sedeua* ou *fedeua & fedea* , ie feois, ou eftois
affis:*fedeui*,tu feois: *fedeua*,ou *fedea*,il feoir,
&c.

### Parfaict.

Sing. *Sedetti* ou *fedei*, ie m'affis,ou ie fus affis:*fede-
fti*, tu t'affis,ou fus affis : *federre*, il f'affit, ou
fut affis.

Plur. *Sedemmo*, nous nous affifmes, ou fufmes affis: *fedeſte*,vous vous affiftes,ou fuftes affis:
*federtero* ou *fedieno*, ils f'affirent , ou furent
affis.

Et ce qui refte fe coniuguera felon la reigle, à
fçauoir :

*Sederò*, ou plus frequemment *fedrò* , ie feoiray,
ou feray affis.

*Siedi tu*, fieds toy,ou fois affis.

*Sedeßi*,ie m'affiffe,ou m'affeiffe.

*Sederei*, & par fincope *fedrei*, ie m'affeoirois.

*Seggia* ou *fegga & fieda* , ie fois affis, ou ie m'af-
feye.

*Sedere*, feoir,f'affeoir,eftre affis.

## Indicatif du Verbe *Debbo*.

### Prefent.

Sing. *Debbo, deggio & deo*,Poëtique: ie dois.

*Debbi,deui & dei*,tu doibs.

*Debbe, deue & dee*, il doibt.

Plur. *Dobbiamo*,nous deuons: *doucte*,vous debuez,
ou deuez.

*Debbono* ou *deono, deggiono & denno*, Poëtique:
ils doibuent.

### Imparfaict.

Sing. *Doueuo & doueua,* ou *douea,* ie deuois : *doueui,*
tu deuois : *doueua,& douea,* il deuoit.

Plur. *Doueuamo,* nous deuions : *doueuate,* vous deuiez ; *doueuano, doucano, & douieno,* ils de-
uoient.

### Parfaict.

Sing. *Doueti,* ie deubs ; *douesti,* tu deubs : *douette,* il
deubt.

Plur. *Douemmo,* nous deusmes ; *doueste,* vous deu-
stes : *douettero,* ils deurent.

### Futur.

Sing. *Douerò & dourò,* ie deuray : *douerai & dourai,*
tu deuras : *douerà & dourà,* il deura.

Plur. *Doueremo, douremo,* nous deurons : *douerete,*
*dourete,* vous deurez : *doueranno, douranno* ; ils
deuront.

## Optatif, & Conionctif.

Singulier. *Douessi io,* que ie deusse.
　　　*Douessi tu,* que tu deusses.
　　　*Douesse quello,* qu'il deust.
Plurier. *Douessimo noi,* que nous deussions.
　　　*Doueste voi,* ou *douessi,* que vous deussiez.
　　　*Douessero quelli, douesser, douessino & douessin,*
　　　qu'ils deussent.
Sing. *Douerei, doueria, douria & dourei,* ie deurois.
　　　*Doueresti & douresti,* tu deurois.
　　　*Douerebbe, dourebbe & douria,* il deurois.

Plur. *Doueremmo & douremmo*, nous deurions.

  *Doucrefte & dourefte*, vous deutiez.

  *Douerebbono & dourebbero*, ils deuroient.

Singulier. *Debba io*, que ie doiue.

  *Debba tu*, que tu doiues.

  *Debba quello*, qu'il doiue.

Plurier. *Dobbiamo*, que nous deuions.

  *Dobbiate & debbiate*, que vous deuiez.

  *Debbano & debban*, qu'ils doiuent.

Le refte felon la reigle.

## Indicatif du Verbe *Poffo*.

### Prefent.

Sing. *Poffo*, ie peux, ou puis : *puoi*, tu peux; *può*, ou *pò*, *puote*, *pote*, ou *puoe*, il peut.

Plur. *Poßiamo*, nous pouuons : *potete*, vous pouuez : *poffono & ponno*, ils peuuent.

### Imparfaict.

Sing. *Poteuo*, *poteua & potea*, ie pouuois : *poteui*, tu pouuois : *poteua & potea*, il pouuoit.

Plur. *Poteuamo*, nous pouuions : *poteuate*, vous pouuiez : *poteuano*, *poteano*, *potieno & potean*, ils pouuoient : Aucuns y mettent au Plurier *potauamo & potauate*, premiere & feconde perfonne.

### Parfaict.

Sing. *Potei*, *potè*, *poteo & potetti*, ie peus : *potefti*, tu peus : *potè*, *poteo & potette*, il peut.

Plur. *Potemmo*, nous peufmes : *potefte*, vous peuftes : *poterono*, *poteron*, *pottero*, ils peurent : on y peut auffi adioufter *potettero*.

*Ho potuto,* i'ay peu.

*Haueua potuto,* i'auois peu,&c. selon la reigle.

### Futur.

Sing. *Potrò, porò,* ie pourray: *potrai, porai,* tu pour-
ras:*potrà, porà,* il pourra: ce dernier est antique.

Plur. *Potremo, poremo,* nous pourrons: *potrete,* vous
pourrez: *potranno,* ( *poteranno* se dit rarement ) ils pourront.

Optatif & Conionctif, vn chascun auec ses
formules, selon qu'il y escherra, suiuant
la variation des reguliers.

Sing. *Potessi io,* que ie peusse:*potessi tu,* que tu peus-
ses:*potesse quello,* qu'il peust.

Plur. *Potessimo noi,* que nous peussions : *potesse ou*
*potessi voi,* que vous peussiez : *potessono, potes-*
*sino & potessero quelli,* qu'ils peussent.

Sing. *Potrei, potria* ou *poria,* ie pourrois : *potresti,* tu
pourrois: *potrebbe, potria* ou *poria,* il pourroit.

Plur. *Potremmo & potriamo,* nous pourrions: *potre-*
*ste,* vous pourriez : *potrebbono, potrebbero, po-*
*triano* ou *potrieno & porian,* ils pourroient.

Sing. *Possa io,* que ie puisse : *possi tu,* que tu puisses:
*possa altri,* qu'il puisse.

Plur. *Possiamo,* puissions:*possiate,* puissiez: *possano* ou
*possino,* qu'ils puissent.

Le reste selon la reigle auec le Participe *potuto,*
& le Verbe *Ho* auxiliaire, selon l'occurrence.

## Infinitif.

*Potere*, pouuoir.

## Indicatif du Verbe *Tengo*.

### Prefent.

Sing. *Tengo* ou *tegno*, Poëtique : Ie tien, ou tiens :
*tieni*, tu tiens : *tiene*, il tient.

Plur. *Tegniamo* ou *teniamo*, nous tenons : *tenete*,
vous tenez : *tengono*, ils tiennent.

### Imparfaict.

*Teneuo, teneua* & *tenea*, ie tenois.
*Teneui*, tu tenois, &c. comme la reigle ordinaire.

### Parfaict.

Sing. *Tenni*, ie tins : *tenesti*, tu tins : *tenne*, il tint.

Plur. *Tenemmo*, nous tinfmes : *teneste*, vous tinftes :
*tennero* & *tenner*, ils tindrent.
*Ho tenuto*, i'ay tenu, &c.
*Haueua tenuto*, i'auois tenu, &c.

### Futur.

Sing. *Terrò*, ie tiendray : *terrai*, tu tiendras : *terrà*, il
tiendra.

Plur. *Terremo*, nous tiendrons : *terrete*, vous tien-
drez : *terranno*, ils tiendront.

## Imperatif.

### Prefent.

Sing. ....... *Tieni tu*, tien toy : *tenga quello*, qu'il tienne.

Plur. *Tegniamo*, tenons , *tenete*, tenez, *tengano*, ou *tenghino*, qu'ils tiennent.

## Optatif, & Conjonctif.

Sing. *Teneßi io*, que ie tinffe : *teneßi tu*, que tu tinf-fes, *teneße quello*, qu'il tinft.

Plur. *Teneßimo noi*, que nous tinffions, *teneße ou teneßi voi*, que vous tinffiez, *teneßero quelli*, qu'ils tinffent.

Sing. *Terrei*, ie tiendrois, *terefti*, tu tiendrois, *terreb-be*, il tiendroit.

Plur. *Terremmo*, nous tiendrions, *terrefte*, vous tiendriez , *terrebbono* , ou *terrebbero* , ils tien-droient.

Sing. *Tenga io*, que ie tienne, *tenga* ou *tenghi tu*, que tu tiennes, *tenga quello*, qu'il tienne.

Plur. *Tegniamo*, tenions, *tegniate*, teniez, *tengano* ou *tenghino*, qu'ils tiennent.

## Infinitif.

*Tenere*, tenir.

## Indicatif du Verbe *Voglio*.

Sing. *Voglio & vo*, ie veux, *vuoi*, tu veux, *vuole*, *vuol*, & *vole*, il veut.

Plurier.

Plur. *Vogliamo & vogliam*, nous voulons : *Volete*, vous voulez : *vogliono*, ils veulent.

Imparfaict.

Sing. *Voleuo, voleua & volea*, ie voulois : *voleui & volei*, tu voulois : *voleua & volea*, il vouloit.

Plur. *Voleuámo & voleámo*, nous voulions : *voleuate & voleui*, vous vouliez : *voléuano & voléano*, ils vouloient.

Parfaict.

Sing. *Volli & volsi*, ie voulus : *volesti*, tu voulus: *volle & volse*, il voulut.

Plur. *Volemmo*, nous voulusmes : *voleste*, vous vou-lustes : *vollero, volsero, vollono & vollon*, ils voulurent.

. Les autres Preterits se suppleent par le Partici-pe *Voluto*, auec l'Auxiliaire *Ho*, & quelquesfois aussi auec le Substantif *sono* : comme, *ho voluto, & son voluto*; mais pour le regard du dernier *sono*, cela se faict lors qu'il y a vne reciprocation du Verbe agissant ou retournant en soy, laquelle on cognoistra par la construction de ces trois Pro-noms, *mi, ti, si*, ce qui se trouuera aussi au Verbe *Posso* : Exemples, *Io mi son potuto vincere*, ie me suis peu vaincre : *Io mi son potuto contenere*, ie me suis peu contenir; laquelle construction, les diligens Lecteurs pourront recognoistre, d'autant qu'el-le se rapporte au François, lors que les mesmes particules reciprocantes se trouuent, qui sont, me, te, se, lesquelles ne se composent iamais en nostre langue Françoise, immediatement auec le

L

Verbe Auoir : & ne me fouuient point auffi les y auoir veuës en l'Italienne; trop bien és langues Allemande & Efpagnolle cela fe faict, mais c'eft à ceux qui les fçauent à y prendre garde.

## Futur.

Sing. *Vorrò*, ie voudray: *vorrai*, tu voudras: *vorrà*, il voudra.

Plur. *Vorremo*, nous voudrons: *vorrete*, vous vou-drez: *voranno* & *vorran*, ils voudront.

# Optatif, & Conionctif.

Sing. *Voleßi io*, que ie vouluffe : *voleßi tu*, que tu voulufles: *voleffe quello*, qu'il vouluft.

Plur. *Voleßimo noi*, que nous vouluffions : *voleste* ou *voleßi voi*, que vous voulufliez: *voleßero, voleßer* & *voleßino* ou *voleßin quelli*, qu'ils voulufent.

Sing. *Vorrei* ou *vorria*, ie voudrois: *vorrefti*, tu vou-drois: *vorrebbe* & *vorria*, il voudroit.

Plur. *Vorremmo*, nous voudrions: *Vorreste*, vous voudriez: *vorrebbono, vorrebbero, vorrebber,* & *vorriano*, ils voudroient.

Sing. *Voglia io*, que ie vueille : *voglia* ou *vogli tu*, que tu vueilles: *voglia quello*, qu'il vueille.

Plur. *Vogliamo noi*, que nous voulions : *vogliate voi*, que vous vouliez : *vogliano coloro*, qu'ils vueillent.

Le refte va felon la forme des Verbes reguliers.

# Infinitif.

*Volere,* auec la penultiefme longue, vouloir.

## Indicatif du Verbe *Doglio.*

Ce Verbe fe conftruit auec les particules, *mi, ti, fi.*

### Prefent.

Sing. *Dolgo* ou *doglio,* ie me dueil ou plains, & fuis marry : *duoli,* tu te dueils ou plains : *duole, duol, & dole,* il fe deult ou plaint.

Plur. *Dogliamo,* nous nous dueillons, *dolete,* vous vous dueillez : *dolgono* ou *dogliono,* ils fe dueillent.

### Imparfaict.

*Doleuo* ou *doleua,* ie me dueillois, &c. comme la reigle.

### Parfaict fimple.

Sing. *Dolfi,* ie me plaignis : *dolefti,* tu te plaignis: *dolfe.* Dante a dit *dolue,* il fe plaignit.

Plur. *Dolemmo,* nous nous plaignifmes : *doleste,* vous vous plaigniftes : *dolfero,* ils fe plaignirent.

### Autres Preterits.

*Mi fon doluto,* ie me fuis plaint,

*Mi ero* ou *era doluto,* ie m'eftois plaint.

### Futur.

*Dolerò,* mais c'eft mieux dit : *dorrò,* ie me plaindray: *dorrai,* tu te plaindras: *dorrà,* il fe plaindrà, &c.

L ij

# Imperatif.

Sing. *Dolgati* ou *dogliati*, dueilles toy, ou plains toy : *dolgafi* ou *dogliafi quello*, qu'il se dueille ou plaigne.

Plur. *Dogliamoci*, dueillons nous, ou plaignons nous ; *doleteui*, dueillez vous ; *dogliaufi coloro*, qu'ils se dueillent ou plaignent.

## Optatif, & Conionctif.

*Doleßi*, que ie me plaigniße : *Dolešero*, qu'ils se plaigniſſent.

*Dorrei*, ie me plaindrois, ie ſerois marry : *dorresti*, tu ſerois marry : *dorrebbe*, il ſeroit marry : *Dorremmo*, nous ſerions marris ; *dorreste*, vous ſeriez marris : *dorrebbono*, ils ſeroient marris.

*Doglia* & *dolga*, que ie me dueille ou plaigne, & ſois marry ; *dogliano* & *dolgano*, qu'ils ſoient marris.

# Infinitif.

*Dolere*, ſe douloir, eſtre faſché & marry.

# Indicatif du Verbe *So*.

## Preſent.

Sing. *So* ou *faccio*, Poëtique : ie ſçay : *fai*, tu ſçais : *ſa* ou *ſape*, Poëtique : il ſçait.

Plur. *Sappiamo*, nous ſçauons : *ſapete*, vous ſçauez : *ſanno*, ils ſçauent.

### Imparfaict.

Sing. *Sapeuo, sapeua* ou *sapea,* ie sçauois ; *sapeui,* tu sçauois: *sapeua* ou *sapea,* il sçauoit.

Plur. *Sapeuamo,* nous sçauions ; *sapeuate,* vous sçauiez ; *sapeuano, sapeano* & *sapean,* ils sçauoient.

### Parfaict.

Sing. *seppi,* ie sceus : *sapesti,* tu sceus : *seppe,* il sceut.

Plur. *Sapemmo,* nous sceumes : *sapeste,* vous sceutes: *seppero* & *seppenno,* ils sceurent.

*Ho sapputo,* i'ay sceu.

### Plusque Parfaict.

*Haueua saputo,* i'auois sceu, &c.

### Futur.

Sing. *Saprò,* ie sçauray ; *saprai,* tu sçauras ; *saprà* ou *saperà,* il sçaura.

Plur. *Sapremo,* nous sçaurons : *saprete* & *saperete,* vous sçaurez: *sapranno* & *saperanno,* ils sçauront.

## Imperatif.

Sing. .... *sappi tu,* sçaches ; *sappia quello,* qu'il sçache.

Plur. *sappiamo,* sçachons; *sappiate,* sçachez; *sappiano* & *sappino,* qu'ils sçachent.

## Optatif, & Conionctif.

*Sapessi io,* que ie sceusse.

*Saprei* ou *saperei,* ie sçaurois.

*Sappia io*, que ie ſçache: *ſappia tu*, que tu ſçaches: *ſappia quello*, qu'il ſçache : *ſappiamo*, que nous ſçachions: *ſappiate*, que vous ſçachiez, *ſappiano*, qu'ils ſçachent.

## Infinitif.

*Sapere*, ſçauoir.

## Indicatif du Verbe *Soglio*.

### Preſent.

Sing. *Soglio*, i'ay de couſtume : *ſuoli* ou *ſuoi*, & *ſuo'*, tu as de couſtume : *ſuole* ou *ſuol*, & *ſole*, il a de couſtume.

Plur. *Sogliamo*, nous auons de couſtume, ou ſoulons: *ſolete*, vous ſoulez ; *ſogliono* & *ſoglion*, ils ont de couſtume.

### Imparfaiĉt.

Sing. *Soleuo*, *ſoleua*, *ſolea*, ie ſoulois: *ſolei*, Poëtique, tu ſoulois: *ſoleua*, *ſolea*, il ſouloit.

Plur. *ſoleuamo*, *ſoleamo*, nous ſoulions: *ſoleuate*, vous ſouliez: *ſoleuano*, *ſoleano*, *ſolean*, ils ſouloient.

## Optatif, & Conionĉtif.

*Soleßi io*, que i'euſſe de couſtume: *ſoleßi tu*, que tu euſſes de couſtume : *ſoleſſe quello*, qu'il euſt de couſtume.

*Soglia io*, que i'aye de couſtume, &c.

*Sogliamo*, que nous ayons de couſtume : *ſogliate*, ayez de couſtume : *ſogliano*, qu'ils ayent de couſtume.

## Infinitif.

*Solere*, auoir de couſtume.

# Indicatif du Verbe *Cappio.*

### Prefent.

Sing. *Cappio,* ie fuis contenu : *capi,* tu es contenu: *cape,* il eft contenu.

Plur. *Cappiamo,* nous fommes contenus : *capete,* vous eftes contenus : *cappiono* ou *cappeno,* ils font contenus.

### Imparfaict.

Sing. *Capeuo, capeua & capea,* i'eftois contenu : *capeui,* tu eftois contenu : *capeua & capea,* il eftoit contenu.

Plur. *Capeuamo,* nous eftions contenus : *capeuate,* vous eftiez contenus : *capeuano & capeano,* ils eftoient contenus.

### Parfaict.

Sing. *Capei,* ie fus contenu: *capefti,* tu fus contenu: *capè,* il fut contenu.

Plur. *Capemmo,* nous fufmes contenus : *capefte,* vous fuftes contenus : *caperono,* ils furent contenus.

*Sono caputo* ou *capito,* i'ay efté contenu.

*Era caputo* ou *capito,* i'auois efté contenu.

Ce dernier qui eft *capito,* vient proprement du Verbe *Capifco,* lequel eft actif, & fignifie, ie comprens : mais on vfe indifferemment de l'vn & de l'autre.

### Futur.

*Caperò,* ie feray contenu : *caperai,* tu feras contenu : *caperà,* il fera contenu; ou bien *capirò, capirai, capirà,* en toutes les trois perfonnes:

L iiij

mais improprement pour ce Verbe icy. *Caperemo*, nous ferons contenus; *caperete*, vous ferez conte-nus; *caperanno*, ils feront contenus.

## Optatif, & Conionctif.

*Capeßi*, que ie fuffe contenu.
*Caperei*, ie ferois contenu, &c. felon la reigle.
*Foßi caputo*, que i'euffe efté contenu.
*Sarei caputo*, i'aurois efté contenu.
*Cappia*, ie fois contenu.
*Cappiano*, foient contenus.
Et tout le refte felon la forme des reguliers.

## Infinitif.

*Capère*, eftre contenu.
Ce Verbe f'interprete par diuers mots en Fran-çois, comme, eftre contenu, eftre compris, pou-uoir, que le vulgaire Parifien dit, pouyr, *In cafa noftra non caperà tanta gente*, en noftre maifon il ne pourra pas tant de gens : *Era il luogo fi ftretto, che a pena vi capeano*, le lieu eftoit fi eftroit, qu'à peine y pouuoient ils, *fup.* eftre contenus : *Non cape nella pelle*, il ne peut tenir en fa peau: *Non cape in fe fteffo*, il ne peut pas tenir en foy-mefme.

## Indicatif du Verbe *Cado*.

### Prefent.

Sing. *Cado* ou *caggio*, ie tombe ou chois : *cadi*, tu tombes ou chois: *cade*, il tombe, il choit ou chet.

Plur. *Cadiamo* ou *caggiamo*, nous tombons ou cheons , *cadete*, vous tombez ou cheyez, *cádono* ou *caggiono*, ils tombent ou cheyent.

### Imparfaict.

*Cadeuo* ou *cadeua* & *cadea*, tombois ou cheois.

### Parfaict.

Sing. *Caddi* ou *cadei*, ie cheus ou tombay ; *cadesti*, tu cheus ou tombas : *cadde*, *cadette* ou *cadeo*, il cheut ou tomba.

Plur. *Cademmo* , nous tombasmes ou cheusmes: *cadeste*, vous tombastes ou cheutes: *caddero*, ou *caddono*, *caderono*, *caderon cadder*, & *cadettero*, ils tomberent ou cheurent.

*Son caduto*, ie suis tombé ou cheu.

### Plusque Parfaict.

*Erà caduto*, i'estois tombé ou cheu.

### Futur.

*Cadrò* ou *caderò*, ie cheoiray ou tomberay.

## Optatif, & Conionctif.

*Cadessi* , ie cheusse ou tombasse.
*Cadrei* ou *caderei*, ie cherrois ou tomberois.
*Cadda* & *caggia*, que ie cheoye ou tombe.

### Petrarque.

*E vinta à terra caggia la bugia,*
Et que le mensonge vaincu, tombe par terre.

Ariofte.

*Et cada come corpo morto cade.*

Et tombe ou cheye, comme tombe vn corps mort.

## Infinitif.

*Cadere,* cheoir, ou tomber.

# De la variation & abreuiation des Verbes de la troifiefme Coniugaifon.

La troifiefme Coniugaifon n'a point autrement de Verbes Anomaux ou irreguliers ; ains feulement en a aucuns qui f'abbregent & varient en quelques temps de tous les modes, & en l'Infinitif ; & redoublent l'*r* és lieux où ils reçoiuent ladite abbreuiation : comme font, *Sciorre, Addurre, Condurre, Ridurre, Torre, Porre,* au lieu de *Sciogliere, Conducere, Riducere, Togliere. Adducere & Ponere,* ne fe difent point, ou rarement : Auffi f'abbregent, *Sciorrei, Addurrei, Condurrei, Ridurrei, Torrei, Porrei,* pour *Scioglierei, Conducerei, Riducerei, Toglierei, Adducerei,* fe dit rarement ; *Ponerei,* ne fe trouue nullement : & fe faict l'abbreuiation d'iceux en oftant la fillabe du milieu, & y adiouftant vne *r* au lieu d'icelle : Il faut mettre pour exemple vne Coniugaifon qui reçoiue le plus de variation & d'abbreuiation que toutes les autres ; ce fera du Verbe *Togliere* ou *Torre,* qui fignifie, prendre & ofter.

# Indicatif.

## Prefent.

Sing. *Tolgo* ou *toglio*, ie prens: *togli* ou *toi*, tu prens:
*toglie*, *tolle*, & *toe*, il prent.

Plur. *Togliamo*, nous prenons : *togliete*, vous prenez: *togliono* & *tolgono*, ils prennent.

## Imparfaict.

Sing. *Toglieuo* ou *togliena*, ie prenois : *toglieui*, tu
prenois: *togliena*, il prenoit.

Plur. *Toglieuamo*, nous prenions : *toglieuate*, vous
preniez: *toglieuano*, ils prenoient.

## Parfaict.

Sing. *Tolfi*, ie pris: *togliefti*, tu pris: *tolfe*, il prit.

Plur. *Togliemmo*, nous prifmes : *togliefte*, vous pri-
ftes: *tolfero*, ils prirent ou prindrent.

*Ho tolto*, i'ay pris,

*Haueua tolto*, i'auois pris, &c. auec l'auxiliaire.

## Futur.

Sing. *Torrò*, ie prendray: *torrai*, tu prendras: *torrà*, il
prendra.

Plur. *Torremo*, nous prendrons: *torrete*, vous pren-
drez : *torranno*, ils prendront.

# Imperatif.

## Prefent.

Sing. *Togli*, *tò* ou *tè*, prens ou oftes ; *toglia quello*,
qu'il prenne.

Plur. *Togliamo*, prenons: *togliete*, prenez: *togliano* ou
*tolgano*, qu'ils prennent.

## Optatif, & Conionctif.

Sing. *Togliessi io*, que ie prinse ou prisse: *togliessi tu*,
que tu prinses: *togliesse quello*, qu'il prist ou
prinst.

Plur. *Togliessimo noi*, que nous prissions: *togliessi*
*voi*, que vous prissiez: *togliessero quelli*, qu'ils
prissent.

Sing. *Torrei io*, ie prendrois: *torresti*, tu prendrois:
*torrebbe*, il prendroit.

Plur. *Torremmo*, nous prendrions: *torreste*, vous
prendriez: *torrebbero* ou *torrebon*, ils pren-
droient.

*Habbia io tolto*, que i'aye pris.

*Havessi io tolto*, que i'eusse pris.

*Harei io tolto*, i'aurois ou i'eusse pris.

*Toglia* ou *tolga*, que ie prenne.

*Togliano* ou *tolgano*, qu'ils prennent.

*Haurò tolto*, i'auray pris.

## Infinitif.

*Torre* ou *tor*, abregez de *togliere* & de *toglier*, prendre ou oster.

## Des Verbes Anomaux ou Irre-
## guliers de la quatriesme
## Coniugaison.

Les Verbes Irreguliers de la quatriesme Con-
iugaison, sont *Ire* ou *gire*, *salire*, *venire*, *morire*, *aprire*,
*dire*, & quelques autres, lesquels varient en leurs

Preterits Parfaicts simples, comme il se verra cy-apres.

## Du Verbe *Ire*.

Il ne se trouue rien de ce Verbe, sinon la seconde personne du nombre Plurier de l'Imperatif, qui est *Ite*, allez.

*Ite rime dolenti, al duro sasso.*

Allez vous en rimes dolentes, vers le dur rocher:

*Ite, voi che chiudeste l'horribil fera, a dar l' vsato segno, della futura caccia.* Allez, vous qui auez enclos l'horrible beste, donner l'accoustumé signal de la chasse future.

Et à la troisiesme personne du nombre Plurier de l'Imparfaict de l'Indicatif, qui est *Iuano*, & par Apocope *Iuan*.

*In vn bel drappeletto iuan ristrette.*

Elles alloient ramassées en vne belle petite trouppe.

Et en l'Infinitif, *Ire*, ou *Ir*: comme,

*Bisogna ir' lieue al perigliofo varco.*

Il faut aller legerement au dangereux passage.

Il y a aussi le Participe *Ito*, lequel se construict auec le Verbe Substantif, qui sert d'auxiliaire aux Preterits: comme, *sono ito*, ie suis allé; *era ito*, i'estois allé; *fossi ito*, ie fusse allé; *sarei ito*, ie serois ou fusse allé; *sia ito*, ie sois allé; *sarò ito*, ie seray allé; *esser ito*, estre allé.

Le Futur de l'Indicatif se construict auec le Verbe *Hauere*, comme *hauere à ire*, deuoir aller, ou auoir à aller.

## Du Verbe *Gire*.

Il y a de la controuerſe entre les Grammaiᵣiens, touchant ce Verbe *Gire*, voulans les vns que ce ſoit vne meſme choſe que *Ire*, d'autant qu'ils ſont ſemblables en ſignification : mais nous trouuons beaucoup plus de temps en *Gire*, qu'en *Ire*, comme vous verrez cy-apres.

## Indicatif.

### Preſent.

*Gite*, vous allez: ſeconde perſonne du Plurier.

### Imparfaict.

Sing. *Giua* ou *gia*, i'allois: *giui*, tu allois: *giua* & *gia* il alloit.

Plur. *Giuamo*, nous allions: .......... *giuano* ou *giano*, ils alloient.

*Giua'l cor di penſier in penſier, quando.*

Le cœur alloit de penſée en penſée, quand

*Co' nobili Poeti gia cantando.*

Auec les nobles Poëtes il alloit chantant.

### Preterit.

Sing. *Gi* ou *gio*, i'allay; *giſti*, tu allas; *gi* ou *gio*, il alla.

Plur. *Gimmo*, nous allaſmes : *giſte*, vous allaſtes: *gieno* ou *girno*, ils allerent.

*Appreſſo il Duca a gran paſſi ſen gi.*

Apres le Duc, à grand pas ſ'en alla.

*Queſta gran tempo per lo mondo gio.*

Cefte cy vn long temps, alla par le monde.
Et auec le participe *Gito.*

> *Son gito,* ie fuis allé.
> *Era gito,* i'eftois allé.

## Futur.

En la troifiefme perfonne des deux nombres,
*Girà,* il ira: *giranno,* ils iront.

## Imperatif.

*Gite,* allez.

## Optatif, & Conionctif.

Sing. *Girei,* i'irois: *girefti,* tu irois: *girebbe,* il iroit.

Plur. *Giremmo,* nous irions : *girefte,* vous iriez : *gi-rebbono,* ils iroient.

Sing. *Giffe,* i'allaffe: *giffi,* tu allaffes: *giffe,* il allaft.

Plur. *Giffemo,* nous allaffions : *gifte,* vous allaffiez, *giffero,* ils allaffent.

> *Foffi io gito,* que ie fuffe allé.
> *Io fia gitto,* ie fois allé.
> *Sarei gito,* ie ferois allé.

## Infinitif.

*Gire,* aller.
*Effer gito,* eftre allé.
*Douer gire, & effer per gire,* deuoir aller, & eftre pour aller.

Tout de mefme eft le Verbe Anomal *Redire*, lequel fe trouue feulement és Poëtes, & fignifie, reuenir ou retourner:il n'a que fort peu de voix, à fçauoir *Riedi*, tu reuiens:*riede*, il reuient, en l'Indicatif au temps Prefent.

*Ne mi riede alla mente mai quel giorno.*

Et iamais ne me reuient en memoire ce iour. *Redi*, ie reuins, *redimmo*, nous reuinfmes; *rediro*, ils reuindrent, au Preterit Parfaict de l'Indicatif. *Riedi*, reuiens, au Prefent de l'Imperatif.

*A farmi lagrimar Signor mio riedi.*

Reuiens Monfeigneur à me faire pleurer. *Rediffi*, que ie reuinffe, au Conionctif, Dante. *Redire*, reuenir.

*Ma per la mente, che non può redire.*

Mais par la memoire, qui ne peut reuenir.

## Du Verbe *Salire.*

## Infinitif.

### Prefent.

Sing. *Salgo* ou *faglio*, ie monte; *fali*, tu montes; *fale*, il monte.

Plur. *Salghiamo* ou *fagliamo*, nous montons; *falire*, vous montez: *falgono er fagliono*, ils montent.

### Imparfaict.

*Saliuo* ou *faliua*, ie montois; *faliui*, tu montois, &c.felon les reguliers.

### Parfaict fimple.

Sing. *Sali* ou *falfi*, ie montay: *falifti*, tu montas: *fali* ou *falfe*, il monta.

Pluriet.

Plur. *Salimmo*, nous montasmes; *saliste*, vous mon-
tastes; *salirono, salirno, saliron, salsono & salsero*,
aussi *saliro*, Poëtique, ils monterent.

*Sono salito*, ie suis monté.

*Ero* ou *era salito*, i'estois monté.

### Futur.

*Salirò & sarrò*, ie monteray, &c. Le tout selon
les reguliers, bien que le dernier se trouue rarement.

# Imperatif.

## Present.

Sing. ...... *sali tu*, monte; *salga* ou *saglia*, qu'il
monte.

Plur. *Salghiamo*, montons; *salite*, montez; *salgano &*
*sagliano*, qu'ils montent.

# Optatif, & Conionctif.

*Salißi io*, que ie montasse.

*Salirei* ou *sarrei*, *& saliria*, Poëtique, ie monte-
rois.

*Foßi io salito*, que ie fusse monté.

*Sarei salito*, ie serois monté.

*Salga* ou *saglia*, que ie monte.

*Salgano & sagliano*, qu'ils montent.

# Infinitif.

*Salire* ou *salir*, monter.

*E la via di salir al Ciel mi mostra.*

Et me monstre la voye de monter au Ciel.

M

## Du Verbe *Vengo.*

## Indicatif.

### Prefent.

Sing. *Vengo* ou *vegno,* Poëtique, ie vien ; *vieni,* tu
viens: *viene,*il vient.

Plur. *Venghiamo* & *vegniamo,* nous venons; *venire,* vous venez ; *vengono, vengon ,* ils viennent.

### Imparfaict.

Sing.*Veniuo, veniua* & *venia,*ie venois; *veniui,* tu
venois: *veniua* & *venia,*il venoit.

Plur. *Veniuámo* & *veneuámo,* nous venions; *veni-
uáte* ou *veneuáte , vegneuate* eſt trop rude,
vous veniez; *veniuano* ou *veniano* & *venie-
no,*ils venoient.

### Parfaict ſimple.

Sing. *Venni,* ie vins; *veniſti,*tu vins; *venne,*il vint.

Plur. *Venimmo ,* nous vinſmes ; *veniſte ,* vous vin-
ſtes; *vennero* & *venner,*ils vindrent.

*Io ſon venuto ,* ie ſuis venu.

*Io era* ou *ero venuto,*i'eſtois venu,&c.

### Futur.

Sing.*Verrò,*ie viendray; *verrai,*tu viendras; *verrà,*
il viendra.

Plur.*Verremo,*nous viendrons; *verrete,*vous vien-
drez; *verranno* & *verran,* ils viendront.

## Imperatif.
### Prefent.

Sing. ....... *Vieni tu* ou *Vien tu*, viens toy ; *venga quello*, qu'il vienne.

Plur. *Venghiamo, vegniamo,* venons ; *venite,* venez ; *venghino, vengan,* qu'ils viennent.

## Optatif, & Conionctif.

Sing. *Veniſſi io,* que ie vinſſe ; *Veniſſi tu,* que tu vinſſes ; *veniſſe quello,* qu'il vinſt.

Plur. *Veniſſimo,* que nous vinſſions ; *veniſſi,* que vous vinſſiez ; *veniſſino, veniſſero,* qu'ils vinſſent.

Sing. *Verrei,* ie viendrois ; *verreſti,* tu viendrois *verrebbe,* il viendroit.

Plur. *Verremmo,* nous viendrions ; *verreſte,* vous viendriez ; *verrebbono, verrebbero,* ils viendroient.

*Foſſi io venuto,* que ie fuſſe venu.

*Sarei venuto,* ie ſerois ou fuſſe venu, &c.

Sing. *Venga io, & vegna* Poëtique, que ie vienne ; *venga tu,* que tu viennes ; *venga quello,* qu'il vienne.

Plur. *Venghiamo* ou *vegniamo,* venions ; *vegniate,* veniez ; *vengano, vengan,* qu'ils viennent.

*Vengan quanti filoſofi fur mai,*
Viennent tous les Philoſophes, qui furent iamais.

## Infinitif.

*Venire,* venir.

Il faut noter icy en paſſant, que les Italiens vſent de ce Verbe *Venire,* pour dire, Allez selon la Phrase Latine : comme quand nous escriuons ou disons à vne personne, que nous l'irons trouuer où elle est, au lieu que nous vsons en François du Verbe Aller, l'Italien se sert du Verbe *Venire.* Exemple, *V. s. m'aspetti in casa sua, perche senza fallo io vi verrò frà vn' hora,* Attendez moy en vostre maison, car sans faute i'iray dedans vne heure,

## Du Verbe *Muoio.*

## Indicatif.

### Present.

Sing. *Muoio* ou *muoro,* Poëtique, ie meurs : *muori,* tu meurs : *muore & muor,* il meurt.

Plur. *Muoiamo, moriamo,* nous mourons : *morite,* vous mourez : *muoiono, muorono,* ils meurent.

### Imparfaict.

*Moriuo* ou *moriua,* ie mourois : *moriui,* tu mourois:*moriua,* il mouroit,&c.

### Parfaict.

Sing. *Mori,* ie mourus: *moristi,* tu mourus: *mori & morio,* il mourut.

Plur. *Morimmo,* nous mourusmes : *moriste,* vous mourustes:*morirono,*ils moururent.

Notez que ce Verbe, iusques icy, en la langue Italienne est neutre absolu seulement, mais és temps qui sont suppleez par l'auxiliaire, il est Actif & Passif : toutesfois il y a ceste difference en François, que la signification actiue s'explique par le Verbe tuer, comme s'ensuit.

*Io ho morto,* i'ay tué, &c.

*Egli ha morto vn huomo,* il a tué vn homme.

*Io haueua morto,* i'auois tué, &c.

Aussi pour la voix Passiue, en François, il se peut exprimer par le mesme Verbe, tuer; comme,

*Io fui morto,* ie fus tué.

*Io era stato morto,* i'auois esté tué.

Et encor autrement pour la signification neutre absoluë, auec l'auxiliaire, on prend en François le Participe, mort, comme:

*Io son morto,* ie suis mort.

*Io era morto,* i'estois mort, &c.

Futur.

Sing. *Morrò,* ie mourray: *morrai,* tu mourras: *morrà,* il mourra.

Plur. *Morremo,* nous mourrons: *morrete,* vous mourrez: *morranno,* ils mourront.

Il se dit aussi par tout au long, *morirò, moritai, morirà, moriremo, morirete, moriranno.*

# Imperatif.

Sing. *Muori* ou *muor tu,* meurs: *muoia* ou *mora,* Poëtique, qu'il meure.

Plur. *Muoiamo* ou *moriamo,* mourons: *morite,* mourez: *muoiano & muorano,* qu'ils meurent.

# Optatif, & Conionctif.

Sing. *Morissi io,* que ie mourusse: *morissi tu,* que tu mourusses: *morisse quello,* qu'il mourust.

M iij

Plur. *Moriβimo*, que nous mouruſſions: *moriſte* oū *moriſti*, que vous mouruſſiez : *moriβino* & *moriſſero*, qu'ils mouruſſent.

Sing. *Morrei* & *morirei*, ie mourrois: *morreſti* & *morireſti*, tu mourrois: *morrebbe* & *morirebbe*, il mourroit.

Plur. *Morremmo* & *moriremmo*, nous mourrions: *morreſte* & *morireſte*, vous mourriez : *morrebbono* ou *morrebbero*, & *morirebbono*, ils mourroient.

*Habbia io morto*, que i'aye tué.

*Haueβi io morto*, que i'euſſe tué.

*Harei* ou *haurei morto*, i'euſſe ou i'aurois tué.

*Io ſia morto*, ie ſois mort.

*Io foβi morto*, ie fuſſe mort.

*Io ſarei morto*, ie fuſſe ou ſerois mort.

*Io ſia ſtato morto*, i'aye eſté tué.

*Io foβi ſtato morto*, i'euſſe eſté tué.

*Io ſarei ſtato morto*, i'euſſe ou i'aurois eſté tué.

Et ainſi par toutes les autres perſonnes & nombres és ſignifications Actiue & Paſſiue ou Abſoluë, comme diſt eſt.

### Futur.

Sing. *Muoia* ou *moia io*, que ie meure : *muoi tu*, que tu meures : *muoia* ou *moia quello*, qu'il meure.

Plur. *Muoiamo*, mourions : *moiate*, mouriez: *muoiano*, qu'ils meurent.

## Infinitif.

*Morire*, mourir.

*Eſſer morto*, eſtre mort.

*Hauer morto,* auoir tué.
*Morendo,* mourant.

# Du Verbe *Apro.*

## Indicatif.

### Present.

Sing. *Io apro,* i'ouure : *tu apri,* tu ouures : *colui apve,* il ouure.

Plur. *Noi apriamo,* nous ouurons : *voi aprite,* vous ouurez, *quelli aprono & apron,* ils ouurent.

### Imparfaict.

*Io apriua & apria,* i'ouurois, &c. comme la reigle.

### Parfaict.

Sing. *Io apri, aprio* ou *aperfi,* i'ouuris : *tu aprifti,* tu ouuris : *egli apri, aprio* ou *aperfe,* il ouurit.

Plur. *Noi aprimmo,* nous ouurifmes : *voi aprifte,* vous ouuriftes : *quelli aprirono, aprirno, aperfe-ro & aperfone,* ils ouurirent.

*Io ho aperto,* i'ay ouuert.

*Io haueua aperto,* i'auois ouuert.

## Imperatif.

Sing. ........ *Apri tu,* ouure : *apra quello,* qu'il ouure.

Plur. *Apriamo,* ouurons : *aprite,* ouurez : *aprino* ou *aprano,* qu'ils ouurent.

M iiij

## Optatif, & Conionctif.

Sing. *Io aprißi*, i'ouuriffe : *tu aprißi*, tu ouuriffes, *egli apriße*, il ouurift.

Plur. *Aprißimo*, nous ouuriffions: *aprifte* ou *aprißi*, vous ouurilliez : *Aprißino & apraßero* , ils ouuriffent.

*Io aprirei*, i'ouurirois: *aprirefti*, tu ouurirois: *aprirebbe*, il ouuriroit.

### Futur.

Sing. *Apra io*, que i'ouure: *apra tu*, que tu ouures: *Apra quello* , qu'il ouure.

Plur. *Apriamo*, ouurions : *apriate*, ouuriez: *aprano*, 'qu'ils ouurent.

## Infinitif.

*Aprire*, ouurir.

## Du Verbe *Dico.*

## Indicatif.

Sing. *Dico*, ie dis: *di* ou *dici*, tu dis: *dice*, il dit.

Plur. *Diciamo*, nous difons: *dite*, vous dites: *dicono*, ils difent: I'ay quelquesfois ouy le vulgaire vfer de *dicete*, en la feconde perfonne du Plurier pour *dite*.

### Imparfaict.

Sing. *Diceuo*, *diceua & dicea*, ie difois: *diceui*, tu difois: *diceua & dicea*, il difoit.

Plur. *Diceuámo, diceámo & dicianamo*, nous difions: *dicenate, diciauate*, vous difiez: *dicenano, dicea-no & dicean*, ils difoient.

### Parfaict fimple.

Sing. *Diſſi*, ie dis: *diceſti*, tu dis: *diſſe*, il dit.

Plur. *Dicemmo*, nous dimes ou diſmes: *diceſte*, vous diftes: *diſſono & diſſero*, ils dirent.
*Io ho detto*, i'ay dit.
*Io haueua detto*, i'auois dit, &c. felon la reigle.

### Futur.

Sing. *Dirò*, ie diray: *dirai*, tu diras: *dirà*, il dira.

Plur. *Diremo*, nous dirons: *direte*, vous direz: *diran-no* ou *diran*, ils diront.

# Imperatif.

Sing. ...... *Di tu*, dis toy: *dica quello*, qu'il diſe.

Plur. *Dichiamo noi*, difons: *dite voi*, dites: *dicàno* ou *dichino quelli*, qu'ils difent.

# Optatif, & Conionctif.

*Io diceſſi*, ie diſſe.
*Io direi*, ie dirois.
*Habbia detto*, i'aye dit.
*Haueſſi detto*, i'euſſe dit.
*Harei detto*, i'euſſe ou aurois dit.

### Futur.

*Dica* ou *dichi*, tu diſes.
*Dicano* ou *dichino*, qu'ils difent; & le reſte felon la forme des Verbes reguliers.

## Infinitif.

*Dire,* dire.

Il fe trouue quelquesfois *dicere,* mais il n'eſt gueres en vſage, & par ſincope *dicer:* comme en Arioſte.

*Del gran piacer c'hauean, lor dicer tocca,*
*Che ſpeſſo hauean più d'vna lingua in bocca.*

Du grand plaiſir qu'ils auoient, c'eſt à eux à le dire,

Parce qu'ils auoient ſouuent plus d'vne lan-gue en bouche.

## Des Verbes terminez en *Sco.*

La quatrieſme Coniugaiſon a certains Verbes formez de la premiere perſonne de leurs Primi-tifs, en prepoſant à l'*o* final d'icelle ces trois let-tres *Iſc,* ainſi que les Latins font quelquesfois en interpoſant ces deux *ſc,* comme de *Caleo,* ils font *Caleſco:* Voyez donc ceux qui ſ'enſuiuent.

*Pato, patiſco,* i'endure ou patis.
*Pero, periſco,* ie peris.
*Forbe, forbiſco,* ic fourbis ou frotte.
*Mento, mentiſco,* ie ments.
*Fallo, falliſco,* ie faux, i'erre.
*Inghiotto, inghiottiſco,* i'engloutis.
*Offero, offeriſco,* i'offre.
*Piato, piatiſco,* ie plaide.

Ou bien par Analogie aucuns ſont formez d'autres qui n'ont que la ſeule troiſieſme perſon-ne du temps Preſent abregée, comme ſont,

*Langue, languiſco,* ie languis.
*Fiere, feriſco,* ie fiers ou frappe, & bleſſe.

*Trade, tradisco,* ie trahis.
*Nutre, nutrisco,* ie nourris.
*Rape, rapisco,* ie rauis.
*Addolce, addolcisco,* i'addoulcis.

Et encor d'autres qui sont formez de Primitifs, lesquels ne sont en vsage, comme ceux-cy.

*Ardisco,* i'ose.
*Ordisco,* i'ourdis.
*Impallidisco,* ie pallis.
*Gioisco,* ie me resiouïs.
*Stordisco,* i'estourdis.
*Vbidisco,* i'obeïs.
*Sbigottisco,* ie m'estonne.
*Annighitisco,* ie deuiens paresseux & lasche.
*Ingagliardisco,* ie me renforcis.
*Finisco,* ie finis.
*Auilisco,* ie m'auilis.
*Fiorisco,* ie fleuris ou ie seme des fleurs.

Tous lesquels n'ont que deux temps, à sçauoir le Present de l'Indicatif, Imperatif & Subjonctif, & le Futur de l'Optatif, & en chascun d'iceux temps quatre voix ou terminaisons seulement.

### Present de l'Indicatif.

Sing. *Vbidisco,* i'obeïs: *vbidisci,* tu obeïs: *vbidisce,* il obeït.

Plur. ........ ........... *vbidiscono,* ils obeïssent.

## Prefent de l'Imperatif.

Sing. ....... *Vbidifci tu*, obeïs : *vbidifca colui*, qu'il obeïffe.

Plur. ........ ........ *Vbidifcano coloro*, qu'ils obeïffent.

## Le Futur de l'Optatif, & Prefent du Conionctif.

Sing. *Vbidifca*, que i'obeïffe : *vbidifchi*, que tu obeïffes: *vbidifca*, qu'il obeïffe.

Plur. ........ ....... *Vbidifcano* ou *vbidifchino*, qu'ils obeïffent.

### Prefent.

Sing. *Nutrifco*, ie nourris : *nutrifci*, tu nourris: *nutrifce*, il nourrit.

Plur. *Nutriamo*, nous nourriffons : *nutrite*, vous nourriffez: *nutrifcono*, ils nourriffent.

Et en ceux qui n'ont point de Primitif qui foit en vfage, on forme ces deux voix qui font la premiere & feconde perfonne du Plurier, par Analogie ou proportion, comme en ce Verbe.

*Vbidifco*, i'obeïs : *vbidifci*, tu obeïs : *vbidifce*, il obeït.

*Vbidiamo*, nous obeïffons: *vbidite*, vous obeïffez: *vbidifcono*, ils obeïffent.

Ou bien la premiere perfonne du Plurier fe
fupplée par l'auxiliaire & circuition auec l'Infinitif,comme:

*Habbiamo ardire*, nous ofons : *ardite*, vous ofez:
*ardifcono*, ils ofent.

*Siamo languidi*,nous languiffons: *languite*, vous
languiffez: *languifcono*, ils languiffent.

Et ce d'autant que ces deux premieres perfonnes, *Ardiamo & languiamo*, ne fe difent pas
proprement : auffi du Furur de l'Optatif on dira
mieux *Habbiamo ardire*, *& habbiate ardire*.

Le refte des temps eft felon la reigle de la quatriefme Coniugaifon, car encor que lefdits
temps n'ayent point de voix primitiues; c'eft à
dire de Prefent de l'Indicatif, ce neantmoins ils
fe trouuent par tout au refte regulierement en
tous les modes, nombres & perfonnes: comme,
*Ardiuo* ou *ardiua*,i'ofois: *ardiui*, tu ofois: *ardiua*, il
ofoit: *ardi*,i'ofay: *ardifti*,tu ofas,&c. *Ardirò*,i'ofe-
ray: *ardifci tu*,ofes toy: *ardifca quello*,qu'il ofe: *ardite*,
ofez: *ardifcano*,qu'ils ofent: *ardirai*,oferas tu: *ardiffi*,
i'ofaffe: *ardirei*,i'oferois,&c.

Il y a auffi quelques Verbes terminez en *Sco*,
qui font tirez des autres Coniugaifons, ce qui fe
cognoift par l'Infinitif, lequel eft de la quatriefme, lors qu'au Prefent le Verbe fe termine en
*Sco:* Mais s'il y a vn autre Primitif au Prefent de
l'Indicatif, alors il s'en trouuera de la premiere,
feconde & troifiefme Coniugaifon,comme font
ceux qui fuiuent.

### De la premiere.

*Impazzare.*	*Impazzire*, deuenir fol.
	*Impazzifco.*

| | |
|---|---|
| *Inanimare.* | *Inanimire,* encourager. |
| | *Inanimifco.* |
| *Colorare.* | *Colorire,* donner couleur, |
| | *Colorifco.* |
| *Aggradare.* | *Aggradire,* aggréer. |

### De la feconde.

| | |
|---|---|
| *Apparere.* | *Apparire,* apparoiftre. |
| | *Apparifco.* |

### De la troifiefme.

| | |
|---|---|
| *Empiere.* | *Empire,* emplir. |
| | *Empifco.* |
| *Pentere.* | *Pentire,* repentir. |
| | *Pentifco.* |

Et n'ont aucune differente fignification à celle de leurs Primitifs.

Il ne faut pas laiffer derriere le Verbe *Vfcire,*
qui fignifie fortir : d'autant qu'il eft encor different des autres terminez en *Sco,* en ce qu'il n'a
point d'*i* deuant *Sco,* & faict *Efco,* en la premiere
perfonne du Prefent de l'Indicatif : voicy comment il fe varie.

## Indicatif.

### Prefent.

*Efco,* ie fors : *efci,* tu fors : *efce,* il fort.
*Vfciamo,* nous fortons : *Vfcite,* vous fortez : *efcono,*
ils fortent.

### Imparfaict.

*Vfciua,* ie fortois : *Vfciui,* tu fortois : *Vfciua,* il
fortoit.

*Vsciuamo*, nous sortions : *vsciuate*, vous sortiez: *vsciuano*, ils sortoient.

### Parfaict 1.

*Vscij*, ie sortis: *vscisti*, tu sortis: *vscì*, il sortit.
*Vscimmo*, nous sortimes : *vsciste*, vous sortistes: *vscirono*, ils sortirent.

### Parfaict 2.

*Sono vscito*, ie suis sorty, &c.

### Plusque Parfaict.

*Era vscito*, i'estois sorty.

### Futur.

*Vscirò*, ie sortiray : *vscirai*, tu sortiras : *vscirà*, il sortira.
*Vsciremo*, nous sortirons: *vscirete*, vous sortirez: *vsciranno*, ils sortiront.

## Imperatif.

...... *Esci tu*, sors: *esca*, qu'il sorte.
*Vsciamo*, sortons : *vscite*, sortez: *escano*, qu'ils sortent.

## Optatif, & Conionctif.

*Vscißio*, que ie sortisse : *vscißitu*, que tu sortisses: *vscisse quello*, qu'il sortist.
*Vscißimo*, que nous sortissions: *vsciste*, sortissiez: *vscissero*, sortissent.
*Vscirei*, ie sortirois: *vsciresti*, tu sortirois: *vscirebbe*, il sortiroit: *vsciremmo*, nous sortirions: *vscireste*, vous sortiriez: *vscirebbono*, ils sortiroient.

*Esca io*, que ie forte: *esca* ou *eschi tu*, que tu fortes: *esca quello*, qu'il forte.

*Vsciamo noi*, que nous fortions: *vsciate*, que vous fortiez: *escano quelli*, qu'ils fortent.

## Infinitif.

*Vscire*, fortir : Nous difons auffi en François If-fir, mais pour le regard de l'Infinitif, il n'eft pas fort en vfage, trop bien vfons nous du Participe Iffu ; que l'Italien dit, *vscito*, quand nous enten-dons dire que quelqu'vn eft iffu ou defcendu d'vne maifon ou famille, & autrement on ne f'en fert pas beaucoup. Ce mot d'iffuë qui eft en Italien *vscita*, eft fort frequent, tant en l'vne qu'en l'autre langue.

## De la Coniugaifon des Verbes Intranfitifs.

Les Verbes Intranfitifs fe coniuguent auec les particules reciproques de leurs mefmes perfon-nes: comme, *Io mi fto, tu ti ftai, altri fi ftà*: & par la mefme raifon les autres qui retournent en eux-mefmes la tranfition: comme, *Io mi lodo*, ie me louë, fe mettent en la compofition de l'oraifon. Or lefdites particules reciproques refpondent à leurs precedentes, comme f'enfuit.

*Mi* } refpondent aux { *Io* }
*Ti* } precedentes. { *Tu* } Au Singulier,

G 6

$$\left.\begin{array}{c}Ci\\Vi\end{array}\right\}\text{respondent à}\left\{\begin{array}{c}Noi\\Voi\end{array}\right\}\text{Au Plurier.}$$

*si*, respond à la troisiesme personne és deux nombres, Singulier & Plurier, comme

| | | |
|---|---|---|
| *Io mi sto,* | *tu ti stai,* | *quello si stà.* |
| *Noi ci stiamo,* | *voi vi state,* | *quelli si stanno.* |

Le mesme se faict és autres temps : comme, *Io mi adiraio*, ie me colerois: *Io mi dolsi*, ie me plaignis, & mille autres semblables.

# De certaines dictions tirées du La-tin, desquelles les Poëtes vsent.

Il y a de certaines dictions ou voix de Verbes, que les Poëtes ont prises du Latin, lesquelles se trouuent le plus souuent au temps Present de l'Indicatif, & en la troisiesme personne du Sin-gulier : comme *Agogna*, tend : tasche ou desire: *ange*, tourmente & presse : *molce*, addoucit, ama-douë, flatte: *folce*, soustient, appuye ; *fiede*, fiert ou frappe : *serpe*, rampe, grimpe : *relinque*, delaisse, abandonne: *frange*, rompt, brise ; & autres sem-blables qui ne se trouuent iamais en Prose , ny mesmes ne sont en vsage és Colloques familiers, ains les faut chercher és Poëtes seulement : Voyez des exemples de tous.

,, *Onde conuien che'l vulgo errante agogni.*

Le mesme se dit de ce Verbe en la seconde personne.

,, *Che pur agogni?*

,, *Poria'l foco allentar, che'l cor tristo ange.*

N

,, *Fuor di man di colui, che punge, e molce.*

,, *Che pur col ciglio'l Ciel gouerna, e folce.*

,, *Ne' breui giorni, quando Borea'l fiede.*

,, *Qual per tronco, o per muro hedera ferpe.*

,, *Comme aduienne a chi virtù relinque.*

,, *Stanca fenza gouerno in mar che frange.*

C'eft affez parlé des Verbes, venons aux Participes.

## Du Participe.

Le Participe eft vne efpece de diction ou partie de l'Oraifon, laquelle ne confte pas de foy-mefme; ains eft procrée partie du Verbe, & partie du Nom.

|  | | |
|---|---|---|
| | Le Genre, | comme du Nom. |
| | Le Cas, | |
| Ses acci-dens font | Le Temps, | comme du Verbe. |
| | La fignification, | |
| | Le Nombre, | comme du Nom, |
| | La Formaifon, | & du Verbe. |

## Des terminaifons des Participes.

Le Participe a cinq fortes de terminaifons, lefquelles nous mettrons icy auec les voyelles ou confonantes qui precedent icelles, à fçauoir,

*Te,* qui a deuant foy. { *An, amante,* amant. { *En, leggente,* qui lit.

*Do,* à qui precedent. { *An, amando,* aimant. { *En, leggendo,* lifant.

*Ro,* qui a deuant foy. { *V. Futuro,* Futur.

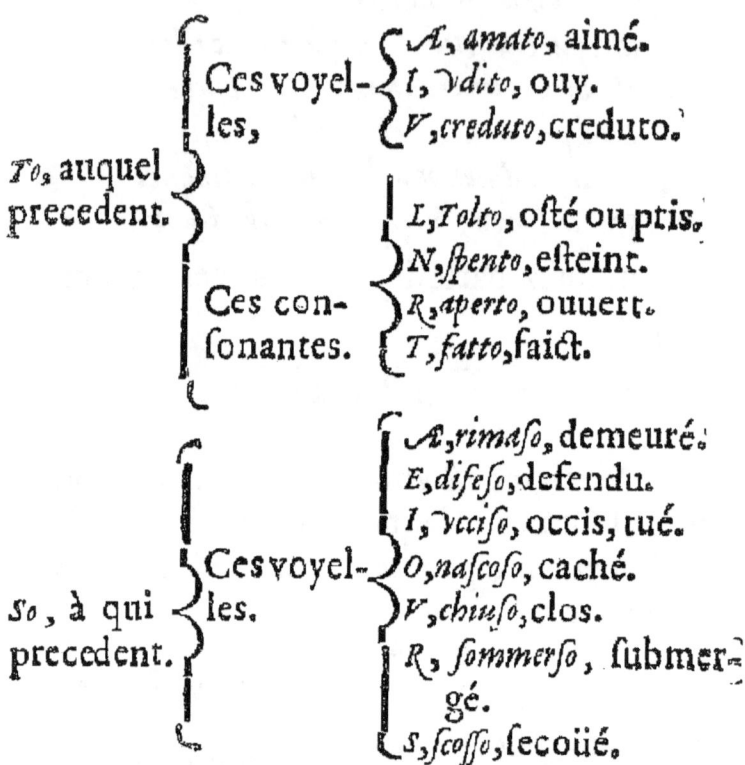

*To,* auquel precedent.
— Ces voyel-les,
- *A, amato,* aimé.
- *I, vdito,* ouy.
- *V, creduto,* creduto.

— Ces con-sonantes.
- *L, Tolto,* osté ou ptis.
- *N, spento,* esteint.
- *R, aperto,* ouuert.
- *T, fatto,* faict.

*So,* à qui precedent.
— Ces voyel-les.
- *A, rimaso,* demeuré.
- *E, difeso,* defendu.
- *I, vcciso,* occis, tué.
- *O, nascoso,* caché.
- *V, chiuso,* clos.
- *R, sommerso,* submergé.
- *S, scosso,* secoüé.

## Des temps du Participe.

Le Participe a trois temps.
- Present, comme *Amante,* amant, ou qui aime.
- Passé, comme *Amato,* aimé.
- Futur, cóme *Venturo,* qui à est venir; ce dernier n'est gueres en vsage.

## De la signification des Participes.

Les Participes ont trois signi-fications.
- Actiue, comme *Amante,* qui aime.
- Passiue, cóme *Amato,* qui est aimé.
- Neutre, comme *Viuente,* viuant, qui vit.

## De la formation des Participes.

La formation des Participes est tirée de diuers temps des Verbes : comme nous monstrerons presentement.

## Formation du Participe en *Te.*

Le Participe en *Te* est formé de la premiere personne de l'Imparfaict de l'Indicatif, en changeant la derniere sillabe en *te* , & apposant *n* deuant iceluy *te*, comme de *Amauo* , changeant *uo* en *te*, y mettant *n* deuant se faict *amante* , *leggeuo*, *leggente* ; *sedeuo*, *sedente*.

Et en la quatriesme Coniugaison , outre ceste formation dite, là où il y a vne de ces liquides *n*, ou *r*, l'*i* qui suit apres se change en *e*, comme *Ammoniuo*, *ammonente*, *riueriuo*, *riuerente*, ou bien en retenant ledit *i* , on y adiouste en d'autres vn *e* deuant la formation, comme *vbbidiuo*, *vbbidiente.*

## Formation du Participe en *Do.*

Les Participes en *Do* , ont la mesme formation que ceux en *Te* , à sçauoir de la premiere personne de l'Imparfaict de l'Indicatif, changeant la derniere sillabe d'icelle en *Do* , & y preposant *n*, comme de *Amauo* , se forme *amando* , de *vedeuo*, *vedendo* , & de *legguo* , *leggendo* : mais en la quatriesme Coniugaison, il faudra changer l'*i* en *e*, comme *vdiuo*, *vdendo*, & autres.

## Le Participe en *Ro*.

Il n'y a en toute la langue Italienne qu'vn seul Participe en *Ro*, lequel est formé du Latin, en changeant la derniere sillabe d'iceluy qui est *Rus* en *Ro*, & c'est *Futuro*, faict du Latin *Futurus*, Futur.

## Formation du Participe en *Ato*.

Es Verbes de la premiere Coniugaison, les Participes en *Ato*, se forment de la seconde personne du nombre Plurier du Present de l'Indicatif, changeant l'*e* final en *o*, comme *Amate, amato, Guidate, guidato, Giudicate, giudicato*, auec accent sur la penultiesme. Excepté, *Fatto* qui redouble le *t*, qui est à dire, fait, à la difference de *Fato* par *t* simple, lequel est Nom, & signifie le destin.

Il y en a aussi plusieurs lesquels s'abbregent par sincope, reiettant ces deux lettres *at* du milieu, & semblent se changer en Noms, ayant neantmoins la force des Participes, & sont ceux qui s'ensuiuent.

    *Cerco*, pour *cercato*, cherché.
    *Carico*, pour *caricato*, chargé.
    *Casso, cassato*, effacé, biffé.
    *Dimentico, dimenticato*, oublié.
    *Delibero, deliberato*, deliberé.
    *Desto, destato*, esueillé.
    *Franco, francato*, affranchy.
    *Fermo, fermato*, arresté.
    *Guasto, guastato*, degasté.

*Inchino,inchinato,* encliné,penchant.

*Lasso,lassato,* las,laſſé.

*Lacero,lacerato,* deſchiré.

*Logoro,logorato,* vſé & froiſſé.

*Mozzo,mozato,* coupé,eſcourté.

*Manifeſto,manifeſtato,* manifeſté.

*Macero,macerato,* maceré,deſtrempé.

*Sgombro,ſgombrato,* vuidé, deſpeſtré.

*Stanco,ſtancato,* las,laſſé.

*Scemo* ou *ſciemo,ſcemato,* diminué.

*Sconcio,ſconciato,* deſagencé,mis en deſodre.

*Tocco,toccato,* touché.

*Vſo, vſato,* vſé,vſité,accouſtumé.

*Vendico, vendicato,* vengé.

Et pluſieurs autres ſemblables que l'on obſer-
uera en liſant.

# Formation du Particpe en *Ito.*

La quatrieſme Coniugaiſon forme ſes Participes en *Ito,* de la troiſieſme perſonne ſinguliere
du Preterit Parfaict ſimple de l'Indicatif, appel-
lé par les Grecs Aoriſte: comme *ferì ferito,* bleſſé;
*vdì, vdito,* ouy. Excepté ceux qui ont ledit Preterit en *ſi,* leſquels oſtét ledit *ſi,* côme *aperto,* ouuert;
*offerto,* offert; *proferto,* promis & auſſi offert; *ſofferto,*
ſouffert; *morto,* mort: auſſi quelques-vns qui
changent la vocale antepenultieſme en *o,* comme *Sepolto,* pour *ſepelito,* enſeuely. Les Anciens
ſouloient changer l'*i* vocale du Verbe en *v,*
comme *Feruto,* pour *ferito,* bleſſé; *Partuto,* pour
*partito,* party; ce qui ſ'obſerue encor au Participe
du Verbe *Vengo,* qui eſt *venuto,* venu.

## Formation du Participe en *Vto*.

Les Verbes de la feconde & troifiefme Coniugaifon qui ont leur premier Preterit ou Aorifte
en *ei*, ou *etti*, & ceux qui imitent la terminaifon
Latine dudit temps, forment le Participe de la
feconde perfonne du Prefent de l'Indicatif, en
changeant l'*e* penultiefme en *v*, & le dernier en
*o*, comme de *potete* fe faict *potuto*, ou bien adiouftant vn *i* deuant la penultiefme voyelle, és Verbes qui ont la confonante *c*, comme *Nocete nociu-
to*, *Tacete taciuto*, *Conofcete conofciuto*, *Giacete giaciuto*,
*Piacete piaciuto*, *Crefcete crefciuto*, *Pafcete pafciuto*.

Ceux qui ont comme dit eft, la premiere perfonne de l'Aorifte en *ei*, font *vto*; comme *Battete*,
*battuto*, *Godete*, *goduto*, *Vendete*, *venduto*, *Rendete*, *ren-
duto*, dont les premieres perfonnes de l'Aorifte
font; *Battei*, *godei*, *vendei* & *rendei*.

Ces fuiuantes varient; *Perduto*, qui faict auffi en
Poëfie, *Perfo*, formé de la troifiefme perfonne dudit Aorifte qui eft *Perfe*, mais ny ledit Aorifte, ny
le Participe font à imiter. *Conceputo* faict auffi *concetto*: *Pentuto* fe dit de la troifiefme Coniugaifon,
& *Pentito* de la quatriefme, qui eft plus elegant.

Voicy les Participes de ceux qui ont l'Aorifte
en *etti*. *Creduto*, creu: *Tenuto*, tenu: *Riceuuto*, receu:
*Seduto*, affis: *Douuto*, deu: *Conceduto*, concedé: Il faict
quelquesfois *Conceffo* en vers, mais il n'eft pas à
imiter: *Proueduto* fe dit auffi fouuent & vulgairement *prouifto*, pourueu.

Ces autres Participes cy-apres font des Verbes, lefquels ont la terminaifon de l'Aorifte, quafi
femblable au Parf. de l'Indicatif du Latin; côme

*Hauuto*, eu : *Beuto* ou *beuuto*, beu : *Caduto*, cheu ou tombé : *Doluto*, plaint ou doulu : *Paruto*, femblé : *Valuto*, valu : *Veduto*, veu; ce dernier fe dit quelquesfois *vifto* : *Suto*, efté, qui eft mieux dit *ftato*.

Il y en a auffi deux qui font *Viuuto*, vefcu : & *Affoluto*, abfous : lefquels en vers fe varient, & fe trouuent *viffo*, & aucunesfois *viffuto* & *affolto*.

*Saró qual fui*; *viuró com' io fon viffo*:
*Che tutti quefti fon fpiriti affolti*.

Outre ceux-cy, ces trois fuiuans fe prononcent par fincope, en reiettant leur moyenne fillabe, & font *Rotto*, rompu : *Nato*, né : *Arroto*, adioufté.

# Formation des Participes en *To*, auquel precedent ces liquides, *L*, *N*, ou *R*.

Les Verbes qui ont la premiere perfonne Singuliere de l'Aorifte de l'Indicatif terminée en *fi*, changeant l's en *t*, & l'*i* finale en *o*, forment ce Participe auec la lettre liquide *L*, en la penultiefme, comme

*Colfi*, *colto*, cueilly.
*Sciolfi*, *fciolto*, deflié.
*Volfi*, *volto*, tourné.
*Tolfi*, *tolto*, pris ou ofté.
*Scielfi*, *fcielto*, efleu.
*Suelfi*, *fuelto*, arraché.

Ou bien ces autres liquides *N* ou *R*.

*Auinfi*, *auinto*, lié.
*Giunfi*, *giunto*, ioint ou arriué.

*Tinſi,tinto,*teint.

*Cinſi,cinto,* ceint ou enuironné.

*Pinſi,pinto,*peint.

*Infinſi ,infinto,*feint.

*Pianſi,pianto,* pleuré.

*Punſi, punto,* point ou piqué.

*Spenſi,ſpento,* eſteint.

*Vinſi, vinto,* vaincu.

*Munſi,munto,*mouché,retranché.

*Vnſi, vnto,* oint.

*Porſi,porto,*baillé.

*Scorſi,ſcorto,* apperceu & guidé.

*Accorſi,accorto,* recogneu,compris.

*Surſi,ſurto,* ſurgy,leué ou eſleué.

*Sparſi,ſparto,*eſpars.

Ce dernier ſe dit auſſi *ſparſo ,* comme en Petrarque.

*Voi ch' aſcoltate in rime ſparſe il ſuono.*

Icy ſe rapportent ces Participes de la quatrieſme Coniugaiſon qui ſont *Aperto, Proferto, Offerto, Sofferto , Morto ,* à cauſe de leur Aoriſte , lequel ſe termine tantoſt en *ſi,*& tantoſt en *i* aigu ; comme *Aperſi* ou *aprì,*&c.

Notez icy que l'accent qui eſt ſur *aprì,* ſe note comme graue , parce que les Italiens ne marquent iamais aucun accent aigu , comme nous de ceſte ſorte'. & nous au contraire n'en auons point de graue ainſi marqué`.

*Strinſi ,* forme ſon Participe *stretto,* & non pas *Strinto,* ſelon ceſte reigle.

D'autres auſſi qui ont deux *ſſ* au Preterit , forment leurs Participes auec vn double *tt,*comme

*Trago,traſſi,tratto,* tiré.

*Reggo, reßi, retto,* regy ou gouuerné.
*Leggo, leßi, letto,* leu.
*Cuoco, coßi, cotto,* cuit.
*Affligo, afflißi, afflitto,* affligé.
*Scriuo, scrißi, scritto,* escrit.
*Strugo, strußi, strutto,* destruit; & autres semblables.

*Condußi* faict *condotto*, changeant l'*u* en *o*, encor que Petrarque ait dit à cause de la rime,

*Hor tristo, hor lieto insin qui t'ho condutto*:

*Dißi* faict *detto*, changeant l'*i* en *e*.

## Formation des Participes en *So*.

Les Verbes qui terminent la premiere personne de leur Aoriste en *Si*, en changeant seulement l'*i* final en *o*, forment leur Participe semblable audit Aoriste, comme

*Difendo, difesi, difeso,* deffendu.
*Spendo, spesi, speso,* despendu ou despensé.
*Scendo, scesi, sceso,* descendu.
*Prendo, presi, preso,* pris.
*Appendo, appesi, appeso,* pendu.
*Sospendo, sospesi, sospeso,* suspendu ou suspens.
*Confondo, confusi, confuso,* confus.
*Scoscendo, scosesi, scosceso,* derompu.
*Chiuggo, chiusi, chiuso,* clos.
*Intendo, intesi, inteso,* entendu.
*Assido, assisi, assiso,* assis.
*Conquido, conquisi, conquiso,* conquis.
*Diuido, diuisi, diuiso,* diuisé, separé.
*Rido, risi, riso,* ris.
*Vccido, vccisi, vcciso,* occis, tué.

*Rimango,rimasi,rimaso*,demeuré.

*Accendo,accesi,acceso*, allumé,espris.

Ce dernier se dit aussi Poëtiquement *accenso.*

*Nascondo,nascosi,nascoso & nascosto*, caché.

*Rispondo,risposi* faict *risposto*, respondu.

*Metto,misi,messo* ou *miso*,Poëtique,mis.

*Chieggo,chiesi* faict *chiesto*,requis,demandé.

*Pongo,posi* faict *posto*,mis & posé.

Ces suiuans redoublent l'*ss*, comme en leur Preterit, & font *mosso*, meu : *fesso*, fendu : *crocifisso,* crucifié:*fisso*,qui se dit aussi *fitto*,fiché.

Ceux qui ont l'*r* deuant *s* au Preterit, la retiennent aussi en la mesme sillabe, comme

*Corro,corsi,corso*, couru.

*Ardo,arsi,arso*, ars,bruslé.

*Mordo,morsi,morso*, mordu.

*Disperdo,dispersi,disperso*,disperlé,prodigué.

*Tergo,tersi,terso*, frotté,poly,& autres.

# Des autres accidens du Participe, & premierement du Genre.

Vous auez veu cy-dessus comme nous auons dit, que les Participes prennent les accidens du Nom & du Verbe, à sçauoir, le Genre & le Cas du Nom: pour le Genre, ils ont le Masculin & Feminin:comme *amato*,aimé:*amata*,aimée : Mais ce sont des Participes Passifs , parce qu'il y en a des Actifs qui sont du genre commun, s'appliquans de mesme que les Adiectifs aux Substantifs des deux genres: comme *amante*, amant ou amante: *leggente*, celuy ou celle qui lit, lisant ou lisante.

Si d'auenture quelqu'vn vouloir icy demander, comment il se peut faire qu'il y ait des Participes Passifs en la langue Italienne, veu qu'elle
n'a point de Verbes qui le soient, on luy pourra
respondre, que l'vsage, tres-vniuersel maistre de
toutes les langues, demonstre qu'il y a des Participes Passifs en icelle; comme *amato, veduto, letto,*
*sentito, posto,* & infinis autres : aussi le mesme vsage
faict cognoistre, & comme l'on dit toucher au
doigt, qu'il n'y a point de Verbes Passifs, ce qui
est (paraduenture) vne proprieté de ladite langue, dont il ne se peut donner aucune raison.

## Du Cas.

Le Cas du Participe se cognoist par l'article
apposé, tout de mesme qu'en la declinaison des
Noms & Pronoms, comme.

### Singulier.

Nominatif. *Il* ou *la dolente,* Le dolent ou la do-
　　　　　　lente, &c.
Genitif.　　*del* ou *della dolente.*
Datif.　　　*al* ou *alla dolente.*
Accusatif.　*il* ou *la dolente.*
Vocatif.　　*o. dolente.*
Ablatif.　　*dal* ou *dalla dolente.*

### Plurier.

Nominatif. *i* ou *le dolenti,* Les dolens ou dolen-
　　　　　　tes, &c.
Genitif.　　*de'* ou *delle dolenti.*
Datif.　　　*a'* ou *alle dolenti.*

Accusatif, *i* ou *le dolenti.*
Vocatif. *o. dolenti.*
Ablatif. *da'* ou *dalle dolenti.*

## Du Temps.

Le Participe prend ces deux accidens, à sçauoir le Temps & la Signification, du Verbe: Le temps se cognoist selon le Verbe qui gouuerne le Participe : car si ledit Verbe est du temps Present Passé ou Futur, aussi sera de mesme le Participe: comme pour le Present: *La terra è ( si come voi sapete ) sopra la marina posta*; La ville est ( comme vous sçauez ) située sur la mer. Pour le Passé: *La giouane, laqual senza misura, de la partita di Marcuccio, era stata dolente :* La ieune fille, laquelle outre mesure auoit esté dolente du partement de Marcuccio. Et pour le Futur en voicy l'exemple: *Se tu non sarai patiente o perdonatore di ingiurie*; si tu n'es patient, ou que tu ne pardonnes les iniures: & autres infinis exemples de mesme.

## De Signification.

Il a desia esté parlé cy-dessus de la Signification, comme aussi du Temps, ainsi que vous auez peu voir.

## Du Nombre.

Le Participe prend du Nom & du Verbe, l'Accident du Nôbre, lequel est facile à cognoistre, s'il est Singulier ou Plurier, par la terminaison, ayant le Singulier, *o a* & *e*, & le Plurier *i* & *e*, comme *Amato*, *amata*, au Singulier : & *Amati*, *amate*, au Plurier : *Leggente* faict *leggenti*. De la Formation il en a esté amplement parlé, il faut dire des autres parties de l'Oraison.

## De la Preposition.

La Preposition est vne partie de l'Oraison indeclinable, & s'appelle Preposition, à cause qu'elle se met deuant d'autres parties de l'Oraison en deux sortes : l'vne par Apposition, & de là est gouuerné le cas auquel est appliqué ladite Preposition, l'autre par Composition, qui se faict des Prepositions inseparables.

Les Prepositions donc sont diuisées en deux espeées, Separables & Inseparables : Et d'autant qu'il y a moins à dire des Inseparables, nous les mettrons les premieres.

Les Prepositions Inseparables sont celles qui ne se trouuent qu'en la Composition, & n'ont aucune signification de soy ; comme vous pouuez voir, & sont les suiuantes.

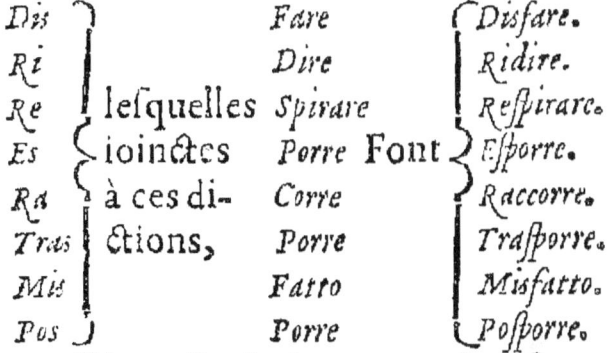

| Dis | | Fare | | Disfare. |
|-----|--|------|--|----------|
| Ri | | Dire | | Ridire. |
| Re | lesquelles | Spirare | | Respirare. |
| Es | ioinctes | Porre | Font | Esporre. |
| Ra | à ces di- | Corre | | Raccorre. |
| Tras | ctions, | Porre | | Trasporre. |
| Mis | | Fatto | | Misfatto. |
| Pos | | Porre | | Posporre. |

Aussi l's & l'R seules ont mesme force de Prepositions inseparables : comme, *Coronare scoronare*,

*Parare Sparare*, *Aßicurare Raßicurare*, *Allentare Rallentare*.

Les Separables sont celles qui se mettent entieres deuant les autres parties d'Oraison, & le cas qu'elles gouuernent : comme nous declarerons tout à ceste heure.

Les Cas qui sont gouuernez des Prepositions sont tous les Obliques, à sçauoir le Genitif, Datif, Accusatif, & Ablatif.

### Pour le Genitif.

*Fuori d'ogni credenza*, hors de toute creance.

### Pour le Datif.

*Intorno al cuore*, à l'entour du cœur.

### Pour l'Accusatif.

*Dopo mille anni*, apres mil ans.

### Pour l'Ablatif.

*Di là dal Po*, de delà le Po.

Les dictions composées des Prepositions Inseparables, auec les autres parties d'oraison, sont en la langue Italienne formées de voix entieres, & non corrompuës, ou bien tout au plus se redouble la consonante premiere de la diction, comme *Raccorre* se faict de *Ra* & *corre*.

Aussi est à noter qu'en la composition les Prepositions se mettent tousiours deuant & au commencement de la diction, excepté *Co* abregé de *Con*, lequel se postpose par Anastrophe, comme au Latin : en ces mots, *Meco*, auec moy; *Teco*, auec toy : *Seco*, auec soy : *Nosco*, auec vous;

*vosco*, auec vous: & se dit vulgairement; mesmes il se trouue en de bons Autheurs : *Con meco & con esso meco, con teco & con esso teco.*

## Des Prepositions equiuoques aux notes des cas, *Di, De, A, & Da.*

### Di.

*Di* sert à l'Ablatif cas, & signifie mouuement de lieu; comme *Vengo di casa, di piazza, di palazzo, di villa.*

Et aussi la cause materielle, comme *Far di marmo, lauorar di legname*, & semblables.

### De.

*De* sert aussi à l'Ablatif en mesme signification de mouuement du lieu que la superieure Preposition, mais c'est auec l'article : comme *Vengo del Regno di Napoli*; & au Plurier, *Torno de i paesi settentrionali* : il signifie aussi la matiere, comme *Del marmo si fabricano i Templi e si fanno le statue. De la seta si fanno le vestimenta. De le frondi, ouero de i fiori si tessono ghirlandette* : mais il faut noter, que ladite Preposition *De*, se separe d'auec l'Article, afin qu'elle ne se prenne pour la marque du Genitif cas, horsmis au Masculin du nombre Singulier *del*, où elle ne se peut separer, d'autant que la lettre *l* seule, ne suffit pas pour article.

### A & Ad.

*A* regit l'Accusatif cas, & signifie mouuement au lieu : comme *A Roma, A Napoli* : mais si on y met

met l'article, il en faudra separer ladite Preposition, afin de la distinguer d'auec la note du Datif; comme *A l'orto, A la Nuntiata* : Il faut noter
que si apres *A* il suit vn diction qui commence
par voyelle, alors on y adiouste vn *d*; comme *Ad
ogni persona*, qui est mieux dit que *A ogni persona*,
*Ad Arno, ad Altro*, & cecy se faict le plus quand
ladite diction commence par *A*, afin d'euiter la
rencontre de deux mesmes lettres ; car auec des
differentes voyelles, cela ne s'obserue pas tous-
jours; comme *A Empoli, A Osino, A Vgnano.*

*Da.*

*Da* gouuerne pareillement l'Ablatif, & signifie
mouuement de lieu, comme *Da Roma, Da Fiorenza* : Et se separe aussi de l'article, quand il y en a,
pour la mesme raison que dit est cy-dessus; comme *Da la chiesa, Da la villa* : elle signifie aussi vn in-
teruale de lieu & de temps; comme *Da quell' ora
in quà non ti ho mai veduto. Da casa tua à casa mia ci ha
vn miglio.*

# Combien il y a de Prepositions.

Il y a cinquante-quatre Prepositions simplement & veritablement, à sçauoir,

*Accanto*, à costé, aupres.
*Addosso*, dessus.
*Affronte*, vis à vis, au front.
*All' incontro*, à l'opposite.
*Anzi*, deuant.
*Appiè*, au pied, dessous.
*Appetto*, deuant, opposite, au regard.

*Appo*, aupres.

*Appreſſo*, pres & aupres, chez.

*Allato*, ioignant.

*Circa*, entour, enuiron.

*Con*, auec.

*Con eſſo*, enſemble, auec.

*Contro & contra*, contre.

*Di là*, de là, outre.

*Di naſcoſo*, en cachette, au deſceu.

*Dentro*, dedans.

*D'intorno*, autour, à l'entour.

*Dauanti*, deuant, auant.

*Dietro*, derriere, apres.

*Di quà*, de deçà.

*Dinanzi*, deuant, auant.

*Dirimpetto*, vis à vis.

*Dopo*, apres, derriere.

*Eccetto*, excepté, horſmis.

*Entro*, dedans.

*Fino & fin*, iuſques.

*Fuor & fuora*, dehors.

*Fuore & fuori*, dehors.

*Fra*, entre & parmy.

*Giuſta*, iouxte, ſelon.

*In*, en, a, au, à la.

*Inuerſo*, enuers.

*Infino & infino*, & infin ou infin, iuſques.

*Infuori*, excepté, horſmis.

*Incontro*, à l'encontre, oppoſite.

*Inanzi*, deuant, auparauant.

*Intra, infra*, entre.

*Lungo*, au long, le long.

*Lunge*, loing.

*Oltre, oltra*, outre.

*Per*, par & pour.

*Rasente*, rez à rez, du long, tout ioignant,
rasibus.

*Rimpetto*, vis à vis.

*Senza*, sans.

*Secondo*, selon.

*Sino & sin*, iusques.

*Sopra*, sur, dessus.

*Sotto*, sous, dessous.

*Su*, sur, dessus.

*Tra*, entre & parmy.

*Verso*, vers, deuers, enuers.

*Ver* pour *verso*, idem.

*Vicino*, proche, aupres.

Et autres, si tant est qu'il y en ait icy quelques-
vnes d'oubliées.

## Quels Cas sont gouuernez par les Prepositions.

Souuentesfois vne mesme Preposition sert à
plusieurs & diuers cas obliques, dequoy nous
mettrons cy-apres des exemples, pour declarer
leurs forces au gouuernement des Cas.

Ces trois suiuantes, sçauoir est *oltre* ou *oltra*,
*Appresso & presso*, seruent au premier, second &
troisiesme cas oblique : comme *oltra di molte cose,
che io per breuità trapasso*, outre plusieurs choses que
ie laisse à cause de brefueté. *Oltra al beneficio fat-
gli in prima, lo accrebbe di horreuoli degnità*, outre

O ij

le benefice à luy fait auparauāt, il l'accreut d'honorables dignitez: Notez que *oltre* se met ou deuroit mettre deuant l'*a*, mais il ne l'obserue pas tousiours. *Oltra la speranza*, outre l'esperance.

*Appresso de' rei, non ha luogo la reuerenda maestà delle leggi.* Auprès ou à l'endroit des meschans, n'a point de lieu la reuerente majesté des loix.

*Appresso à Dio è la misericordia,* auprès de Dieu est la misericorde.

„ *Virginia appresso il fiero padre armato.*

Virginie auprès de son cruel pere armé.

*Presso di qui habitai : presso di te hebbi la mia casa.* Ie demeuray près d'icy : i'eus mon logis près de toy. *Presso all'estremo,* près de la fin, i. de la mort. *Et è già presso al giorno,* & est desia près du iour. *Fui lor presso,* ie fus près d'eux.

Ces cinq qui s'ensuiuent, qui sont *Contro, contra, Incontro, Dinanzi, Innanzi,* seruent au second & au troisiesme cas oblique ; comme *Contro alla volontà del padre,* contre la volonté du pere. *Niuna medicina è contro l'amor migliore, che l'occuparsi.* Il n'y a point de meilleure medecine contre l'amour que de s'occuper à quelque chose. *Contra Toscana tutta,* contre toute la Toscane, i. contre tous les Toscans.

*Contra* se met vulgairement auec le premier oblique, qui est le Genitif : mais c'est rarement deuant les Pronoms, car on dit *Contra noi, me, te,* combien que l'on dise quelquesfois, *Contra di noi, di me, di te,* comme Petrarque.

„ *Amor, contra di te giamai non mi valse.*

Amour contre toy, iamais ne me seruit de rien.

Et ſi l'on obſerue diligemment la couſtume des
bons Autheurs, on le trouuera rarement au
Datif.

*Incontro,* ſert auſſi à tous les deux, comme

,, *Socrate incontro a gli amoroſi venti.*

Socrate à l'encontre des vents amoureux.

,, *Humil in ſe, ma' incontr' amor ſuperba.*

Humble en ſoy, mais ſuperbe à l'encontre
d'amour.

Quand *incontro,* ſignifie ce que faict le Latin *ob-
uiam,* qui eſt à dire, au deuant, alors il demande le
Datif, par inuerſion ou tranſpoſition de note:
comme *Miſi ſe incontro,* i. *incontro a me ſi fece,* il ſ'en
vint au deuant de moy.

*Dinanȝi la caſa mia,* deuant mon logis.

,, *Poco dinanȝi a lei vidi Sanſone.*

Vn peu deuant elle, ie vey Sanſon.

,, *Deh perche inanȝi tempo ti conſume?*

Hé pourquoy te conſommes tu deuant le téps:

,, *Hauer la morte inanȝi a gli occhi parme.*

Il me ſemble auoir la mort deuant les yeux.

Il y en a qui redoublent la conſonante *n,* &
mettent *Innanȝi,* qui eſt mieux; toutesfois il importe peu qu'elle ſoit ſimple ou double.

Ces deux *Dauanti* & *Entro,* ſe mettent deuant le
ſecond & quatrieſme oblique. Exemple.

*Che l'atto dolce non mi ſtia dauante.*

Item, *Dauanti a me.*

*Fuggir lor dauanti,* i. *dauanti da loro.*

*Entro alle mura, entro alla porta.*

℥ On dit auſſi, *per entro,* auec le troiſieſme oblique: comme,

*Glauco' ondeggiar per entro quella ſchiera.*

Celles-cy, *Circa*, *Dentro*, *Dirimpetto*, seruent au premier & second oblique; comme *Circa di questo, ogniuno è contentissimo. Circa à quello, che tu mi scriuesti. Dentro delle porte della città.* Item, *Dentro all' acque.*

,, *Ch' ogni altra voglia dentro al cor mi sgombra, i. di dentro del core.*

Et ceste Preposition *Dentro*, n'exprime point le mouuement à vn lieu, si ce n'est aduerbialement, parce que les cas sont gouuernez par vne autre Preposition qui y est adioustée : comme, *E questo detto se n'entrarono dentro in casa.* Il y en a qui escriuent *Drento*, mais c'est saillir auec le vulgaire qui parle ainsi.

*Dirimpetto alla casa, Dirimpetto allo studio.*

On dit aussi *Rimpetto*, en la mesme signification, auec le premier oblique.

,, *A rimpetto di me dall' altra sponda.*

On vse aussi de *Al di rimpetto*, auec le second oblique.

Ces autres, *Fora, fuora, fuor, fuori & inuerso*, seruent au premier & troisiesme oblique: comme,

,, *I sarei già di questi pensier fora.*

,, *Che Signoria non hai fuor del tuo regno.*

*Fuor di casa, fuor del giardino, fuor di mano, fuor di modo, fuor d'ogni speranza.*

,, *Fuor tutti i nostri lidi.*

Item, *Ho ogni cosa in ordine, fuori i danari. Ogni cosa sta bene, fuori la tua souerchia curiosità.*

En ces deux derniers exemples auec l'Accusatif qui est le troisiesme oblique, *Fuori*, signifie fors ou excepté, & horsmis. Il y a vne exception de cecy és redditions ou relations, qui se mettent au mesme cas qui precede auec le Verbe de la clause superieure : comme , *Niuno disse pur vna parola, fuori solamente io.* Personne ne dit vne parole, fors seulement moy : Où vous voyez que *io* & *niuno* sont en mesme cas. Item, *In ogni cosa era sperimentato, fuori nella Musica* , il estoit experimenté ou expert en toute chose, fors qu'en la Musique : ou bien adioustant la particule *che* : comme, *Fuori che nella Musica* , fors qu'en la Musique ; ou par Anastrophe ou inuersion : comme, *Dalla Musica in fuori,* horsmis en la Musique.

   *Inuerso l'Occidente,* vers l'Occident.

   *Inuerso Mezzo di,* vers le Midy.

   *Inuerso Toscana,* vers Toscane.

  ,,*Che mai non fosse inuer di me più fiera.*

  ,,*Ch'i' volsi inuer l'angelica beltade.*

En ces vers, *inuer* est mis pour *inuerso* , par la figure Apocope.

  Ces deux *Su* & *In,* seruent au troisiesme & quatriesme oblique : comme,

  ,,*Qual fior cadea su'l lembo:*

  ,,*Qual su le treccie bionde.*

Elle denote le mouuement à vn lieu.

  ,,*Non v'indugiate su l'estremo ardore.*

Et aussi la subsistence & demeure en vn lieu, auec le temps : & se ioinct auec la Preposition *In* ; comme,

  *In su la sera,* sur le soir. *In su la porta,* sur la porte. *In su la riua d'Arno,* sur la riuiere du fleuue d'Arno.

Item, auec la Preposition *Per,* mise apres , elle signifie le mouuement par le lieu : comme,

  ,,*Gia su per l'Alpi neua.*

  *Su per l'alto Cielo, su per le scale, su per le tetta.*

O iiij

# Exemple de la Prepofition *Jn*, qui eft à dire, en.

„ *Vegnendo in terra a'lluminar le carte,*

Elle fignifie mouuement à vn lieu, & vaut auffi le mefme que *contra;* comme

„ *Ajace in molti, e po' in fe fteffo forte,*

Ajax fort contre plufieurs, & puis contre foy-mefme.

Elle denote pareillement la fubfiftance & ar-reft en la chofe, comme *In te, non in altri è pofto,* en toy, & non en autre eft pofé.

„ *A qualunque animale alberga in terra:*

A quelconque animal qui loge en terre.

Mais fi l'Article fuit apres, il faut mettre *ne* au lieu de *in,* en redoublant la lettre *l,* qui eft pour la liaifon des deux particules, n'en faifant qu'vne diction; comme *nella terra,* ou auec vne fimple *l,* comme *nel Cielo, nel campo:* pour *in terra, in Cielo, in campo.* Et faut noter que ladite *l* fe redouble, tant pour la liaifon que dit eft; comme auffi pour en faire vne difference d'auec la particule negatiue *ne,* qui fignifie ny, comme *ne la terra, ne il Cielo,* ny la terre, ny le Ciel: mais ceux qui obferuent bien l'ortographe notent ladite negatiue auec accent graue ainfi *nè.*

*All' incontre* & *Apiè,* feruent au premier obli-que, *i.* au Genitif; comme *All' incontro del Palazzo era vna gran torre.* Vis à vis du Palais il y auoit vne grande tour. *All' incontro di Cefare ftette Pompeio,* à l'encontre de Cefar fut Pompée.

„ *Apie de' colli, oue la bella vefta.*

Aux pieds des montagnes, là où la belle robe.

Toutes ces suiuantes seruent au Datif, second oblique. *A canto, a lato, a petto, a fronte, appresso, d'intorno, infino, di nascoso, dietro & Vicino.* Exemples, *A canto à me,* aupres ou à costé de moy: *acanto alla casa,* aupres de la maison: *acanto alla via,* à costé du chemin. *A lato à Cesare sedeua Antonio,* Antoine estoit assis à costé de Cesar. *A petto a me egli non è nulla,* au regard de moy il n'est rien. *A fronte d' nemici erano i Germani,* vis à vis des ennemis estoient les Germains ou Allemans. *Appresso,* voyez le cy-dessus auec *Oltre* en la premiere reigle. *Eran d'intorno al carro trionfale,* ils estoient autour ou à l'entour du chariot triomphal. *Infino à Roma n'udirà lo scoppio,* iusques à Rome il en oyra l'esclat ou le son. *Di nascoso al padre,* en cachette ou au desceu du pere. *Egli è dietro alla sua fatica,* il est apres son labeur: Notez que deuant la voyelle, il faut adiouster vn *d* à la particule *a,* comme *Dietro ad vna torre,* derriere vne tour. *Vicino alla notte,* pres de la nuict: *Vicino alla città,* pres de la ville.

Ces autres seruent au troisiesme oblique : *Per, rasente, secondo, sopra, adosso, tra, fra, intra, infra, giusta, lungo, dopo, eccetto, anzi, appo, ver & verso.* Exemples: *Per mantenimento della vita,* pour l'entretenement de la vie : *Per l'amor di Dio,* pour l'amour de Dieu: *Per la fede mia,* par ma foy : *Per mare, & per terra,* par mer & par terre.

*Pel* se trouue au nombre Singulier, au lieu de *per lo, & pe'* au Plurier, au lieu de *per i,* comme *Pel Palazzo, pe' Palazzi,* par le Palais, par les Palais. *Rasente l'orecchio,* tout aupres ou rasibus de l'oreille. *Secondo me,* selon moy, i. à mon opinion, ou comme i'estime : *Secondo che i giudici diceuano,* selon que les Iuges difoient.

,, *In darno hor fopra me tua forza adopre.*

En vain ores fur moy ta force tu employes.

*Corfe fopra il fuo nemico*, il courut fus à fon ennemy, ou fur fon ennemy. *Adoffo me voltate tutta la
colpa*, vous reiettez toute la faute fur moy.

,, *Tra la fpiga, e la man qual muro è meffo?*

Entre l'efpic, & la main quel mur y eft-il mis?

,, *Fra le vane fperanze.*

Entre les vaines efperances.

*Intra i Filofofi il più nomato è Socrate*, entre les Phi-
lofophes le plus renommé eft Socrate.

,, *E le rofe vermiglie ir fra la neue.*

Et les rofes vermeilles parmy la neige.

*Giufta le forze mie*, felon mes forces.

,, *Cofi lungo l'amate riue andai.*

Ainfi ie m'en allay le long des riues aimées.

*Lungo la via*, le long, ou à cofté du chemin.

,, *Penitenza, e dolor dopo le fpale.* Penitence & douleur derriere le dos, i. apres le mal faict.

Et auec l'Infinitif.

,, *Dopo molto voltar, che fine hauranno?* Apres beaucoup tournoyer, quelle fin auront ils?

,, *Tutta coperta d'arme, eccetto il vifo.* Toute cou-
uerte d'armes, excepté le vifage.

,, *Anzi tempo chiamata a l'altra vita.* Deuant le
temps appellée à l'autre vie.

*Appo noi non fono in alcun preggio*, aupres de nous
ils ne font en aucune eftime.

,, *Più feroce ver me fempre, e più bella.* Toufiours enuers moy plus farouche ou fiere, & plus belle.

*Ver l'Aurora*, deuers l'Aurore.

*Verfo l'Oriente*, vers ou deuers l'Orient.

Quelquesfois *Verso* se construit auec le Genitif, mais c'est par licence Poët. côme en Petrarque.

,, *Verso di Voi, o dolce schiera amica.* Vers vous, ô douce bande amie.

Ces suiuantes requierent le quatriesme oblique, sçauoir est l'Ablatif : *Con esso, Con, in fuori, di quà, di là, lunge, senza & sotto.*

*Con esso me,* auec moy: *Con esso Voi,* auec vous: *Con esso lui,* auec luy.

,, *Con lei fuss' io da che si parte il sole.* Auec elle fusse-ie dés que le Soleil se depart.

,, *Non con altr'arme, che col cor pudico.* Non auec autres armes, qu'auec le cœur pudique.

Et par Anastrophe à l'imitation des Latins, abbregeant aussi la Preposition de sa derniere lettre : comme, *Meco, teco, seco, nosco, vosco,* & aussi en remettant outre ce, la mesme Preposition deuant: comme, *Con meco, con teco, con seco ;* & pareillement auec l'Aduerbe de cógreger ou assembler, qui est *Insieme ;* comme, *Con lui insieme,* ensemble auec luy.

,, *Ogni parere approuo, dal tuo in fuori.* I'approuue toute opinion, horsmis la tienne.

*Di quà dal mar, che fa l'onde sanguine,* de deçà la mer, qui fait les ondes sanguines, i. la mer rouge.

*Di là dal fiume,* de delà le fleuue.

*Lunge dalla speranza,* loing de l'esperance.

,, *Del popol senza legge.* Du peuple sans loy.

,, *Rispose il Caualier senza paura.* Le Cheualier sans peur respondir.

,, *Sotto e mille catene, e mille chiaui,* sous mille chaines & mille clefs. *Sotto qual Cielo,* sous quel Ciel. *Sotto i rami dell'albero,* sous les branches de l'arbre.

## De l'Aduerbe.

L'Aduerbe est vne partie d'Oraison indéclinable, laquelle se construit ordinairement auec le Verbe; & quelquesfois auec le Nom, tant Substantif qu'Adiectif, determinant leur signification en diuerses manieres, dont il se donnera des exemples.

L'Aduerbe a trois accidens, qui sont, l'Espece, la Figure, & la Signification.

L'Espece.
{ Primitiue, *forte*, fort.

{ Deriuatiue, *fortemente*, vaillamment.

La Figure.
{ Simple, *hieri & sera*, hier & soir.

{ Composée, *hiersera*, hier au soir, que aucuns disent vulgairement hersoir.

Quant a la signification elle s'estend beaucoup, car il y a des Aduerbes de plusieurs sortes, comme s'ensuit.

1. Du temps.
2. Du lieu.
3. De la qualité.
4. De nier.
5. D'affermer.
6. D'accroistre la quantité.
7. De diminuer la quantité.
8. De temperer ou allentir.
9. De iurer.
10. De desirer ou souhaiter.
11. De deffendre.

12. D'admonefter ou exhorter.
13. D'affembler ou congreger.
14. De comparer.
15. D'exceder.
16. D'excepter.
17. De reffembler ou de fimilitude.
18. De doubter.
19. De demonftrer.
20. D'eflire.
21. De l'accident ou cas fortuit.
22. D'appeller.
23. De l'ordre.
24. De feparer.
25. De conceder ou accorder.
26. D'interroger.
27. De la perfonne.
28. De bien ou mal fouhaiter.
29. Du mouuement & action du corps, & quelques autres qui fe pourroient trouuer, feruans de quelque chofe en la compofition, auec les Noms & Verbes.

## Des Aduerbes du Temps.

Il y a de deux fortes d'Aduerbes du Temps, à fçauoir de demander & de refpondre. Ceux de demander ou d'interroger font, 1. *Quando*, quand? 2. *Quanto*, combien, i. combien de temps? 3. *Perfino à quanto*, iufques à quand, i. iufques à combien de temps? 4. *Quanto ha*, combien y a-il? 5. *Quanto è*, quel temps y a-il? 6. *Quanto ftarà*, combien fera-il? 7. *Quante volte*, combien de fois? Et font auffi les mefmes de refpondre; comme fi on demande,

*Quando andrai?* quand iras-tu? on peut refpondre
par le mefme, *Quando io potrò,* quand ie pourray:
*Quanto ftarai?* combien feras-tu, i. combien demeureras-tu, ou feras-tu abfent? *Quanto tu vorrai,*
autant que tu voudras. Voyez la fuitte des Aduerbes de demander.

# I. *Quando*, quand, & les Aduerbes qui luy refpondent.

L'Aduerbe *Quando*, fert à tous les trois temps,
à fçauoir au Prefent, Paffé & Futur : comme,
,, *Quando vede il paftor calar i raggi.*
Quand le Berger voit defcendre les rayons.
*Quando 'l colpô mortal la giù difcefe.*
Quand le coup mortel defcendit là bas.
,, *Quando fia tuo, comme noftro Signore.*
Quand il fera ton maiftre ou ton Seigneur,
comme il l'eft noftre.

Voicy les Aduerbes qui refpondent à l'interrogant faiél par *Quando. Hieri,* hier. *Hoggi,* auiour-
d'huy. *Domani,* demain. *Poft domani,* apres demain.
*Il dì nanzi,* le iour auparauant. *Domattina,* demain
au matin. *Sta fera,* à ce foir. *Hierfa,* hier au foir. *Sta
mane,* ce matin. *Hiermattina,* hier au matin. *Sta notte,* cefte nuiél. *A buon' hora,* de bonne heure ou de
bon matin. *Di notte,* de nuiél. *Di giorno,* de iour. *In
quefto mezo* ou *in tanto,* cependant. *Per lo inanzi,* par
cy-apres. *Per l'auenire,* pour l'aduenir. *Per l'adietro,*
par cy-deuant, par le Paffé. *Anticamente,* anciennement. *Già,* iadis, autresfois. *Modernamente,* mo-
dernement. *Nuouamente,* nouuellement. *Prima* ou
*inanzi che,* deuant que. *Poiche* ou *da poiche, Pofcia che,*

& *dache*, apres que, ou depuis que. *Tardi*, tard.
*Per tempo*, de bonne heure. *Tantoſto*, tantoſt, ou incontinent, *Da poi*, *Poi* & *Poſcia*, apres, & puis apres.
*Toſto*, *Preſto*, toſt, viſte, promptement, viſtement.
*Il di*, *fra di*, de iour. *A tempo*, à propos, tout à
temps. *Col tempo*, auec le temps. *Quando che ſia*,
quelquesfois. *All'hora*, *All'hotta*, ou *Allotta*, alors.
*Quando*, lors que. *Non coſi toſto*, non ſi toſt. *A punto*,
à poinct: & quelques autres ſemblables.

Il ſe reſpond auſſi à *Quando*, par formes ou clau-
ſules compoſées: comme, *in quello* cependant.
*A' di noſtri*, de noſtre temps. *A queſta volta*, à ceſte fois. *A tempo che Berta ſilaua*. i. au temps paſſé,
anciennement, iadis: Nous diſons en François,
Du temps que l'on ſe mouchoit ſur la manche,
ou bien, que les beſtes parloient.

*Qual'hora piu vi piace*, quand il vous plaira. *Ogni*
*volta*, toutes & quantesfois. *Da picolo*, dés la peti-
teſſe, ou dés qu'on eſtoit petit. *Da fanciullo*, dés
l'enfance. *Cola vn poco dopo l'Aue Maria*, vn peu
apres Veſpres, ou l'Aue Maria.

## II. *Quanto* combien de temps? & les Aduerbes ou formules qui luy reſpondent.

*Quanto*, ſert aux Interrogations du depart:
comme, *Quanto ſtarai?* combien demeureras-tu?
Ou bien apres le retour: comme, *Quanto ſte ſtà*
combien as-tu demeuré? Et la reſponce eſt, *Due*
*giorni*, deux iours; *tre*, *quatro giorni*, trois, quatre
iours, &c. *Tanto*, tant *Vn pochetto*, vn bien peu. *Al-*
*quanto*, quelque peu. *Poco poco*, vn peu peu, bien

peu. *Sempre*, touſiours. *Gran pezza*, long temps.
*Aſſai*, beaucoup. *Vn tempo*, vn temps, vn aage.
*Guari*, gueres. *Nè ſtette guari*, & ne fut gueres. *Non
ha guari*, n'agueres. Ce mot *guari*, gueres, ſe trouue
rarement ſans la negatiue *non* ou *ne*, tant en Italien qu'en François : & ſans ladite negatiue, il le
faudroit expliquer par, beaucoup; car en effect il
vaut autant: comme, *Se tu lo terrai guari di tempo appreſſo di te*, ſi tu le tiens beaucoup de temps aupres
de toy : & ne ſeroit pas proprement dit; ſi tu le
tiens gueres de temps, comme quelques nations
de la France parlent. *Inſino à quanto tu manderai per
me*, iuſques à tant que tu m'enuoyes querir, ou
que tu me mandes. *Quanto io vorrò*, tant qu'il me
plaira, ou que ie voudray.

## III. *Per fino à quanto?* Iuſques à quand? *i.* à combien de temps: & comment il s'y reſpond.

Ceſt Aduerbe ſignifie le bout & terme d'vn in-
terualle de temps, & interrogeant par iceluy en
ceſte ſorte: *Perfino à quanto durerai?* iuſques à quand
dureras-tu? on reſpondra, *fin che*, iuſques à ce que.
*Fino* ou *inſino à tanto che*, iuſques à tant que. *Inſino à
qui*, ou *fin qui*, iuſques icy. *Inſino alla vecchiezza*, iuſques à la vielleſſe. Notez qu'en Italien ceſt Aduerbe ſe prend auſſi pour temps paſſé; comme *Per
fino à quanto hai tribolato?* combien de téps, ou pour
dire plus proprement, dés quel temps as-tu eſté
en tribulation & affliction ? *Dal di ch'io nacqui per
fino ad hora*, dés le iour que ie nacquis iuſques à
ceſte heure. *Per fino all' hora*, dés lors & iuſques
alors.　　　　　　　　　　　　　　　　　₃, Fin'vn

,, *Fin che mia dura forte inuidia m'hebbe.*

Dés que mon dur fort m'a porté enuie.

Quelquesfois *Fin*, refpond à la queftion qui fe faict par *Quanto* : comme, *Quanto è ftato ?* combien a-il demeuré ? *Fin' a due giorni*, deux iours entiers, iufques à la quantité de deux iours. *Fin' a tre anni*, trois ans tous entiers. *Per vn di, per vn mefe, per vn' anno*, vn iour, vn mois, vn an.

# IV. *Quanto ha ?* combien y a-il? & comme on y refpond.

A l'Interrogation qui fe faict par *Quanto*, combien y a-il? *fup.* de temps; on refpond, *Poco fà*, n'agueres. *Vn pezzo fà*, il y a vne bonne efpace de temps : le vulgaire dit, il y a bonne piece. *Già gran pezza*, il y a ja long temps. *Buona pezza*, affez longtemps, ou bonne piece. *Non ha guari*, il n'y a gueres. *Ha due anni, tre anni*, il y a deux ans, trois ans.

# V. *Quanto è ?* Combien y a-il? & comme on y refpondra.

D'autant qu'en François nous ne faifons point de difference en l'interpretation de ces deux Aduerbes, *Quanto ha & Quanto è*, fignifians tous deux, combien y a-il. Il faut dire que l'Italien y en met quelque peu, qui eft que le premier fignifie vne chofe paffée & parfaicte de plus longtemps; & le dernier denote ce qui eft n'agueres aduenu : comme, *Quanto è, ch' egli è venuto ?* combien y a-il qu'il eft venu? à quoy on refpond:

P

*Hor'hora*, tout à ceste heure. *Adeſſo*, tout maintenant. *Teſtè*, tout preſentement. *Pur'hora*, tout fin à
ceſte heure. *Poco fà*, n'agueres. *Poco inanzi*, il y a peu,
ou, il n'y a pas beaucoup.

## VI. *Quanto ſtarà ?* combien ſera-il ? combien demeurera-il à venir, ou combien tardera-il ?

A ceſt Aduerbe, *Quanto ſtarà ?* on reſpondra.
*Quanto prima*, tout incontinent. *Pochiſſimo*, fort
peu. *Aſſai*, beaucoup. *Tantoſto*, tantoſt, bien toſt.
*Subito che*, ſoudain que. *A mano a mano*, tout promptement. *Poco poco*, vn bien peu. *Di qui a poco*, d'icy à
vn peu. *Di qui a gran pezza*, d'icy à long temps.
*Quant'è a dir vn' Aue Maria* : autant qu'on diroit
vn Aue Maria. *Quant'è a dir vn Miſerere*, autant
qu'on diroit vn Miſerere. Le François n'vſe pas
ordinairement de ce terme : ains dit communément, la longueur d'vn Aue Maria : ou d'vn Miſerere, ou bien d'vn Pater. *In vn batter d'occhio*, en
vn clin d'œil. *Spacciatamente*, viſtement. *Di ſubito*,
*ſubitamente*, ſoudainement. *Incontanente*, incontinent. *Di botto*, tout à l'inſtant. *Auaccio auaccio*,
viſte viſte. *Di curro*, de bref, tout court. *Alquanto*,
quelque peu. *Dopo alquanto*, d'icy à vn peu. *Non
punto*, il ne tardera point : *Di qui a vn'hora, vn meſe,
vn anno*, d'icy à vne heure, vn mois, vn an.

## VII. *Quante volte ?* Combien de fois ?

A *Quante volte*, on reſpondra. *Tratto tratto*, ſou-

uent. *Alle volte*, ou *Alcuna volta*, aucunesfois
*Tal volta*, *Tal'hora*, quelquesfois. *Il più delle volte*,
ou, *Le più volte*, le plus souuent, *Speßißimo*, tres-
souuent. *Sempre*, *sempremai*, ou *Mai sempre*, & *Tut-
tauia*, tousiours. *Di continuo*, continuellement. *Di*
*rado*, rarement. *Poche volte*, *rade volte*, peu de fois,
rarement. *Più volte*, plusieurs fois. *Ogni dì*, tous
les iours. *Ad hora*, aucunesfois. *Ogn'hora*, *Ad ogn'*
*hora*, à toute heure. *Ad hora ad hora*, d'heure en
heure. *Ad ogni passo*, à tout moment. *Non mai*, iamais. *Vna volta*, vne fois. *Due volte*, *trè volte*, deux
fois, trois fois, &c.

## 2. Des Aduerbes du Lieu.

Il y a deux sortes d'Aduerbes du Lieu, à sçauoir
de demander ou interroger, & de respondre, tout
de mesme que des Aduerbes du temps.

Les Aduerbes d'interroger sont, 1. *Oue andrai?*
où iras-tu? 2. *Doue i sei?* où es-tu? 3. *Onde vieni?* d'où
viens-tu? 4. *Onde passerai?* par où passeras-tu? 5. *Ver-*
*so doue?* vers où? 6. *Per fin doue?* iusques où?

## I. *Oue*, où? & comme on y respond.

A la question qui se fait par *Oue*, où? on respondra *Quà*, icy ou çà. *Colà*, là. *Costì*, par de là. *Dentro*,
dedans. *Fuori*, dehors. *Là*, là. *Quiui*, illec. *Altroue*,
ailleurs: *Doue che sia*, où que ce soit. *In qualche lato*,
en quelque part. *In niun lato*, nulle part. *Douunque*,
en quelque lieu que. *Oue ti piace*, où il te plaira: &
autres semblables.

## II. *Doue?* où? & comme on y respond.

L'Aduerbe *Doue*, est proprement pour interroger du lieu de repos où est vne chose:comme,

,, *Che parlo, o doue sono?*

Que dis-ie? ou bien, où suis-ie?

Et se prend aussi demonstratiuement par relation à l'antecedent:comme,

*E i sassi, doue fur chiuse le membra.*

Et les rochers,où furent enclos les membres.

On met aussi souuentesfois deuant iceluy l'Aduerbe *là*, comme antecedent , *là doue*, là où. Les Anciens Poëtes vsoient de *v*, pour *doue*, & Petrarque mesme en a vsé: comme,

,, *V sono le richezze, v son gli honori?*

Où sont maintenant les richesses, où sont les honneurs?

Or on respond à cest interrogant par *Qui*, icy. *Quiui*, là ou illec. *Ci* ou *vi*, y : cest y est relatif du lieu, comme quand nous disons, il y est,il y sera. *Costi*,là,par delà. *Li* ou *là*, illec. *Dentro*,dedans. *Per tutto*,par tout. *Sopra*,dessus. *Sotto*,dessous. *In casa*,à la maison. *Nella via*,en la voye. *A destra*,à dextre. *A sinistra*, à senestre. *In disparte*,à l'escart. *A canto*, aupres. *A piè*,aux pieds. *In publico*,en public. *Lici* pour *li*, Poëtique. *ue* pour *oue*,où.

,, *La'ue cantando andai di te molt'anni.*

Là où i'allay chantant de toy plusieurs années.

## III. *Onde?* d'où? & ce qui y respond.

A la demande qui se faict par *Onde*, on respondra par *Quinci*,ou *di qui*,d'icy. *Di li*,d'illec. *Di costi, di costinci*, de par delà. *Quindi*, de là. *Di lontano*, de loin. *D'appresso*, d'aupres. *Altronde*, d'ailleurs. *Onde che sia*, d'où que ce soit. *Di qualunque luogo*, de quelque lieu que. *Onde ti pare*, d'où bon te semble. *Da ogni lato*, de tous costez. *Dal Cielo*, du Ciel. *Di sopra*, d'enhaut. *Di sotto*, d'embas. *Da' fondamenti*, dés les fondemens. *Di piazza*, de la place. *Da bottega*, de la boutique.

## IIII. *Onde andrai?* par où iras-tu? & comme on y respond.

A ceste question qui denote le mouuement par vn lieu, on respondra par, *Di quà*, deçà ou par deçà. *Di là*, de là, par delà. *Di costà*, par delà. *Onde tu vuoi*, par où tu voudras, par tout. *Per ogni lato*, de tous costez. *Per la Romagna*, par la Romagne. *Da Genoua, da Milano, da Fiorenza*, par Gennes, par Milan, par Florence.

## V. *Verso doue?* vers où? & comme il y faut respondre.

Tout ainsi qu'à la particule de la question on adiouste *verso*, pareillement elle se met à celle de la responfe, qui sont les mesmes que cy-dessus, lesquelles signifient le mouuement au lieu: comme, *Verso quà*, vers deçà. *Verso colà*, vers de là, ou vers là. *Verso costà*, vers de là. *Verso soprà*, vers le haut. *Verso giù*, vers le bas. *Verso la mano manca*, vers la main gauche. *Verso la man ritta*, vers la main droite. *Verso doue che sia*, vers où que ce soit. *Inuerso l'Occidente*, vers l'Occident. *Verso Fiorenza*, vers Florence. *Inuerso Pisa*, vers Pise. *Inuerso casa*, vers la maison.

## VI. *Per fin doue?* Iufques où? & com-me on y refpond.

*Fin quà* iufques icy. *Fin là*, iufques là. *Fin coftà*, iufques par delà. *Fin colà*, iufques en ce lieu là. *Fin giù*, iufques en bas. *Fin fù*, iufques en haut. *Fin a cafa*, iufques à la maifon, *Fin a Fiorenza*, iufques à Florence.

## 3. Aduerbes de la Qualité.

*Dottamente*, doctement. *Fortemente*, vaillam-ment. *Piaceuolmente*, plaifamment. *Bene*, bien. *Male*, mal. *Malamente*, mefchamment. Ceux-cy font formez des Adiectifs, fçauoir les vns du Feminin de ceux qui ont les deux genres, en y adjouftant la particule *mente*: côme *Dotto*, *dotta*, *dottamente*. Quant à ceux qui fe terminent en *e*, lefquels font communs aux deux genres, les vns prennent la-dite particule *mente*, fans rien ofter: comme, *forte*, *fortemente*: d'autres perdent l'*e* final, lors que la li-quide *L* precede, comme, *Amoreuole, diceuole, amo-reuolmente, diceuolmente*, amiablement, conueua-blement. Et par ainfi fe peuuent former des Ad-uerbes de tous les Adiectifs.

Il y a auffi d'autres Aduerbes de Qualité quafi Periphraftiques, côme, *A bello ftudio*, *A pofta*, ou *In proua*, tout exprés, de propos deliberé. *Con arte*, *con inganno*, par rufe, par fraude. *A proua*, à l'enui. *A credenza*, à credit. *A tempo*, à temps. *A danar contanti*, argent contant. *A fua fcelta*, à fon choix. *A fuo fenno*, à fa fantafie. *A fuo modo*, à fa volonté. Item, *Di confentimento*, pour *Confentientemente*, du confentement. *Di volontà* pour *volontariamen-te*, volontairement, de fon bon gré. *In profa, in ri-ma, in Greco, in Latino*, En Profe, en Rime, en Grec, en Latin. On dit bien auffi *Grecamente & Latina-mente. Senza confideratione* pour *inconfideratamente*, inconfiderément. *Con negligenza* pour *negligente-mente*, negligemment. *Senza riuerenza* pour *irreue-rentemente*, irreueremment. *Con poco, anzi niente di honore, difhonoratamente*, auec peu ou point d'hon-neur. *A cafo*, d'auenture. *Alla balorda*, à la lourde ou lourdement. *Alla groffa*, groffierement. *Alla buona*, tout à bon, hardiment. *Alla femplice*, fim-plement. *Alla piaceuole* pour *piaceuolmente*, plai-famment, & vne infinité d'autres femblables.

## 4. Aduerbes de Nier.

Les Aduerbes de Nier font, *Nò*, nenny. *Non*, non. *Non mai & Non giamai*, iamais. *Per nulla & per niente*, pour rien. *Non mica*, non point.

„ *Ne fi ne nò nel cor mi fuona intero.*

Ny ouy, ny non, au cœur me fonne tout entier. *Nol*, fe met pour *Non lo*: côme, *Nol vidi mai*, pour *Non lo vidi mai*, ie ne le vis iamais. *Non niente*, rien qui foit. *Quefto non monta niente*, cela n'importe de rien. *Nò ho a far nulla*, ie n'ay rié à faire. *Nulla. i. niu-na cofa*. Et par interrogation, *nulla* eft affirmatif, & veut dire *alcuna cofa*: comme *vuoi tu nulla?* veux tu rien: veux tu quelque chofe? *Fai tu nulla?* fais tu quelque chofe? *Nè*, eft Aduerbe de Nier, & Conjonction copulatiue, & fignifie en François ny ou ne, & quelquesfois, & ne, comme:

„ *Nè fà ftar fol, nè gire ou' altri il chiama.*

et ne fçait eftre feul; ni aller où vn autre l'appelle.

## 5. Aduerbes d'affirmer.

Les Aduerbes Affirmatifs sont, *Certo*, certes.
*Certamente*, certainement. *Veramente*, vrayement.
*Di vero*, de vray. *A fé*, en bonne foy. *Al sicuro*, as-
seurément. *Al fermo*, pour asseuré. *Ben sai*, certainement. *Per certo*, pour certain. *Si bene*, ouy bien.
*Al tutto*, du tout entierement. *si*, ouy, & si. *Chiaro*,
sans doute. *A punto*, iustement, à point, certes.
*Buono*, d'homme de bien. *In vero*, à la verité. *Perche
nò?* pourquoy non? *Hor cosi*, excellemment. *Gnaffe*,
en bonne foy, & autres semblables.

## 6. Aduerbes d'accroistre la quantité.

*Piu*, plus ou d'auantage. *Molto*, beaucoup. *Assai*,
assez, & beaucoup. *A bastanza*, à suffisance. *Troppo*, trop. *Di souerchio*, excessiuement. *A fatto*, abon-
damment. *Maggiormente*, *massimamente*, principalement. *spasimatamente*, horriblement. *strabbocche-
uolmente*, superfluëment, iusques à regorger. *Non
si può ir piu su*, il n'est pas possible de plus. *A piu
potere*, tout ce qui se peut. *Piu del douere*, plus que
de raison. *A staia colme*, à plein fond. *Con l'arco del
osso*, à force. *Smisuratamente*, desmesurément. *Stret-
tissimamente*, plus qu'assez. *Piu del bisogno*, plus qu'il
n'est besoing, & quelques autres.

## 7. Aduerbes de diminuer la quantité.

*Poco*, peu. *Meno*, moins. *Anzi punto*, ains point du
tout. *Non tanto*, non pas tant. *Almeno*, au moins.
*Rado*, rarement.

## 8. Aduerbes de temperer, ou allentir.

*Pian piano*, tout bellement. *Adagio*, à l'aise. *A poco à poco*, peu à peu. *Quasi*, quasi. *Presso che*, presque. *Alquanto*, quelque peu. *A pena*, à peine. *A fatica*, à grand peine. *A gran pena*, à grand peine. *Per poco*, comme, *Per pocò rimase di non fare*, peu s'en falut qu'il ne fist. *Per poco l'harei detto io*, pour peu ou fort facilement, ie l'eusse dit.

## 9. Aduerbes de iurer.

Les Aduerbes de iurer sont, *A fè*, en bonne foy. *Sopra la conscientia mia*, sur ma conscience. *Sopra l'anima mia*, sur mon ame. *Per la fede mia*, par ma foy. *Alle Guagnele*, par les saincts Euangiles. Il y a force autres Aduerbes de iurer, lesquels ordinairement on oit proferer par les meschans, mais ils sont plus à taire qu'à reciter ny escrire.

## 10. Aduerbes de desirer.

*O se*, ô si. *Dio il volesse*, pleust à Dieu. *Cosi sia*, ainsi soit-il. *Voglia Iddio*, Dieu vueille. *Piaccia à Dio*, plaise à Dieu. *Facesse Dio*, pleust à Dieu.

,, *Cosi'l tuo ben fossio*, ainsi fusse-ie ton bien.

## 11. Aduerbes de deffendre.

*Nè*, ne. *Non*, non, & ne. *Non fare, non dire*, ne fais pas, ne dis pas.

,, *Non seguir più pensier vano fallace.*
Ne suy plus vn penser vain & trompeur.

Quelquesfois on circonscript ceſt Aduerbe par les verbes *Guarda & Vedi* , auec la particule nega-tiue: comme, *Guardati di non maldire* , garde toy de meſdire. *Vedi non t'ingannare* , voy, ne te trompe pas.

## 12. Aduerbes d'Admoneſter, ou Exhorter.

*Hor ſu* , or ſus. *Sù Via* , là donc. *Alto bene* , faites. *Hor oltre* , ſus donc, auāt. *Che non ſù?* que ne faites vous? *Oh bene , oh bene* , voila qui va biē. *Deh per voſtra fe* , hé ie vous prie. *Di gratia* , de grace. *Dite di gratia* , di-tes de grace. *Deh ſi* , hé là ie vous prie: & auec la negariue, *deh non* , hé ie vous prie que non.

„ *Deh non rinouellar quel che n'ancide.*

Hé ne renouuelle point ce qui nous tuë.

## 13. Aduerbes de Congreger ou aſſembler.

*Inſieme* , enſemble. *Inſiememente* , enſemblément. *Altreſi* , auſſi *Parimente* , pareillement. *A ſchiera* , en troupe. *A branchi* , par troupeaux. *In Vniuerſale* ou *Vniuerſalmente* , vniuerſellement. *Communemente* , communément. *In tutto* , conjointement, en tout. Et auſſi ceux qui ſe diſent en niant la ſolitude; comme, *Non pure, Non ſolo* & *Non ſolamente* , non ſeulement. *Non che* , tant s'en fault que La reddi-tiō de ceſte formule eſt l'Aduerbe de Nier; com-me, *Non andrebbe egli due paſſi, non che ſino in piazza* , il n'iroit pas deux pas, tant s'en fault qu'il allaſt iuſques en la place. Et la reddition de l'autre ſu-perieure eſt la Conjonction adjonctiue, comme

*Non solo la roba, ma la roba, & la vita ancora*, nõ seulement les biens, mais les biens & la vie aussi.

## 14. Aduerbes de Comparer.

Les Aduerbes de Comparer sont. *Più*, plus. *Meno*, moins. *Via più*. ou *Viè più*, beaucoup plus. *Via
meno*, ou *Viè meno*, beaucoup moins. *Tanto*, autant.
*Quanto*, que, & autant que. *Del pari*, *al pari*, à l'es-
gal. *Meglio*, mieux. *Peggio*, pis. *Cotanto*, autant. *Due
cotanti*, deux fois autant. *Tre cotanti*, trois fois autant. *Altretanto*, autant.

## 15. Aduerbes d'Exceder.

*Di gran lunga*, de beaucoup, *Pur assai*, tres-bien.
*Vn mondo*, vn monde. *Fuor di misura*, hors de mesure. *Oltre ogni credenza*, incroyablemét. *Oltre alle forze*,
outre les forces. *Fuori d'ogni capacità*, par dessus
toute capacité. *Stremissimaméte*, tres-extrememét.

## 16. Aduerbes d'Excepter.

*Solamente*, seulement. *Purche*, pourueu que. *Solo*,
seulement. *Se non se*, si ce n'est. *Saluo*, sauf. *Eccetto*,
excepté. *Fuorche*, fors que. *In fuori*, *fuor*, horsmis.

## 17. Aduerbes de Similitude.

*Come*, comme. *Si come*, ainsi comme. *Cosi*, ainsi.
*In tal modo*, en telle sorte. *Nel medesimo modo*, en la
mesme maniere. *A guisa de'*, à la façon des. *Non altrimenti*, non autrement. *Come quello*, comme cela.
*A tale*, tellement. *Cosi fattamente*, de telle façon.

## 18. Aduerbes de douter.

*Forse*, par aduenture. *Forse che*, par aduenture que. *Per auentura*, par aduenture. *Chi sà*, peut estre. *Potria esser che*, il pourroit estre que.

## 19. Aduerbes de demonstrer.

*Vè*, voy. *Vello*, le voila. *Ecco*, voicy, voila. *Eccolo*, le voicy, le voilà. *Eccotti*, te voilà. *Eccoui*, vous voilà. *Così*, ainsi. *A cotesto modo*, de ceste façon, *Cio è*, c'est à sçauoir.

## 20. Aduerbes d'eslire.

*Più tosto*, *più presto*, plus tost. *Anzi*, ains. *Meglio* ou *n'e'*, mieux. *Più*, plus, d'auantage. La reddition de ces Aduerbes est de mesme qu'en ceux de comparer; sçauoir est, *che*; comme, *Più tosto piacere a Dio*, *che a gli huomini*, plustost plaire à Dieu qu'aux hommes.

## 21. Aduerbes de l'accident.

*A sorte*, *a caso*, d'aduenture, par fortune. *Per auentura*, par aduenture. *Subito*, soudain: & par circonscription. *Volse la sorte*, la fortune voulut. *Per buona sorte*, de bonne fortune. *Per mala sorte*, de mauuaise fortune, de malheur. *Per disgratia*, par disgrace, ou par malheur.

## 22. Aduerbes d'appeller.

*O*, o. *oh là*, haula ou holà : à quoy on respond. *Ohu*, hé ou hé bien.

## 23. Aduerbes de l'ordre.

Les Aduerbes de l'ordre sont, *Quindi*, en apres. *Di quinci*, en suitte. *Da poi*, en apres. *Poscia*, puis apres. *Poi*, puis: *Dope*, apres. *La prima cosa*, en pre-

mier lieu: *Innanzi tratto*, deuant toutes chofes, ou
deuant le coup. *Difubito*, foudain. *Vltimamente*,
dernierement. *Al tutto*, entierement. *In conclufio-*
*ne*, en conclufion, ou en fin. *Finalmente*, finalement. *In fomma*, en fomme. *Onde*, dont. *Perciò*, partant. *Scambicuolmente* ou *a vicenda*, reciproquement, alternatiuement, par fois, chafcun fa fois,
par tour.

## 24. Aduerbes de feparer.

*Separatamente*, feparément. *Da parte*, à part. *In*
*difparte*, à l'efcart. *Particolarmente* ou *in particolare*,
particulierement, ou en particulier. *Priuàtamente*,
ou *in priuato*, priuément ou en priué. *Alla fpiccata*,
à part & feparément, tout feul. *Ogniun da per fe*,
chafcun à par foy. *L'vno lungi dall' altro*, l'vn loing
de l'autre. A ceux-cy fe peuuent adioufter les autres qui demonftrent la diuerfité de la chofe:
comme, *Altrimenti*, autrement. *Non cofi*, non pas
ainfi: *In due modi*, en deux manieres. *In più modi*, en
plufieurs fortes.

## 25. Aduerbes de côceder ou accorder.

*Si*, ouy. *Volentieri*, volontiers. *Horfu*, or fus, foit.
*Di gratia*, de grace. *Di buona voglia*, de bonne volonté foit. *Cofi fia*, ainfi foit. *A tuo piacere*, comme
il te plaira. *A tuo pofta*, comme tu voudras. *Son*
*contento*, ie fuis content. *Sia fatto*, foit faict.

## 26. Aduerbes d'interroger.

*Per che cagione?* pour quelle caufe ? *Che vuol dire ?*
que veut dire ? *Perche cofi ?* pourquoy ainfi ? *Perche*
*nò ?* pourquoy non ? *In che modo ?* comment, de
quelle façon? & autres femblables.

## 27. Des Aduerbes de la Personne, ou personnels.

Les Aduerbes Personnels sont : *Al modo mio*, à ma façon, à ma fantasie. *Al modo tuo*, à ta fantasie. *Da par suo*, comme de tel qu'il est. *Da nostri pari*, comme de tels que nous sommes. *Da par vostri*, comme de tels que vous estes. Et aussi se dit elegamment, *Delle mie*, *delle tue*, *delle sue*, *delle nostre*, *delle vostre*, des miennes, des tiennes, des siennes, des nostres, des vostres. *Alla Tedesca*, à l'Allemande. *Alla Francese*, à la Françoise. *Alla Spagnuola*, à l'Espagnolle. *Alla soldatesca*, à la Soldate. *Alla Cortigiana*, à la mode de la Cour : nous ne disons pas proprement, à la Courtisanne. *Alla domestica*, à la domestique. *Alla familiare*, familierement, & autres qui sont aussi Aduerbes de Qualité.

## 28. Aduerbes de souhaitter à autruy bien ou mal.

*Buon prò*, bon prou face. *Senza prò* ou, *Il mal prò*, nous disons en François : Estrangler en puisse-il. *In buon' hora*, à la bonne heure. *In mal'hora*, à la mal-heure. *A buon' porto*, à bon port. *Alle forche*, au gibet. *Che rompa il collo*, qu'il se puisse rompre le col. *Bene haggia*, bien te soit. *Male haggia*, mal te puisse venir. *Morir possu*, mourir puisses-tu. *Va col mal' anno*, va à la male-heure. *Dio te ne guardi*, Dieu t'en garde. *Buon dì*, *buon giorno*, bon iour, *Buona notte*, bonne nuict. *Buona sera*, bon soir. *Dio vi aiuti*, Dieu vous ayde. *A Dio*, Adieu. *Cosi mi guardi Dio*,

ainſi Dieu me garde. *Che ti venganle gotte*, que les
goutes te puiſſent venir. Nous diſons en François : Que les Loups te puiſſent manger : & autres ſemblables.

## 29. Aduerbes des actions & diſpoſi-tions de la perſonne.

*Ginocchione*, ou *Inginocchione* à genoux, les genoux
en terre. *Tentone*, pas à pas. *Brancolone*, à taſtons  A
*piè giunti*, à pieds joincts. A *man giunte*, les mains
jointes. *Carpone*, à quatre pattes. A *calancione*, à
cheuauchons. *Boccone*, la bouche en bas, à bou-
cheton. A *rouefcio*, à la renuerſe. Et les geſtes qui
ſe font par deriſion; côme, *in gotte*, auec les jouës
enflées. *Gonfio*, comme vn enflé. *Tronfo*, en ſe ren-
gorgeant, auec la gorge enflée. *in ſu'l grande*, ſur le
grand, à la grandeur. A *lla braua*, en Rodomont: en
braue, par brauade. *Recatoſi in ſu la vita*, ſe mettât
en poſture tout debout. Et autres qui pourroient
exprimer quelque mouuement & action du
corps: C'eſt aſſez parlé des Aduerbes.

## De l'Interjection.

L'Interjection eſt vne certaine voix rude & mal
aſſaiſonnée, laquelle s'entremeſle auec les autres
parties de l'Oraiſon, & ſignifie quelque affection
de l'Eſprit: & y en a aucunes.

## De Ioye & d'Allegreſſe : comme,

*oh*, ho. *Horſu*, or ſus. *Palle palle*, voix de reſiouyſ-
ſance, que les Latins exprimoient par *Io, Io. Viua*,
viue.

## De douleur & tristesse.

*Ahime, oime,* helas moy. *Hoi,* helas. O, ô, *Ah,* ha. *oh,* ho. *Lasso,* helas. *Lasso me,* helas moy.

## Du surpris de peur.

*O Dio,* ô mon Dieu, ô Iesus. *Vh vh,* hay hay. *Sta sta,* stst. Ceste derniere est aussi Interiection de se taire. *Baco baco,* est vne Interiection pour faire peur à quelqu'vn: c'est la bay baye.

## De l'estonné ou espouuanté.

*oh ho,* ho. *Che domin,* quel diable? *Via via,* vie vie, ou viste viste. *Arm' arme,* arme arme. *Ecco ecco,* voicy voicy, & semblables.

## D'exclamation.

*Oo Oo,* ô ô. *O cosa bruta,* ô la vilaine chose. *O caso strano,* ô le cas estrange. *Ah:* comme, *A questo modo ah,* de ceste façon hé. *O Cielo,* ô *terra,* ô *ribaldo,* ô meschant.

  ,, *O inconstantia dell' humane cose.*

  O inconstance des choses humaines.

## Du surpris de merueille ou d'admiration.

*Ben be,* & bien & bien. *Vhu,* he. *O può fare,* oh vertu bieu. O, ô.

  ,, *O che dolci accoglienze caste & pie.*

  O quels doux accueils chastes & pieux.

Et ces dictions que le vulgaire dit, *Cagna, capperi, Capuccio, Cacio, Mucia,* & autres qui ont nature d'Interiections.

## Du loüant.

*O bene,* ô *bene.* O que voila bien. *Bene, bene,* bien, bien.

bien. *Bene ſtà*, il eſt bien. *Gala*, finement.

## De celuy qui mocque.

*Oo Ghieu Ghieu. Lima Lima. Oh yah.* Nos François vſent de ce mot, baye ou bee, pour Interiection de mocquerie, en faiſant la gueule bee, & prolongeant ladite voix comme les moutons: auſſi diſent ils, donner la baye; pour le meſme que les Italiens font, diſant, *Darla baia.*

## Du refuſant ou repouſſant.

*O ya, yanne ya. Eh lieuati*, va t'en delà, deuant, oſte toy.

## De l'indigné.

*Oh ya*, or va. *Ben ti ſtà*, il t'eſt bien employé. *Il donere*, c'eſt ce qui t'appartient. *Ve*, comme, *Ve che creperai*, voy que tu creueras. *Che diauol*, quel diable?

## De celuy qui tanſe.

*Ei, hé. Si ah?* ouy deà. *Doh* Ouah. *o ô.*
„*O inſenſata cura de' mortali.*
O ſoing inſenſé des mortels.
*Vh che ti caſchi il fiato*, O que l'haleine te puiſſe tomber. Imprecation de la menuë populace.

## D'vn qui a en horreur.

*Ohibo, ihi, chih, puh, fi fi.*

## De celuy qui ſurprend à l'im-
## prouiſte.

*Acha*, ha ha. *A Dio*, Dieu gard haulà. *A Dio buomo dà bene.* Dieu gard l'homme de bien. *Buon di*, bon iour. *Buona notte*, bon ſoir ou bonne nuict. *Non merauiglia*, ce n'eſt pas de merueille. *Ecco doue*

Q

*mi doleua*. C'est là où il me faisoit mal.

## D'vn qui supplie.

*Deh, eh*, hé. On vse de ceste Interjection deuant ces formes de parler. *Per l'amor di Dio , Di gratia, per Dio*, & semblables: comme, *Deh di gratia*, hé de grace, ou, ie vous prie. *Eh per l'amor di Dio*, hé pour l'amour de Dieu. *Deh per Dio* , hé pour Dieu.

## Du silence.

En mettant le doigt sur la bouche, & croisant les leures auec iceluy, on profere *Zi*, st. *Zitto, Chero*, paix, paix, coy, tenez-vous coy, ou taisez vous. *Eh, che ti si secchi*, O qu'elle te puisse deuenir seiche. *i*. la bouche, afin de ne dire mot.

## Du menaçant , & du riant.

Du menaçant: comme, *Ah ah*, ha ha. Du riant: *oh oh oh*, & aussi *ah ah ah*, ha ha ha.

## Du ressouuenant.

Le ressouuenant vse de ceste Interjection. *o, o*.
„ *O, dißi lui, non sei tu Odoristo?*
O, luy dis-ie, n'es-tu pas Odoriste?

## De la Conjonction.

La Conjonction qui vient icy en ordre la derniere est vne sorte de particule ou diction, qui lie & conjoinct les membres & clausules, composées des autres parties d'oraison , & ce en plusieurs sortes, comme il se verra.

Elle a pour ses accidens, La Formaison, l'Ordre, & la Puissance ou force.

La Formaison.
{
Simple, comme, *però* & *che*.

Composée: comme, *pero che*.

L'Ordre { Prepofitiues, ou commençantes.
eft de { Subionctiues.
{ Communes.

La force ou Puiffance de la Conjonction eft de
diuerfes & plufieurs fortes, comme s'enfuit.

## 1. De Conjoindre & accoupler.

Les Conjonctions copulatiues font : *E, Et,* &.
*Ancora,* encor, auffi. *Etiandio,* auffi, femblablemét.
*Nè,* ni ou ne. Et faut noter que, *e,* le plus fouuent
fe met deuant les dictions qui commencent par
confonante, au contraire de, *&,* qui fe met deuát
celles qui fe commencent par voyelles, toutesfois la reigle n'en eft pas generale , & quelquesfois auffi il fe trouue *ed,* pour *et,* comme les Lecteurs diligens le pourront remarquer.

## 2. De continuër.

Les Conjonctions continuatiues : lefquelles, fi-
gnifiant quelque confequéce auec l'hypothefe,
cójoignent des fens imparfaicts : font : *Se,* fi. *Ma fe,*
mais fi. *Se non,* fi non, ou fi ce ne. *Ouer fe,* ou bien
fi : comme. *Se molto fpende, ha il modo,* s'il defpend
beaucoup, il en a le moyen : en quoy vous voyez
la claufule *Ha il modo,* eftre l'antecedent de la có-
fequence, *moltos pende,* laquelle neantmoins n'eft
affirmée finon foubs códition en la particule *fe.*
Item : *Se non dorme, ha penfieri che l'affliggono,* s'il ne
dort, il a des penfées qui l'affligent. *Se non mangia,*
*è ammalato,* s'il ne mange il eft malade.

## 3. D'adjoufter la continuation.

Il y a des Conjonctions Subcótinuatiues, qui fignifient la cófequéce des chofes auec fubfiftéce,

fans aucune hypothefe, ny en la caufe, ny en l'effect: & font : *Da poiche, poſcia che* apres que. *Da che,*
puifque. *Per che,* par ce que. *Quando,* veu que. *At-
teſo che,* attendu que. *Conſiderato che,* confideré que.
*Veduto che,* veu que. *Attento che,* veu que, ou attendu que. *Perciò,* pour autant, partant, parce &
pource.

## 4. De diftinguer & feparer.

Il y a des Conionctions Difionctiues, lefquelles
conjoignent les dictions, mais non pas le fens,
& font: *o, ou. Ouero,* ou bien. *o ſi,* o fi. Quelquesfois on trouue *od* pour *o,* mais c'eft deuant la
voyelle, & auffi *Ouer* pour *Ouero,* à caufe du vers,
ou pour meilleur fon; comme,

,, *Ponmi in humil Fortuna, od in ſuperba.*

Mets moy en vne baffe fortune, ou en vne
fuperbe.

*Ella più tardi, ouer io più per tempo.*

Elle plus tard, ou bien moy de meilleure heure.

## 5. De contreuenir & s'oppofer.

Il y a des Conionctions Aduerfatiues, qui font,
*Pur,* pourtant & toutesfois. *Nondimeno, Nientedi-
meno,* neantmoins. *Però, Tuttauolta,* toutesfois.
*Nulladimeno,* ce neantmoins. *Non per tanto,* non
pourtant. *Non perciò,* non pour cela. *Almeno,* au
moins. Les vnes font Subionctiues & refpôdan-
tes à des caufes precedentes; côme font *Benche,
Ancor che, Se bene, Auuenga che, Quantunque, Come
che,* bien que, encor que, iaçoit que. *Perche,* pour
*Benche,* pour chofe que.

Les Oppofitiues font *Pur, Nondimeno,* & les autres cy deuant. Exemples.

,, *Soccorri alla mia guerra.*

,, *Bench'io sia terra, & tu del Ciel Regina.*

Donne moy secours en ma guerre, bien que ie
sois terre, & toy Royne du Ciel.

,, *Nacqui sub Iulio, ancor che fosse tardi.*

Ie nasquis sous Iules, encor que ce fust tard.

,, *Misero essilio, auuenga ch'io non fora*

,, *D'habitar degno, oue voi sola siete.*

Miserable exil, jaçoit que ie ne fusse digne
d'habiter, là où vous estes seule.

Ces exemples suiuans sont par reddition & response de Conjonctions respectiuement.

*Quantunque ciò che tu ragioni sia ottimamente detto:*
*non è perciò così da correre a eleggerlo.* Combien que ce
que tu dis soit tres-bien dit ; il ne faut pas pourtant courir ainsi à en faire election.

*Come che ciò gli paresse graue & noioso: pure deliberò far*
*vista almeno di contentarsene.* Combien que cela luy
semblast grief & ennuyeux: toutesfois il delibera
de faire semblant au moins de s'en contenter.

*Perche l'effetto sia alquanto spauenteuole, non vi doue-*
*rà però esser men caro, per l'vtile ne haurete maggiore.*
*Perche. i. benche.* Pour chose que, ou, Bien que l'effect en soit aucunement effroyable, il ne vous
deura pourtât estre moins agreable, pour le plus
grand profit que vous en receurez.

Il y a aussi quelques Conjonctions qui deno-
tent aucun empeschement: comme, *se non, se non*
*che,* sinon, sinon que, si ce ne. *Se non fosse,* si ce n'e-
stoit. *Se non mi ritenesse,* si ne me retenoit. Exêples.
*Se non che io ho rispetto al mio honore, io ti tratterei secon-*
*do i meriti tuoi.* Si ce n'estoit que i'ay esgard à
mon honneur, ie te traiterois selon tes merites:

*Se non foſſe la prudentia,che non mi laſcia, io non harei a cominciar hora a riſentirmi,* ſi ce n'eſtoit la pruden-ce qui ne m'abandonne point , ie ne ſerois pas à ceſte heure à commencer de m'en reſſentir.

## 6. D'eſlire & choiſir.

Les Conjonctions Electiues ſont , *Piutoſto che,* pluſtoſt que. *Anzi,*ains. *Piu che,*plus que. *Piu vo-lentieri che,*plus volontiers que. *Meglio che ,* mieux que. *Prima che,* deuant que.

## 7. De diminuer.

Les Conjonctions diminutiues ſont,*Pur,*ou *Pure* ſeulement. *Almeno,* au moins. *Solamente ,* ſeule-ment. *Tanto che,*autant ſeulement que. *Quanto,*au-tant que. *Vn poco poco,* vn bien peu. Exemple : *Non l'ho pur hauuto in penſiero,*ie ne l'ay pas ſeulement eu en penſée. *Nè auuenne pure vna volta ,* & n'aduint pas ſeulemét vne fois.*Piacciati almeno non mi noiare,* qu'il te plaiſe au moins ne me faire point d'en-nuy. *Aſcoltami ſolamente vna parola ,* eſcoute moy ſeulement vne parole.*Non lo voglio per ſempre , ma tanto , che lo conſideri come è fatto ,* ie ne le veux pas pour touſiours , mais autant ſeulement que ie le conſidere,comme il eſt fait. *Quant' vn credo ,* au-tant qu'vn credo.

## 8. De rendre & aſſigner la raiſon & cauſe des choſes.

Les Conionctions Cauſales, ſont celles qui eſtát conſtruites auec le Verbe Indicatif, ſignifient la cauſe de l'effect antecedent:comme, *Che , Perche,* car,& pource que. *Però che,* parce que. *Percio che,* d'autant que. *Conciofia coſa che,* comme ainſi ſoit que. *Essendo che,*pour autant que.

,, *L'alma ch' è sol da Dio fatta gentile,*
,, *Che già d'altrui non può venir tal gratia,*
*Che già. i. Peroche già.*

L'ame qui est seul de Dieu faicte gentile ; car ja d'autruy ne peut venir telle grace.

*Perche non sei tu venuto ? Perche mi ha ritenuto il padre.* Pourquoy n'es-tu pas venu ? Parce que mon pere m'a retenu. Notez icy que le premier *Perche* de l'interrogant n'est pas la Conionction ; ains seulement celuy de la response.

## 9. De conclure & inferer.

Les Conionctions Collectiues ou concluantes & inferantes sont, *Dunque, Adunque,* donc ou doncques. *Per tanto,*par tant. *Però* & *Perciò,*partant & parce. *La onde,*dont. *Per la qual cosa,*parquoy. *In somma,*bref ou somme.*Però* est Poëtique,& *Perciò,* est de la Prose.

## 10. D'estre attentif, & regarder la fin de la chose.

Les finales sont, *Accioche,*à ce que,afin que. *A fine che,*afin que,à celle fin que.*A cagione,*pour raison que,à cause que.*Per,*pour,afin. *Che* pour *Accio che.* Exemple des deux dernieres , *Piglierò ogni fatica, per venirti dimostrando quanto desideri* , Ie mettray toute peine, afin de te monstrer tout ce que tu desires. *Non ti affaticar,che tu non ti amalassi,*ne te trauailles pas , afin que tu ne deuiennes malade. Ce seroit assez de dire en François, ne te trauaille pas, que tu ne deuiennes malade.

Q iiij

## 11. De doubter.

Les Conjonctions Dubitatiues font. *Se,ſi,Ouero ſe,*ou bien ſi. *Se o no,*ſi ou non.

,, *Però vorrei ſaper, Madonna, s'iò.*

,, *Son per tardi ſeguirui, e ſe per tempo.*

Partant ie voudrois ſçauoir, Madame, ſi ie ſuis pour vous ſuiure tard, ou ſi de bonne heure.

## 12. De ne conſentir à cauſe de l'empeſchement.

Les Abnegatiues qui auec deſdain ou deriſion accordent de pouuoir faire quelque choſe, outre l'empeſchement qu'on y dõne, ſont: *Se*, ſi. *Se non,* ſinon. Exemples. *Faccia ſe e' può*, face s'il peut. *Scuota hora, s'e' ſa*, qu'il ſecouë maintenant s'il le ſçait faire. *Spenda, ſe egli ha che*, qu'il deſpende s'il a dequoy. *Verrei volentieri ſe non mi chiamaſſero altri,* i'irois volontiers ſi d'autres ne m'appelloient.

## 13. D'oſter & excepter.

Les Exceptiues ſont *In fuori*, horſmis, excepté. *Se non*, ſi non. *Se non ſe,* ſi ce n'eſt. *Se none,* ſinon. *Fuor che,* fors & excepté que. Petrarque.

,, *Se non ſe alquanti c'hanno in odio il Sole,*

,, *Non eſcon fuor, ſe non verſo la ſera.*

Si ce n'eſt, ou ſi ce ne ſont quelques-vns qui ont en haine le Soleil, ne ſortent dehors, ſinon vers le ſoir.

*C'habbiamo noi à far altro, ſe none cercar d'vſcir di queſte brighe, il meglio che poſſiamo ?* qu'auons nous à faire

autre chofe , finon chercher le moyen de fortir
de ces querelles ou difputes , le mieux que nous
pourrons? *Il primo della città, dal Duca in fuori,* le premier de la cité , excepté le Duc. *Ogni cofa farò fuori
che quefta,* ie feray toute autre chofe fors cefte-cy.
*In ogni cofa è valorofo, fuori folamente in quefta,* En toute chofe il eft valeureux , fors feulement en cefte-cy. *Da Dio in giù, Dal Duca in poi , Da mio padre in
là, niuno è, che io più ami.* Apres Dieu, apres le Duc,
apres mon pere, il n'y a perfonne que i'ayme d'a-
uantage.

## 14. De Definir & declarer.

Les Conjonctions Definitiues font : *Cio è,* c'eft
à fçauoir. *Ben fai,* à fçauoir, tu fçais bien, on fçait
bien. *Cofi,* ainfi.
  ,, *O ben fai, che ad altro non fi penfa.*
O tu fçais bien, que l'on ne penfe à autre chofe.
  ,, *Cio è'l gran Tito Liuio Padouano.*
  C'eft à fçauoir le grand Tite-Liue Padoüan.
  Auffi le Verbe *Dico* fert de Conjonction vfé par
Parenthefe ; comme , *La troppa ingordigia dell' oro,
l'Auaritia ( dico ) ha rouinate le Città,* Le trop grand
defir de l'or, l'Auarice ( dis-je ) a ruyné les Citez.
*Cio è l'Auaritia,* c'eft à dire l'Auarice. *Intendo* s'y
applique auffi quelquesfois ; côme, *Il dolore ( inten-
do ) non prefo a cafo, occide altrui,* la douleur ( i'entens )
non prife par cas d'auenture, occit la perfonne.

## 15. Conjonctions Expletiues.

Les Expletiues font celles que l'on vfe quafi

pour ornement, & soit qu'on les adiouste, ou qu'on les oste, elles n'augmentent ny ne diminuent l'Oraison, comme sont; *Egli, Ei,* ou *e',* il.

*Ben,* bien. *Ne,* en. Exemples, *Egli non è ancora guari di tempo passato*; Il n'y a encor gueres de temps passé. *Egli no'l saprà persona,* personne ne le sçaura. *Ben lo sapeuo io pur troppo.* Ie ne le sçauois que trop. *Mentre che egli ne veniua giù per la scala, il traditore assalitolo, gli tolse la vita,* pendant qu'il s'en venoit embas par la montée, le traistre l'ayant assailly luy osta la vie.

## 16. D'adiouster.

Les Conionctions Adionctiues sont, *Altresi,* aussi ou semblablement. *In oltre,* en outre. *Oltre di questo, oltre a questo, oltre ciò, oltre a ciò,* outre ce, outre cecy. *Oltre a quello,* outre cela. *Appresso,* en apres ou de plus. *Ancora,* encores. *Di più,* de plus. *Altresi* n'est pas fort en vsage, & se met tousiours à la fin de la sentence, comme, *Molti vi andorno di propria volontà, & egli altresi.* Plusieurs y allerent de leur propre volonté, & luy aussi ou semblablement.

## 17. De mettre les conditions, & de tenir en suspens.

Les Conionctions Conditionnelles & Suspensiues sont; *Con questo però,* à ceste condition toutesfois. *Purche,* pourueu que. *Quando,* au cas que. *Se mai,* si quelquesfois, si iamais. *Ogni volta che, qualunque volta,* toutes & quantesfois que. *Tutte le volte che,* toutes les fois que. *Dato che,* ou *Conceduto che,* posé le cas que.

Ces deux *o* & *Nè*, sont aussi Suspensiues; comme. *O io verrò, o io manderò*, ou ie viendray (nous disons aussi en François i'iray) ou i'y ennoyeray. *Nè posso, nè debbo, ne voglio*, ie ne peux, ou puis, ny ne dois, ny ne veux.

## 18. De distribuer & assigner.

Les Distributiues sont celles qui conjoignent les parties ou membres des clausules, assignant diuers offices à diuerses choses; & sont: *E. Ma. Si.* comme: *Giulio Cesare fu benigno, ma Nerone crudele,* Iules Cesar fut bening, mais Neron fut cruel.

*Tu leggerai, e Piero scriuerà, & Giouanni prouederà dà cena.* Tu liras, & Pierre escrira, & Iean pouruoira au souper. Ou bien assignant diuerses choses à vne mesme personne: comme, *Augusto fu bene ancor' egli Imperatore, ma con miglior arte si guadagnò l'Imperio.* Auguste fut bien aussi Empereur, mais il acquit l'Empire par vn meilleur moyen.

## 19. Pour terminer le sens de la proposition.

Ceste particule *Che* est vne Conjonction Absolutiue & terminante, laquelle assemble & conjoint vne clause concluante à vne autre superieure; comme,

,, *I' no' l nego.*
,, *Vergine ma ti prego.*
,, *Che 'l tuo nimico del mio mal non rida.*
,, *Ricorditi, che fece il peccar nostro.*
,, *Prender Dio, per scamparne,*
*Humana carne al tuo Virginal chiostro.*

Qui veut dire en François: Ie ne le nie pas, Vier-
ge, mais ie te prie, que ton ennemy ne se rie de
mon mal : ressouuienne toy, que nostre peché a
fait prendre à Dieu, pour nous sauuer, chair hu-
maine en ton ventre virginal. *Chiostro* , signifie
cloistre. Mais nous n'vsons pas de ce mot en cest
endroit. En cest exemple vous voyez que *Ricor-*
*diti* est parfaite clause, à laquelle se ioint la suiuante : *Che fece il peccar nostro* , *&c.* & *Prego* , auec ce
qui suit, à sçauoir: *Che'l tuo nimico &c.* sont con-
jointes par ceste particule *Che.*

Fin de la premiere Partie de la Grammaire,
Italienne.

# SECONDE PARTIE
## DE LA GRAMMAIRE
ITALIENNE, EXPLIQVEE
en François.

*Des Lettres & de leur prononciation, & pareillement
del'Ortographe.*

L A langue Italienne n'a que 19. lettres
propres & neceſſaires, à ſçauoir,
*A.b.c.d.e.f.g.i.l.m.n.o.p.q.r.s.t.v.z.*
Ce qui ſembleroit rendre ladite langue defectueuſe, d'autant qu'és autres il s'en
trouue encor 4. qui ſont *h. k. x.y.*

Pour le regard toutesfois de la premiere d'i-
celles, qui eſt *h*, laquelle les Italiens prononcent
*acca*, elle ſe trouue en certaines dictions, qui deſ-
cendent manifeſtement de la langue Latine,
comme ſont *Haſta, habito, herede, honeſto, honore,
huomo, humano, humile*, & autres, ſans y faire pourtant aucune aſpiration, & meſmes les modernes, & quelques anciens eſcriuains la laiſſent le
plus ſouuent.

Elle ſert auſſi en ces ſillabes, *che, chi, ghe & ghi*
pour les faire differer, en prononçant, d'auec
*Ce, ci, ge & gi.* Car en ces quatre, elle vaut autant
que noſtre *u*, lequel ſeroit mis apres le *q* ou le *g*,

deuant l'*e* & l'*i* : tellement que lesdits *che*, *chi*, *ghe* & *ghi* se lisent comme en noître François, *qué*, *qui*, *gué*, & *gui*.

Quelquesfois auſſi l'*h* se trouue à la fin de certaines particules; comme sont *Ah, deh, oh*, mais il se faut bien dôner de garde de la pronócer; comme *Asch, desch, osch*, ainſi que font quelques-vns de nos Fráçois, ains seulemét faut faire sonner la voyelle auec plus de veheméce. Elle se met auſſi entre les voyelles de ces Interjectiós: *Ahi, ahime,* & *ohime*, mais elle n'y a pas beaucoup de force.

Les Italiens n'ont point de *k*, ny n'vſent en façon quelcôque de l'*y* grecque. Auſſi peu se trouue l'*x* és Autheurs tant anciens que modernes, ſi ce n'eſt en quelque vieille impreſſion, ou bien en aucuns noms propres, & autres dictions deſcenduës du Grec, eſquelles meſme ledit *x* se conuertit en deux *ſſ*; comme pour *Alexandro* on dira *Aleſſandro*: pour *Maximo* se dira *Maſſimo*. Et s'il eſtoit au commencement de la diction on le changeroit en vne *ſ* ſimple; comme au lieu de *Xerſe* & de *Xenofonte*, on dira *Serſe, Senofonte*, & autres semblables.

## De la diuiſion des lettres.

Les lettres ordinaires de ceſte langue (comme auſſi de toutes les autres ) se diuiſent principalement en deux ſortes, à ſçauoir en Vocales ou voyelles, & Conſonantes.

Les Voyelles ſont cinq, *a, e, i, o, u.* Tout le reſte ſont conſonâtes. Outre que des voyelles *I* & *V* se font souuent conſonantes; comme *Iacopo, Vincentio*. Toutesfois il fait bien à noter que l'*i* eſt fort

ɀarement confonante : car on trouue quaſi par
ſous les bons autheurs, qu'il eſt accōpagné d'vn
*g*, autrement il ſe lit comme vne diphthongue,
ou bien comme nous ferions noſtre y, auec vne
autre voyelle: car les Italiens eſcriuant *Iacopo*, le
prononceront *yacopo*: là où pour luy dōner le ſon
de conſonante, en y adjouſtant le *g* ainſi, *Giacopo*,
*giuſto*, ils le feront ſonner plus fort, cōme ſi nous
y adiouſtions & meſlions vn peu du *d* auec le *g*,
en ceſte ſorte, *Dgiacopo Dgiuſto*, confondant, cōme
dit eſt, le *d* auec le *g*: & faiſant battre la langue
contre le palais de la bouche, vn peu au deſſus
des dents, ſans toutesfois faire trop ſonner le *d*.

Quant à la prononciation de l'*y* eſtant Conſo-
ne, il n'y a aucune difference d'auec celle que
nous luy donnons en François.

Mais pour reuenir aux Voyelles, & dire cōme
on les doit prononcer, il eſt certain que l'*a* & l'*i*
ne ſont en rien differens des noſtres. Quant à l'*u*
il ſe prononce comme noſtre ou.

Pour le regard de l'*E* il a deux ſons aſſez diuers
en la langue Italienne, à ſçauoir l'vn fermé ou
clos, qui reſpōd quaſi à celuy de noſtre *é* maſculin ou accentué, tel que nous l'auons en ces
mots, bonté, verité, & autres ſemblables : & de
ceſtuy-cy il y a forces exemples.

L'autre ſon de l'*E* eſt plus ouuert, comme celuy
que nous donnons au noſtre, qui ſe trouue en
nos dictions deuant l'*r* ou ſ, ainſi qu'en ces mots,
perle, perte, beſte, teſte, creſte.

Or eſt-il qu'il faudroit bien eſplucher la langue Italienne, pour trouuer toutes les dictions
qui ont l'vn ou l'autre *e*, & ſeroit quaſi vn pro-

ceder à l'infiny : toutesfois nous en cotterons vne bonne partie, remettant le surplus à l'estude & diligence des curieux, Nous dirons donc que.

*e clos, ou fermé.* Quasi tous les *e*, Italiens qui sont transformez de l'*i* Latin, se prononcent fermez & clos, côme en ces paroles suiuantes : *Cenere* de *cinis*, cendre: *Verga* de *virga*, verge: *Selua* de *silua*, forest : *Lettera* de *litera*, lettre: *Pelo* de *pilus*, poil: *Sete* de *sitis*, soif: *Fermo* de *firmus*, ferme : *Fede* de *fides*, foy : *Vedi* de *vides*, tu vois: *Pesce* de *piscis*, poisson : *Cesta* de *cista*, vn panier: *Erta* de *hirta*, herissee : *Legno* de *lignum*, du bois: *Quello* de *hic ille*, celuy-là: *Questo* de *hic iste*, cestuy-cy: *Segno* de *signum*, vn signe ou marque: *Messo* de *missus*, messager ou enuoyé : & plusieurs autres semblables.

*e fermé.* Pareillement les noms diminutifs terminez en *etto, etta, etti, ette*: comme sont, *leggiadretto*, joliet: *Amorosetta*, petite amoureuse: *Augeletti*, oiselets: *Violette*, violettes: *Saetta*, sagette ou fleche: *Vendetta*, vengeance : bien que ces deux derniers ne soient pas noms diminutifs: & ces autres, *Allegretti, Finetti, Leonetti, Maretti & Saluetti*, qui sont des noms de familles nobles de Sienne.

*e ou-uert.* Mais quand ledit *e*, est formé de celuy du Latin, alors il se prononce ouuert, comme en *Intelletto* de *intellectus*: *Diletto* de *dilectus*: *Eletto* de *electus*: *Asbetta* de *expectat*: *Perfetto* de *perfectus*: *Accette* de *accepta*.

*e fermé.* Les Noms substantifs terminez en *eto* ou *eta*, se prononcent auec e clos: comme *Pianeta*, planette: *Laureto*, lieu planté de lauriers: *Oliueto*, lieu planté d'oliuiers: *Querciero*, petite chesnaye : *Suuereto*, lieu planté de lieges: *Aceto*, vinaigre: *Aneto* de *to*, de l'Anis : *Spoleto*, nom de ville d'Italie,

Les Adjectifs gardent l'*e* ouuert, comme ils *e ou-* l'ont en leur origine : Exemples, *Lieto* de *lætus*, *uert.* joyeux : *Quieto* de *quietus*, paisible ou tranquille : *Discreto* de *discretus*, discret : *Mansueto* de *mansuetus*, doux ou amiable : *Decreto* encor qu'il soit substantif se prononce auec *e* ouuert, mais il n'est pas de la premiere langue, d'autant qu'il se diroit *degreto* par *e* clos, comme *segreto* de *secretum*.

Es noms qui se terminent en *esco* & *esca*, & qui sont formez & deriuez d'autres, l'*e* se prononce *e fermé.* fermé, comme és suiuantes : *Donnesco*, de femme ou feminin : *Romanesco*, Romanesque : *Francesco*, François qui est de France ou à la Françoise : *Tedesco*, Allemand : *Moresco*, Morisque ou Moresque : *Turquesco*, Turquesque : *Cittadinesco*, de bourgeois : *Cardinalesco*, de Cardinal : *Fratesco*, Fratesque ou de moine.

Aussi pareillement les noms des maisons ou familles, & des partis ou partisans, comme *Aldobrandesco*, *Filipesco*, *Sauellesco*, *Sforzesco*, *Gattesco*, *Viselesco*, *Feltresco*, *Stefanesco*, & autres semblables.

Item en ces mots, *Fantesca*, seruante : *tresca*, danse : *Fresco*, frais : *Fresca*, fraische : Et au cas pareil es verbes terminez en *esco*, comme sont, *cresco*, *rinfresco*, *inuesco*, *pesco*.

*Esco* est excepté de ceste reigle, d'autant qu'il a *e ou-* *x* au Latin, & non *s* comme les autres : à raison *uert.* que ledit *x* Latin a la force de faire prononcer ouuertement l'*e* qui est deuant luy, és dictions Italiennes qui en sont formees, & qui le changent en *s* simple ou *ss* double : comme de *exemplum* se forme *essempio*, & *esempio* : de *exitus*, *esito* : de

R

*exercitus, esercito* : & autres semblables.

*e fermé.* Les verbes aussi qui finissent en *eggio*, comme *vagheggio*, ie contemple : *passeggio*, ie me promeine : *veggio*, ie voy : & plusieurs autres, dont est parlé encor cy apres, prononcent leur *e* fermé.

Item ces mots, *Zecca, becca, stecca,* ont leur *e* clos ou fermé.

*e ou-uert.* Ceste diction *legge* troisiesme personne du verbe *leggo* se prononce auec l'*e* ouuert, à la difference de *legge*, qui veut dire loy : auquel il se prononce fermé, encor qu'il soit formé de *lex* Latin, car il est excepté de la reigle cy-dessus, où il est dit que l'*x* Latin, fait prononcer l'*e* qui la precede, ouuert.

*e fermé.* Les dictions monosillabes, .i. d'vne sillabe, non tronquées, comme sont, *me, te, se,* Pronoms : *re, tre, se* & *che*, aussi les composez des susdits trois Pronoms, qui sont *meco, teco, seco,* & pareillement ceux de *che*, comme *perche* & autres se prononcent ordinairement auec l'*e* fermé.

*Exception, e ou-uert.* De ceste reigle sont exceptées ces deux suiuantes, à sçauoir *e* Conjonction qui signifie, & : & *è* verbe, qui veut dire, est : parce qu'elles se prononcent ouuertes : la derniere qui est le verbe, s'escrit tousiours auec l'accent ainsi, *è*.

Aussi sont exceptées ces Interjections, *hoimè* & *hoisè*, qui ont aussi l'*e* ouuert. La particule *deh*, a aussi l'*e* ouuert, & de mesme la Conjonction disjonctiue *nè*.

I'ay dit que c'estoient les monosillabes non tronquées, ny faisant partie d'vne autre diction, car alors elles suiuent la nature de leurs entieres, & se mettent ordinairement auec apostrophe ou accent , comme *me'* & *cre'* pour *meglio* & *credi*, dont la premiere a l'*e* ouuert , & l'autre l'a fermé.

*Vè* & *fe* tronquez de *vedi* & *fede* l'ont fermé: au contraire ces deux *piè* & *dè*, retranchez de *piede* & de *deue* ou *debbe*, se prononcent auec *e* ouuert. *e fermé.* / *e ou- uert.*

Toutes & quantesfois qu'es dictions entieres, tirées du Latin & terminées en *e*, l'accent y est apposé, alors ledit *e* est fermé: côme *credè*, *godè*, *potè*, *vendè*, *mercè*: i'ay dit entieres, parce que les tronquées suiuent la nature des entieres , qui pourroient auoir l'vn & l'autre *e* : comme *cape'* au lieu de *capelli*, qui signifie des cheueux, a de mesme l'*e* fermé: & au contraire , *augè'* abregé de *augelli* se prononce auec *e* ouuert, mais il est a remarquer, que les dictions tronquées n'ont pas d'accent, ains vn apostrophe. *e fermé.* / *e ou- uert.*

Ces dictions qui ne sont tirées de la langue Latine, ains estrangeres & barbares: comme, *Aloè*, *Iosuè*, *Moisè*, *Cleofè*, *Bersabè* , se prononcent auec *e* ouuert.

Quand l'*e* se trouue en la penultiesme sillabe des dictions sur laquelle l'accent se fait , bien qu'il n'y soit noté , & qu'il suiue vne *r* apres, ordinairement ledit *e* est fermé , comme *cera*, *pera*, *sera*, *vera*, *intera*, *nera*, ausquelles se peut adjouster *ver* pour *verso*, qui veut dire, enuers ou vers, Preposition. *e fermé.*

I'ay dit, ordinairement, parce que ceste reigle n'a point de lieu lors que l'*e* est tout seul & despoüillé de consonante, ou bien quand le nombre des consonantes est augmenté, comme pour l'*e* seul, *era*, & pour le nombre des consonantes

*e ou-*
*uert.* accreu, *spera*, *schiera*, *sphera*, il se prononce plus ouuert; & le mesme se fait quand l'*i* liquide se met
deuant l'*e*, comme, *ceruiero*, *altiera*, *pensiero*.

*e fermé.* Quand l'*e* se trouue en la penultiesme sillabe
de la diction, & qu'apres iceluy il y a vne *n*, alors
il se prononce ordinairement fermé, comme en
ces dictions suiuantes, *lena*, *cena*, *pena*, *vena*, *mena*,
*frena*, *serena*; mais lors que l'*s* est mise deuant ladi-
*e ou-* te sillabe, l'*e* est ouuert, comme en ce mot *spene*
*uert.* vsé par les Poëtes pour *speranza*, tout de mesme
qu'en *spera*, *schiera*, *sphera*, & autres semblables; Pareillement aussi l'*e* se prononce ouuert, si on met
vn *i* liquide deuant iceluy, comme en *fieno*, *pieno*,
*siena*, *schiena*.

*e ou-*
*uert.* Ceste diction *bene*, est aussi exceptée de ceste
reigle, ayant l'*e* de sa penultiesme qui est sa premiere sillabe ouuert.

*e fermé.* Aussi toutes & quantesfois que l'*e* est mis deuant deux *nn*, d'ordinaire il se prononce fermé,
comme, *Ardenna*, *Gebenna*, *accenna*, *antenna*, *cenno*,
*senno*, *penna*, *venne*, *sostenne*, & *Brenna*, qui est vne
ville pres de Siene. On excepte *enno* & *denno*, qui
se disent au lieu de *sono* & de *deono* ou *debbono*, parce qu'ils se prononcent par *e* ouuert.

*e fermé.* Quand l'*e* est mis seul sans autre voyelle, &
que la sillabe suiuante commence par vne *s* aussi
seule, alors ledit *e* est fermé, comme en ces mots:
*cortese*, *impresa*, *intesa*, *peso*, *offeso*, aussi és noms deriuez de ceux de villes, comme sont, *Milanese*, *Bo-*
*Exce-* *lognese*, *Modanese*, *Sanese* & *Senese*, *Ferrarese*, *Genouese*,
*ption.* *&c.* Les mots numeraux sont exceptez, comme
*e ou-* *ventesimo* ou *vintesimo*, *cinquantesimo*, *centesimo*, *mille-*
*uert.* *simo*, *&c.* qui se prononcent tous par *e* ouuert.

Mais si deuant l'*e* il y auoit vn *i* liquide, ledit *e*   *e ou-* seroit aussi ouuert, comme *chiesa*, & autres sem-   *uert.* blables.

Aussi quand l'*ss* est double, l'*e* seul precedent   *e ou-* sera quasi tousiours ouuert, comme il se voit en   *uert.* ces mots, *Appresso, dapresso, cipresso, espresso, cessa, tesse, impressa, ricessa.*

Il y en a quelques-vns exceptez qui ont l'*e* fer-   *e fermé.* mé, comme *Duchessa, Contessa, Messa, Messo, Spesso, stesso,* & quelques peu d'autres, qui ont leur *e* for- mé de l'*i* Latin.

Tous les noms qui se terminent en *ente*, ou *e fermé.* *ento,* & qui ont l'*m* deuant, sont prononcez par *e* fermé, comme sont *lamento, aumento, mento, alta- mente, mente, dolcemente, caldamente* & mille autres semblables, ce qui prouient de la nature de l'*m*, qui fait clorre l'*e* qui la suit:

( Car *dente* & *lente*, qui n'ont pas *m* deuant *e* se *Exce-* prononcent par *e* ouuert ) encor que les dictions *ption.* Latines dont les Italiennes sont deriuées, ayent *e ou-* toutes ledit *e* ouuert, comme sont *mens, dens, lens,* *uert.* sans auoir esgard que l'*m*, ou autre consonante le precede, mais cela s'entend du Latin.

Semblablement les noms qui sont terminez en *e fermé.* *ezza* & qui sont deriuez d'autres, ont l'*e* fermé, comme sont *bellezza* de *bello: dolcezza,* de *dolce: bruttezza* de *brutto: durezza* de *duro: piaceuolezza* de *piaceuole: amoreuolezza* de *amoreuole: ruuidezza* de *ru- uido,* & infinis autres.

Mais ceux qui ne sont deriuez, ains sont d'eux-   *e ou-* mesmes, comme: *pezzo, spezzo, apprezzo, prezzo,* *uert.* *sprezzo,* & quelques autres semblables, auront l'*e* ouuert.

*e fermé.* Les dictions qui finissent en *egno*, ont ordinairement l'*e* fermé, côme *degno, ingegno, pegno, regno,
segno* : mais si ladite terminaison est fermée par
transposition de lettres, comme en ces mots, *au-
uegna, vegno* & *tegno*, qui sont faites de *auuenga,
*e ou-* *vengo* & *tengo*, alors l'*e* sera ouuert, comme en
*uert.* ceux dont ils sont transmuez.

*e fermé.* Les verbes qui ont pour voyelle radicale *e*, &
par terminaison deriuée de noms, prennent *eggio*
& *eggia*, se prononcent auec *e* clos, comme *ver-
deggia, signoreggia, pareggia, vagheggia, rosseggia, bian-
cheggia, amareggia, pargoleggia, corteseggia*, & plusieurs autres. *Veggio,* encor qu'il ne soit deriué de
Nom, ne laisse pas de se prononcer aussi auec l'*e*
fermé, & ce d'autant qu'il est formé de *video* Latin, dont l'*i* en Toscan se change en *e* clos, comme desia il a esté dit ailleurs.

Mais ces autres *cheggio, seggio* & *peggio*, dont les
*e ou-* deux premiers sont Verbes, & le troisiesme Ad-
*uert.* uerbe, prennent l'*e* ouuert, parce qu'ils ne sont
point deriuez d'aucun Nom.

Lorsque l'*e* est mis deuant le *g*, accompagné
*e fermé.* en suitte de l'*u* liquide, il se prononce fermé,
(pourueu qu'en la premiere sillabe il n'y ait
point aussi d'*r* liquide) comme *seguo, dileguo, ade-
*e ou-* *guo.* Mais s'il y a vne *r* liquide, alors il se pronon-
*uert.* ce ouuert, comme *tregua.*

Tous les infinitifs des Verbes de la seconde
*e fermé.* Conjugaison ont l'*e* fermé, comme : *vedere, parere, hauere, piacere, cadere, potere, volere, &c.*

Les Preterits imparfaits de l'Indicatif des verbes de la seconde & troisiesme conjugaison ont
*e fermé.* l'*e* clos, comme *leggeuo* & *leggeua*, ie lisois, *leggeui,*

tu lifois, *leggeua*, il lifoit. *Sapeua o fapeuo, fapeui, fapeua:* *Haueua, haueui, haueua, &c.*

Les Preterits parfaits, comme, *leßi, hebbi, feppi, credetti, vendetti, godetti,* fe prononcent par e ou uert: exceptez en les fecondes perfonnes, côme *tu leggefti voi leggefte,* & la premiere du plurier, comme *leggiamo & leggemo,* qui ont e fermé. *e ouuert.*

La premiere & feconde perfonne pluriele du futur de l'Indicatif de toutes les quatre conjugaifons, fe prononcent par e clos, comme *amaremo,* ou *ameremo: amarete,* ou *amerete: goderemo, goderete: leggeremo, leggerete: veftiremo, veftirete.* Les Sienois difent, *godaremo, godarete:* & *leggiaremo, leggiarete.* *e fermé.*

Quand l'e fe trouue deuant deux ʒʒ rudes, c'eft à fçauoir Tofcans ou modernes, ( & s'appelle le ʒ rude celuy qui fe prononce comme *tf,* qui eft le Tfadé des Hebrieux ) lors ledit e eft clos, côme en ces mots, *fezzo,* la fin, ou le derriere, d'où viét *fezzaio,* qui eft à dire dernier, & *fezzano,* qui veut dire le mefme: *vezzo,* qüand il fignifie vn colier ou carquant & affiquet que les femmes porrent, & qui deriue de *vitium:* auffi quand il veut dire couftume, dont vient *auezzo,* accouftumé: *ghezzo,* lourd, groffier: *Arezzo,* nom de ville: & *mezzo,* qui veut dire mol comme vne poire, ou autre fruict qui eft plus que meur, & vient de *mitius.* *e fermé.* Et ont de mefme l'e clos ceux que nous auons defia dit cy-deuant qui font terminez en *ezza,* & par deriuaifon ou formation Tofcane, comme *altezza, bellezza, certezza, dolcezza,* & infinis autres, qui font formez quafi comme s'ils venoient de *altitia, &c. Lautezza de lautitia: mondezza de mun-* *e fermé.*

*ditia, durezza* de *durities, &c.*

Pareillement ſi l'*e* ſe trouue deuant deux ʒʒ de prononciation douce, qui eſt comme noſtre *dz,* que nous dirions pluſtoſt rude ſelon noſtre Fran-çois, & que la diction ne deſcende du Latin, ou que leſdits ʒʒ ne ſoient formez du *d*, auſſi Latin, *e fermé,* alors ledit *e* precedent ſera clos, comme en ces mots, *rezzo,* lieu ombrageux expoſé à l'air & vét frais : *lezzo,* mauuaiſe odeur : mais ſi les ʒʒ ſont formez du *d*, l'*e* precedent ſera ouuert, comme *e ou-uert.* *mezzo* de *medius*, qui eſt à dire demy ou moitié: Car quand l'*i* du Latin eſt changé en *e,* & que les ʒʒ ſont formez du *t* auſſi Latin, cóme pour exem-ple *vezzo, ghezzo* & *mezzo,* leſquels viennent de *e fermé.* *vitium, Egyptus,* & *mitis,* alors ledit *e* eſt bien clos, mais les ʒʒ ſont Toſcans, & ſe prononcent ru-des cómme *tſ,* que nous dirons pluſtoſt doux.

　　Et qu'ainſi ne ſoit, nous voyons que *pezzo, pezza, prezzo,* & *apprezza,* ne ſuiuent pas ceſte re-*e ou-* gle, ains leur *e* ſe prononce ouuert, parce qu'il ne *uert.* vient pas de l'*i* Latin, mais bien de l'*e. Arezzo* eſt excepté de ceux-cy, encor qu'il vienne de *Are-tium,* qui a l'*e* deuant le *t,* ce nonobſtant il ſe pro-*e fermé.* nonce par *e* fermé.

　　Quand l'*e* ſeul ſe trouue en la penultieſme ſil-labe, n'ayant point d'*i* liquide deuant ſoy, & qu'il ſuiue vne *l,* apres, il ſe prononcera ordinairemét *e fermé.* fermé, comme : *velo, vela, melo, mela, candela,* & quelques autres : mais s'il a vn *i* deuant qui face *e ou-* diphtongue, alors il ſe pronócera ouuert, cóme, *uert.* *Cielo, gielo,* & autres : & meſme ſi en la diction abregée qui a l'*e* deuant *l,* il y a la diphtongue au mot entier apres ledit *e,* alors il ſera ouuert: d'au-

tant qu'il retient la mefme nature qu'il auoit en
fon entier, où toutesfois il eftoit en l'antepenultiefme fillabe, comme *Vangelo*, qui garde l'accent fur l'antepenultiefme , eftant abregé de
*Euangelio*: *Impero* de *Imperio*: *Magiftero* de *Magifte-*
*rio*: *Monaftero* de *Monafterio*: *Mele* fe prononce auec
*e* ouuert deuant *l*: auffi faiĉt *Michele*: *crudele* a le
mefme: *fedele* fe prononce auec *e* fermé, parce    *e fermé.*
qu'il fuit la nature de *fede*, où la fillabe *de* fe prononce auec ledit *e* fermé, combien que *fede* ait
l'accent graue en la feconde , & *fedele* y met
l'aigu.

Apres auoir parlé bien au long de l'*e* fermé, il
faut dire auffi particulieremét de l'*e* ouuert,com-
bien qu'il s'en foit touché quelque chofe en paffant, difons donc.

Quand l'*e* fe trouue auec l'accent aigu en l'antepenultiefme, & qu'en la penultiefme il y a vne
anti-vocale, il fe prononce ouuert, comme *Ba-*    *e ou-*
*tifterio*,*minifterio*,*falterio* ( ce qui a auffi quelque ref-    *uert.*
femblance auec l'*o* ouuert, comme en *Hiftoria,*
*Vittoria, gloria* , & autres dequoy il fera parlé cy-
apres ) & outre iceux: *Lucretia*,*Venetia, fapientia,*
*prudentia ,filentio, affentio* , & plufieurs autres.

Toutes & quantesfois que l'*e* fe trouuera en
l'antepenultiefme auec accent aigu , & qu'il n'y
aura point d'anti-vocale en la penultiefme, il fe-    *·*
ra ouuert ,comme en ces diĉtions *regola* , *Genoua,*    *e ou-*
*pelago* , *Venere, genero, decimo , tredecimo,medico, me-*    *uert.*
*rito,fecolo,centefimo, millefimo* , & plufieurs autres,
efquelles il n'y a point de redoublement de confonantes. Et aduiendra encor plus fouuent lors    *e ou-*
que ledit *e* fera deuát les confonátes redoublées    *uert.*

foient femblables ou differentes, comme en ces mots, *pergola, termine, Zeffiro, pettine*, mais cela fe fait és dictions pures, parce qu'en celles qui font augmentées cela n'a point de lieu, côme en ces fuiuantes: *credemi, creaeti, credefi, feguemi, feguile, feguono*, & plufieurs autres, où l'*e* fe prononce fermé, comme il eftoit és verbes fimples defquels elles deriuent.

*e fermé.*

*e fermé.* Aufli en font exceptez tous les mots qui ont leur *e* changé de l'*i* Latin, comme *cenere, vedoua*, de *cinis*, & de *vidua*: efquels l'*e* eft fermé.

Item, toutesfois & quantes qu'apres l'accent qui eft en l'antepenultiefme, s'enfuit immediatement vne *f* feule pour faire l'autre fillabe, ledit *e* precedent eft fermé, côme en *Crefima, Quarefima, lefina, Criftianefimo, Paganefimo, Battefimo, barbarefimo*, dont les quatre derniers s'abregent & s'efcriuent ainfi, *Criftianefmo, Paganefmo, Battefmo, barbarefmo*, & non pas *Criftianifmo, &c.* par *i* deuant l'*f*, comme font aucuns par erreur.

*e fermé.*

Semblablement quand l'*m* fe trouue deuant ou apres l'*e*, foit en la mefme fillabe ou non, alors il eft fermé: Exemples, quand *m* eft deuant, *mentoua, dimentico*: & quád elle eft apres & en mefme fillabe: *tempero, tempia*: & en la fillabe fuiuante: *femina, femina*, & autres: mais de ces dernieres exemples cela n'eft pas toufiours vray, comme il fe verra plus bas.

*e fermé.*

Plus, fi la lettre *d* fe trouue deuant l'*e* en l'antepenultiefme auec accent, commeen *debile, debito, defino, depano*, alors ledit *e* eft fermé: Toutesfois il ne faut pas fe tromper en ces mots, *decimo, vndecimo*, & femblables qui ont l'*e* ouuert, attendu

*e fermé.*

*e ouuert.*

qu'ils ne font dē la premiere langue , en laquelle ils se diſoient , *diceſimo* , *vndiceſimo* , & de main en main toute la ſuite, comme on dit encor *venteſimo* à la Florentine , & *vinteſimo* à la Sienoiſe , & en oſtant des lettres, il s'en eſt fait *decimo* & *vndecimo*.

Auſſi quand apres ledit *e* accentué ſuit vne *n* en la meſme ſillabe , alors il eſt clos , comme en *pentola*, *centola*, & ſemblables. *e fermé.*

Pareillement quelques mots deſbandez, cōme *segola*, *farnetico* & autres, qui ne ſe peuuent aylé-ment reduire ſous la reigle , ayant l'accent ſur l'antepenultieſme ſe prononcent auec *e* fermé. *e fermé.*

Si apres l'*e* accentué en la penultieſme ſillabe, ſuiuent le *c* ou *g* redoublez , ledit *e* eſtant deriué ou changé du Latin, ordinairement il ſe pronon-ce ouuert, comme en ces mots, *ecco*, *pecca*, *gregge*, *leggo*, *reggo* , auſſi meſme quand il ſuit vn *i* apres leſdits *c* ou *g* redoublez, comme en *feccia*, *greggia*, *ſeggio* , *peggio* , & pareillement auec l'*h*, comme *ſpecchio* , *vecchio* , tous leſquels ſont faits de , *ecce*, *peccat*, *grex*, *lex*, *rego* , *fex* , *ſedes* , *pejus*, *ſpeculum* , & *vetus*. Ce mot de *legge*, loy , qui vient de *lex* , eſt excepté de ceſte reigle, & a l'*e* clos, afin de ſe cognoiſtre la difference qu'il a auec *legge*, troiſieſme perſonne de *leggo*, où l'*e* eſt ouuert. *e ouuert.*

*e fermé.*

*e ouuert.*

Il s'eſt dit , quand l'*e* eſt deriué ou changé du Latin, parce que ſi ledit *e* eſtoit fait de l'*i* Latin, alors il ſe prononceroit fermé , comme en ces mots ſuiuants, *veggio*, *pecchia*, *ſecco*, *veccia*, *leccio*, *ſecchia*, *lecco*, *orecchia*, *Reggio*, *ſtregghia*, & autres, leſquels deriuent du Latin, *video*, *apicula*, *ſicco*, *vicia*, *ilice*, *ſicula*, *lingo*, *auricula*, *Regio*, nom de ville, *ſtrigili*. *e fermé.*

Item, ceux qui ont la terminaison Toscane se

*e fermé.* prononcent auec l'*e* fermé, comme *corteccia, vaccareccia, pecoreccio,* & ces autres, *berteggio, vaneggio, careggio, rosseggio, corteseggio* : & de ces deux exceptions il s'est desia parlé cy dessus.

Pareillement quand l'origine du mot est barbare, l'*e* qui est deuant ce redoublement de let-
*e fermé.* bare, l'*e* qui est deuant ce redoublement de lettre est clos, comme *zecca* par *z* aspre, *treccia, stecco, stambecco, peccia,* quand il signifie le ventre, & aussi le nom d'vne famille noble de Siene.

Quand semblablement l'*e* est en la penultiesme sillabe, & qu'il suit en apres des autres lettres muettes doubles, ou bien deux *ss,* ordinairement
*e ou-* és dictions pures, il se prononce ouuert, comme
*uert.* en ces suiuantes du *b, hebbe, potrebbe, giulebbo,* & du *p, seppe, Giuseppe, Aleppo,* tout de mesme de l'*f, ceffo, acceffo* : Du *d,* il n'y a point de redoublement qui ait l'*e* ouuert deuant soy, parce que *freddo,* est fait de *frigidus* : tellement qu'il est compris sous la reigle de l'*i* Latin. Quant au *t,* il y en a force exemples ; comme sont, *petto, letto, retto, aspetto, diletto, accetto, concetto, alletto, rispetto, assetto, effetto, sospetto, oggetto, soggeto, eletto,* & *scelto* : De l'*ss* double il en a esté desia parlé cy dessus en traittant de l'*e* fermé, toutesfois estant icy son lieu en voicy des exemples, *presso, appresso, dapresso, oppresso, concesso, Nesso,* qui est le nom d'vn Centaure, *adesso, cesso, sesso,* & *Tressa,* nom d'vne petite riuiere pres de Siene, & autres semblables, esquels l'*e* est tousiours ouuert ; pourueu qu'il ne soit formé de l'*i* Latin, comme, *messa, messo, lesso, fesso, istesso, spesso,* qui ont
*e fermé.* l'*e* fermé, & viennent de *missa, missus, elixus, fissus, isto - ipso, spissus.*

Il y a quelques exceptions, cóme du *b* redou- *Exce-* blé, *crebbe, increbbe*, lesquels se prononcent par *e* *ptions.* fermé. Aussi du *tt*, sont exceptez *tetto*, encor qu'il *e fermé.* vienne du Latin *tectum*, où l'*e* est ouuert, & *tettoia*, qui est faict de *tectorium*.

Il s'est dit au commencement de ceste reigle, que c'estoit és dictions pures, parce qu'en celles qui sont augmentées & estendues, l'*e* est de mesme nature qu'il estoit és simples, comme pour exemple ces mots, *vendè* & *godè* auec l'addition, font *vendemmi* & *godemmi*, *vendeuui* & *godeuui*, *vendecci* & *godecci*, à raison de laquelle addition, qui est de *mi*, *vi*, & *ci*, la consonante se redouble, ce qui ne se fait pas és dictions pures : & se prononcent toutes par *e* fermé, puis qu'il est de mesme és pures dont elles sont formées.

Lors qu'apres l'*e* de la penultiesme sillabe, sui- *e ou-* uent des liquides redoublées, horsmis l'*nn*, ledit *uert.* *e* se prononcera ordinairement ouuert : de l'*ll* en voicy des exemples ; *cella, bella, rubella, bello, anella, castello, pelle, fella*: & par consequent *stella* se deuroit aussi prononcer par *e* ouuert, ainsi que le prononcent quelques peuples de Toscane, les Napolitains & autres regnicoles, & non par *e* clos comme les Florentins & Sienois, & quasi tout le reste d'Italie. Cela se voit aussi en ces mots qui font diminutifs, comme, *vecchiarella, pouarella*, ou *poucrella, Zitella, citadella*, & en ces noms de familles, *Ascarelli, Bandinelli, Rouarelli, Gabrielli, Guidarelli*, & plusieurs autres terminez en *elli*.

De l'*mm* redoublé, il se peut cognoistre en *e ou-* *gemma, Gerusalemme, Buemme*, qui vient de *Boemia*, *uert.* mot vsé par le Poëte Dante, & se voit au nom de

*e ou-*
*uert.*

la mefme lettre qui fe dit *emme*, &tous ont l'*e* ouuert: Toutesfois fi les dictiós font formées d'autres, comme : *leggemmo, fcriuemmo, intendemmo,* &
*godemmo*, qui font premieres perfonnes du plurier du preterit parfait, alors elles fe prononceront par *e* fermé: auffi parce que la penultiefme
des infinitifs de leurs verbes fe prononce auec

*e fermé.* *e* fermé, à fçauoir, *leggere, fcriuere, intendere,* & *go-*
*dere*: eftant reigle ordinaire que les formez &
augmentez fuiuent la nature de leurs primitifs.

De l'*r* vous en auez des exemples en *erro, cerro,*

*e ou-*
*uert.*

*ferro, guerra, terra, afferra, inferra : Cacciaguerra*, nom
de famille à Siene.

Semblablement l'*e* qui eft deuant vne liquide

*e ou-*
*uert.*

& muette, ou bien deuant deux d'icelles diffem-
blables, fera ouuert, (pourueu qu'il ne foit changé de l'*i* du Latin) comme en ces exemples, *perdo,*
*pendo, tendo, tergo*, & autres que vous verrez plus
bas.

Le double *nn* a efté excepté de cefte reigle des
liquides, voyez-en les exemples cy deffus, où il
eft parlé de l'*e* clos.

Toutes & quantesfois qu'il fuit apres l'*e* vne
liquide, & encor apres icelle vne autre confonante diuerfe, ledit *e* venant femblablement de
l'*e* Latin, és noms purs, il fe prononce ouuert,

*e ou-*
*uert.*

pourueu auffi qu'il ne foit apres *mm*, ou *nn*, cóme
*Merlo*, qui fignifie vn Merle oyfeau, & vn cre-
neau: *Nerli*, furnom d'vne maifon noble de Florence: *perla, verme, fchermo, germe, hermo*, encor
que ce dernier aucuns le prononcent par *e* fermé: *herba, ferba, fuperba, acerba, merco, albergo, verbo,*
*ergo, tergo, auuerfa, rinuerfa, conuerfa, cofperfa, Roberto,*

*Raberto, Sigisberto: Alberti*, maison noble de Siene,
*perso*, couleur perse, & *perso*, perdu : aucuns en *e fermé*.
veulent excepter, *terza, berza, ferza,* & *merto*, abregé de *merito.*

Quand aussi l'*e* est deuant *m*, il se prononce ‹*e ou-*
de mesme ouuert, exemples, *grembo, tempo, attem-* ‹*uert.*
*po,* & *Bembo.* Ces mots *sembra* & *rassembra* ont l'*e* ‹*e fermé.*
fermé: mais c'est pourautant qu'ils sont tirez de
la langue Prouençale, & aussi que leur *e* est formé
de l'*i* Latin, qui est au verbe *similare.*

L'*e* deuant l'*l* joincte à vne autre consonante, ‹*e ou-*
est aussi ouuert, pourueu qu'il ne soit fait de l'*i* ‹*uert.*
du Latin : comme, *Anselmo, Guglielmo, elmo, elso,*
*celso, gelso,* qui ont l'*e* ouuert. Au conttaire, *elce,* ‹*e fermé.*
*felce,* & *selce,* se prononcent par *e* clos, d'autant
qu'ils viennent de, *ilex, filix,* & *silex.*

Passant outre, l'*e* deuant l'*n* suiuie aussi d'vne
autre consonante, est ouuert, comme : *accendo,* ‹*e ou-*
*apprendo, arrendo, intendo, prendo, comprendo, riprendo,* ‹*uert.*
*spendo, contendo, rendo, tendo, stendo, tenda, faccenda, me-*
*renda,* & plusieurs autres semblables : ces deux ‹*Exce-*
*Vendo* & *scendo,* selon aucuns, suiuent la mesme ‹*ption.*
reigle: mais les Florentins & Sienois les prononcent auec l'*e* fermé. Aussi ont l'*e* ouuert ces mots ‹*e ou-*
suiuants, *dente, gente, lente,* qui est vne lentille, ‹*uert.*
*lento, talento, cento, pento, sento, stento, vento, accento,*
*contento, contento, intento.*

Semblablement les Gerondifs des seconde,
troisiesme, & quatriesme conjugaison, & leurs
Participes actifs se prononcent par *e* ouuert, ‹*e ou-*
comme sont, *leggendo, vdendo, intendendo, godendo:* ‹*uert.*
*leggente, vdente, intendente, godente.* Tout de mesme, *Censo, penso, intenso, accenso* poëtique pour *acceso.*

*e ou-*
*uert.*
*Excep.*

Item, *Lorenzo, assenzo, temenza, presenza, conoscen-*
*za,* se prononcent auec *e* ouuert. *Senza,* se prononce auec l'*e* fermé, parce qu'il vient de *sine* Latin, changeant l'*i* en *e. Lembo,* qui vient de *Limbus,*
& *venti* de *viginti,* ont aussi l'*e* fermé: les Sienois
disent *vinti,* en rejetant la sillabe *gi,* comme ils
font *dito,* de l'ablatif *digito,* le doigt.

*e ou-*
*uert.*

L'*e* mis deuant *st,* ou *ss,* se prononce ouuert,
comme en ces mots, *festa, honesta, funesta, molesta,*
*presta, vesta, pestio, impestiata, bestia,* encor que les
Sienois prononcent ceste derniere par *e* fermé:
*potésta,* qui signifie puissance, *il Podestá,* vn Magi-
strat ou Gouuerneur de ville ou Republique, vn
Preuost ou Iuge. De *ss,* il se trouue ce seul exemple *vessa,* auec l'*e* ouuert. De ceste reigle sont
*e fermé.* exceptez, *cesta, cresta, pesto,* & *questo,* parce qu'ils
viennent de *cista, crista, Pinsus,* & de *iste,* qui ont *i,*
lequel se conuertit en *e* fermé.

Quand deuant *e* il y a vn *i* liquide en forme de
diphtongue, ledit *e* se prononce ouuert: comme,
*e ou-*
*uert.* *Cielo, gielo, fiele, diede, lieue, lieto, riede, vieto, niego, nie-*
*ga, fiero,* qui est nom & verbe, *dietro, viene,* & plusieurs autres. Aussi les dictions esquelles l'*i* liquide est fait de *l,* suiuent la mesme nature; côme
*Chiesa* de *ecclesia, pieno* de *plenus, piene* de *plebs, bieco*
de *obliquus, fieuole* de *flebilis,* & quelques autres.

*e ou-*
*uert.*

Les dictions qui ont le *d* seul apres l'*e* ( pourueu qu'ils ne viennent d'origine barbare ) prononcent ledit *e* ouuert : comme, *cede, procede, reda,*
*rede, sedia, sede, chiede, diede, Leda, preda, piede,* & au-
*e fermé.* tres. Ces suiuantes, *vede, vedoua, fede,* ont l'*e* fermé, parce qu'ils viennent de *videt, vidua, fides,* qui
ont l'*i,* lequel se change en *e.*

Item,

Item, font exceptez, *crede, mercede, mercato, mer-cante,* & *mercantia,* qui viennent du Latin, *credit, merces, mercatus, mercator,* & *mercatura,* lefquels ont l'e ouuert, & toutesfois ils l'ont fermé en Ita- *e fermé.* lien: La raifon de cela pourroit eftre au premier, qui eft *crede,* à caufe du *e* mis deuant *r,* comme le mefme fe voit en *crefco,* qui fe prononce auec *e* clos en Tofcan, encor qu'il ait *e* ouuert en Latin: Pour le fecond, qui eft *mercede,* ce peut eftre à caufe de l'*m* qui eft deuant l'*e,* laquelle a la force (comme auffi l'*r*) de refferrer le fon des lettres, & non feulement de celles qui les fuiuent im-mediatement, mais auffi de la fillabe d'apres, (ce qui eft notable) & fe voit en ces exemples: *me-defimo, meleto, mettere, Menelao,* lefquels encor qu'ils ayent en Latin l'*e* ouuert, venant de *idem, mile-tum, mittere, Menelaus,* ce neantmoins ils l'ont fer-mé en Tofcan, s'entend l'*e* de la feconde fillabe, ou bien c'eft pour le faire differer de *merce,* qui fe prononce par *e* ouuert, fans faire accent fur la derniere fillabe, & fignifie, marchandife.

Les dictions qui ont *m* feule apres *e,* fe pro- *e ou-* noncent ordinairement par *e* ouuert: comme, *uert.* *gemo, fremo, premo, tremo, eftrema:* excepté *temo,* qui a l'*e* fermé, parce qu'il vient de *timeo,* l'*i* duquel eft *e fermé.* changé en *e:* pareillement quand la diction com-mence par vne *f* feule, ou bien accompagnée: comme *feme, fcemo, fcempio,* & autres, alors l'*e* eft fermé.

Or cefte reigle a lieu quand la diction vient d'vn pur & fimple origine, comme ces exemples cy deffus le demonftrent: car lorfqu'elle vient par formation, elle n'eft pas vraye: comme,

S

*e ouuert.* *femo,hauemo,haueremo,godemo,goderemo,fapemo,po-*
*remo,folemo,douemo,valemo,viuemo:*tous mots vfez
par les principaux efcriuains de la langue Italienne.

*e ouuert.* Les noms qui ont pour terminaifon *enzo* &
*enza*, fe prononcent par *e* ouuert, comme: *Lo-*
*renzo, affenzo, Fiorenza, temenza, prefenza, conofcenza,*
*prudenza,partenza: Benzi & Lenzi* ( ces deux derniers font noms de maifons nobles de Sienne)&
infinis auttes.

*e ouuert.* Auffi les diminutifs terminez en *ello* & *ella*, fe
prononcent par *e* ouuert, comme: *Vecchiarello,*
*vecchiarella,cepperello,trauicello: vecchiarella, quadrella,*
*facella, mammella, nauicella, cattinella, torricella, fanti-*
*cella, Ghirlandella, feminella: piattelli, pannicelli:* ces
deux derniers font du nombre plurier,de *piattello*
& *pannicello,* & fuiuent la reigle du fingulier: &
plufieurs autres femblables diminutifs, qui fe
doiuent prononcer par *e* ouuert: encor que
quelques-vns veulent que quand deuant l'*e* fe
*e fermé.* trouue le *c* languide; il foit prononcé par *e* clos:
comme, *monticello, particella:* ce que l'on tient n'e-
ftre pas bien.

*e ouuert.* Les noms adjectifs terminez en *eto* & *eta*, fe
prononcent par *e* ouuert,comme font: *difcreto,*
*confueto,quieto,manfueto,lieto:* dont le dernier par
neceffité fe doit prononcer par *e* ouuert, parce
qu'il y a vn *i* deuant iceluy *e*, en forme de diphtongue: & fe void clairement la diftinction entre
ces adjectifs & autres femblables,& les fubftantifs: parce que *Loreto*, qui eft ce nom fameux, à
caufe de la deuotion, & tant renommé par tout
le monde: *Laureto,Querceto, Salceto,Rouereto, Spoleto,*

*Pianeto, Piantaneto, Diacceto*, & autres semblables se *e fermé.*
prononcent auec l'*e* fermé. *Queto*, qui est Adjectif, est excepté des autres, & se prononce cóme
ces substantifs: & se dit aussi *cheto*, d'ont sont formez ces verbes *chetare, acchetare*, & *racchetare*, qui
ont aussi l'*e* fermé tout de mesme que *cheto*.

Les Noms, comme aussi les Pronoms termi-
nez en *ei*, ont l'*e* ouuert, comme : *Giudei, Farisei,* *e ou-*
*Lei, colei, costei, sei* : *Mattei, Maffei, Armalei, Ami-* *uert.*
*dei, Tolomei, Tantei*, ces six derniers sont noms de
familles. De *Miei* & *Piedi* il n'est besoin d'en rien
dire, d'autant que par la reigle de l'*i* liquide, qui
fait diphtongue auec l'*e*, ils se doiuent prononcer aussi par *e* ouuert. Et le mesme s'entend de
*eo, ea*, & *ee*, comme : *Hebreo, Hebrea, Hebree* : *Teseo,*
*Orfeo, Rifeo, Pantasilea, Medea*, & autres semblables.
Excepté ce Pronom *ei*, qui se prononce par *e* fer- *e fermé.*
mé, parce qu'il est sincopé de *egli*, ou de *elli*, qui
viennent du Latin *ille* & *illi*, l'*i* desquels se transforme en Toscan en *e* fermé.

Les Gerondifs & Participes actifs des seconde, troisiesme, & quatriesme Conjugaison, se *e ou-*
prononcent par *e* ouuert: comme pour exem- *uert.*
ple, *Hauendo, Potendo : leggendo, scriuendo : Dormendo,*
*Vestendo*, auec tous les autres, & les Participes
actifs, *Hauente, Potente: leggente, scriuente: Dormente*
*& Vestente.*

Les Preterits augmentez ou estendus se pro- *e ou-*
noncent par *e* ouuert, comme : *credetti, potetti, sa-* *uert.*
*petti, temetti, legette, mouette, spendette*, & tous les
autres. Et ceste reigle n'a pas seulement lieu en
la seconde & troisiesme Conjugaison des verbes, esquelles le Preterit augmenté a deux *tt,*

mais auſſi en quelques autres Preterits de la quatrieſme, qui ont vne *r* deuant l'ſ: comme, *Aper-
ſi, coperſi, offerſi, conuerſe, ſcerſe, diſperſe* ; ce qui vient
d'vne propre terminaiſon Toſcane.

Les ſeconds Optatifs ſe prononcent par *e* ouuert, encor que quelques Toſcans les proferent
par *e* fermé : Mais les plus certains prononcent,
*vorrei, vorreſti, vorrebbe, vorremmo, vorreſte, vorreb-
bono*, par *e* ouuert : & ainſi de tous les autres des
quatre Conjugaiſons : Premierement, parce que
la meilleure & plus grande partie de Toſcane,
& quaſi tout le reſte d'Italie en vſe ainſi : & puis
pour faire vne difference, entre l'*e* qui ſe trouue
anti-vocale au Preterit de l'Indicatif, & celuy
qui eſt auſſi anti-vocale en l'Optatif, d'autant
que celuy de l'Indicatif, eſt fermé : comme, *credei,
potei, rendei* : & celuy de l'Optatif eſt ouuert :
comme, *crederei, poterei, renderei* : lors qu'il y a, *e*,
en la penultieſme ſillabe, & non pas quand il y a
vn *a*, comme quelquesfois l'y mettent les Siennois & ceux d'Arete encor plus ſouuent. Or les
ſeconde & troiſieſme perſonnes d'iceluy Optatif, nous demonſtrent qu'il faut prononcer ledit
*e* ouuert : comme, *Amareſte* & *Amarebbe* à la
Siennoiſe, *Amereſte* & *Amerebbe* à la Florentine :
ce qui ſe fait en premier lieu, parce que la où l'ſ
eſt deuant le *r*, l'*e* qui leur precede eſt ouuert :
comme, *veſta, reſta, teſta, honeſta, conteſta, maniſeſta,
teſti, teſto, preſto*, & autres infinis : qui monſtrent
que *Amereſte* eſt de meſme nature. Et en outre,
lors qu'apres ledit *e*, il y a deux *bb*, comme en
*hebbi, hebbe, potrebbe, ſarebbe* : ce qui nous enſeigne
auſſi que, *Amarebbe, vorrebbe* & *ſaprebbe*, ſe pro-

*e ou-
uert.*

*e fermé.*

*e ou-
uers.*

noncent par *e* ouuert: à caufe auffi qu'il vient de
l'*e* Latin: Parce que lors qu'il vient de l'*i* pur Latin, il fe prononce fermé, comme de *bibit*, fe fait *e fermé.*
*bebbe.*

Les Particules ou Interjections fignifiantes affection, lefquelles fe terminent en *e*, le pronon- *e ou-*
cent ouuert: comme *deh, hoime, hoife.* *uert.*

Finalement les dictions prifes de l'*e* Latin, fur
lequel il y a vn accent aigu, & tranfportées en *e ou-*
Tofcan, gardent ledit *e* ouuert: comme *pera*, qui *uert.*
vient de *pereat* Latin. Exceptez en ceux-cy qui
fuiuent *cera, fera, vera, intera*, qui ont l'*e* fermé. *Exce-*
Semblablement les Noms venans des Latins ou *ption.*
barbares terminez en *abrum, arius, erium, erus*:
comme font, *Candelabrum, Pomarium, Imperium,*
*Nauclerus, Beringarius*, qui font en Italien, *Candelie-* *e ou-*
*ro, Pomiero, Impero, Nocchiero, Beringhiero, Aringhieri, uert.*
*Angioleri*, ou *Angelieri, Gieri, Ottieri, Palmieri,*
*Ygurgieri* & *Veri*, qui font la plus-part noms propres ou de familles: fe prononcent par *e* ouuert:
comme auffi plufieurs autres de mefme terminaifon.

Apres auoir difcouru affez amplement de l'*e*
fermé & de l'*e* ouuert: Il faut faire de mefme des
deux *o* l'vn fermé, & l'autre auffi ouuert. Premierement, c'eft vne reigle tres-vtile, & qui ofte la
plus-part des difficultez qu'il y a, touchant la diuerfité de prononciation defdits deux *o*: qu'eftãt,
fans aucune doute, plus grand le nombre des fillabes, efquelles fe trouue l'accent graue: que nõ
pas des autres où eft l'accent aigu: C'eft chofe
claire, que par le moyen de cefte reigle, l'on viét
à fçauoir, comment toutes les fillabes qui ont

*o fer-*
*mé.*
l'accent graue, ont pareillement l'*o* fermé : côme par exemple : *confortato, continouo, fouerchio,* & infinis autres apres, efquels les *o,* fe trouuent en des fillabes, qui ont l'accent graue, & partant fe doiuent prononcer fermez : La raifon de ceft effect eft tres-belle, qui eft, que la langue Tofcane ne peut iamais auoir l'*o* ouuert, finon és fillabes qui
*o ou-*
*uert.*
ont fur foy l'accent aigu : d'autant que la où en la pure parole, il fe trouue l'*o* ouuert auec l'accent aigu : fi puis apres elle s'eftend, & que l'accent fe change de la où il eftoit, & fe met fur vne autre fillabe, auffi pareillemét fe change toufiours l'*o* ouuert en *o* fermé : comme il appert, entre au-
*o ou-*
*uert.*
*o fermé.*
tres dictions, en *forre, bofco, porto, colgo, forbo,* & autres femblables : efquelles dictions l'accent fe venant à changer, & difant, *fortezza, horticello, bof-chetto, portarei, coglierei, forbirei* : femblablement l'*o* ouuert fe changera en *o* fermé : ainfi que fenfiblement il fe recognoift, parce que n'y demeurant l'accent aigu, il n'y peut par confequent demeurer l'*o* ouuert, ains eft force qu'il fe transforme en *o* fermé.

*o fermé.*
Mais d'autant qu'il n'arriue pas toufiours, que la où eft l'accent aigu, y foit neceffairement l'*o,* ouuert : ains qu'il y peut auoir l'vn & l'autre, comme particulierement il fe voit en : *Errore, honore, migliore, dogliofo, amorofo, orgogliofo* : de là vient, qu'il n'y a pas peu à faire de pouuoir monftrer, par vrayes & affeurées reigles, la où fe doit mettre l'vn ou l'autre d'iceux, *o* : toutesfois il fe demonftrera le plus diftinctement qu'il fera poffible.

Premierement nous difons, que les fillabes

des dictions Latines qui ont l'*u* vocale, venant à
se transformer en langue Italienne, changent le-
dit *u* en *o* fermé: comme entre autres il se void en *o fermé.*
*Bulgarinus*, *culpa*, *dulce*, *fusca*, *gula*, *lusca*, *multum*,
*nux*, *punctus*, *russus*, *supra*, *Turris*, *vulgus*, & infinis
autres: & qui se changeans en Toscan font, *Bol-*
*garino*, *colpa*, *dolce*, *fosca*, *gola*, *losca*, *molto*, *noce*, *ponto*, que
les Florentins escriuent & prononcent, *punto*:
*rosso*, *sopra*, *torre*, *volgo*: & tous les autres semblables: & par la mesme raison l',*o*, de la premiere
sillabe du verbe substantif *sono* est fermé, encor
que plusieurs le prononcent ouuert. Semblablement *giouare* a l'*o* fermé, côtre l'opinion de quelques-vns: aussi pareillement *Colonna*, attendu
qu'il vient du Latin *Columna*, combien que les
Romains le proferent par, *o*, ouuert.

Le nom *Tosco*, quand il vient de *Tuscus*, qui signifie Toscan, c'est à dire du pays de Toscane, se
prononce par, *o*, fermé, au contraire de ce que *o fermé.*
font quelques-vns, mesme Petrarque le met en *Petrar.*
rime propre auec *fosco*, qui a aussi l',*o*, fermé: Mais *Laura*
quand *Tosco* vient de *Toxicum*, par le changement gentil,
seul de l'*x* en *s*, en ostant l'*i*, & signifie du poison,
aussi que l',*o*, venant du Latin, il demeure ouuert: *o* ou-
& partant, c'est vne rime impropre lors que le *uert.*
susdit Petrarque l'accouple en ceste significa- *Petrar.*
tion auec *fosco*. *cap. 1.*

Or la raison, pourquoy l'*u* Latin, se change *morte.*
plustost en l',*o*, fermé en Toscan, que non pas en
l',*o*, ouuert, est assez manifeste par ceste reigle des
Philosophes: qu'és choses qui ont entre-elles
quelque ressemblance & conuenance, le passage
& conuersion de l'vne à l'autre en est tousiours

plus aifée & facile : Parquoy eftant l'*u* & l',*o*, fermé, voyelles plus approchantes l'vne de l'autre, que non pas l'*u* & l',*o*, ouuert, il eft plus à propos de conuertir ledit *u* en l',*o*, fermé, qui luy eft plus femblable, qu'en l',*o*, ouuert qui en eft plus efloigné. Mais pourtant il faut prendre garde que l'*u* du Latin, ne fe transforme pas toufiours en l',*o*, en Tofcan, ains que quelquesfois il y demeure, comme entre-autres dictions il fe void en celles-cy, *Durus, funis, furor, Luna, Lupa*, & plufieurs autres : & ceux-cy font en Tofcan, *Duro, fune, furore, Luna, Lupa.*

*o ou-*
*uert.*

Il y a quelques paroles exceptées de cefte reigle, comme *nuptiæ & luĉta*, & certaines autres, lefquelles en Tofcan ont l',*o*, ouuert, & font *nozze & lotta*, encor que quelques-vns ne l'approuuent pas.

*o fermé.*

Les noms Tofcans qni deuant la derniere vocale ont, *on*, prononcent toufiours l',*o*, fermé, cela venant pour la plus-part de la proprieté Tofcane : comme, *Canzone, Barone, Balcone, cagione, diuotione, fazzone, ragione*, & de mefme en font les noms propres, comme, *Catone, Cicerone, Filone, Milone, Platone, Scipione*, & autres femblables : & auffi les nome des familles : comme, *Azzoni, Braccioni, Bronconi, Bregioni, Ciglioni, Campioni, Checconi, Cotoni, Fantoni, Francefconi, Petroni, Ragnoni, Simoni*, maifons nobles de Siene : & autres femblables, tant Noms que tranfition en Aduerbes : comme, *Carpone, Tentone, Caualcione, Brancolone*, & *ginocchione.*

*o fermé.*

Quelquesfois la diction fe termine en, *ona*, & a la mefme nature, comme, *Ancona, Antona, Bellona, Corona, Nona*, & autres. Pareillement auffi

quand quelques verbes finissent en, *ono*, comme,
*Abandono*, *Dono*, *perdono*, *ragiono*. Or la raison de
tel effect, est la nature & vertu de l', *n*, qui suit ledit, *o*, parce qu'estant ladite, *n*, vn element liquide & tendre, elle a ordinairement vne proprieté,
d'amollir la voyelle qui est immediatement deuant elle : comme il se void aussi en l', *e*, lequel
pareillement, de sa nature l'attendrit, tellement
que ledit , *e*, pour la plus-part deuant l', *n*, est fermé, comme : *Arena*, *Balena*, *cena*, *lena*, *pena*, *vena*, &
autres infinis. Mais il faut sçauoir que ceste rei-  *o ou-*
gle est vraye, lors qu'il n'y a point d'*u* liquide de-  *uert.*
uant ledit, *o*, parce qu'en ce cas, il faut que ledit, *o*,
soit ouuert : comme en ces dictions, *Buono*, *Suono*,
*Tuono*, & autres.

Ces autres dictions Toscanes terminées en, *ore*,  *o fermé.*
sans mesme auoir deuant soy l'*u* liquide , prennent tousiours l', *o*, fermé : comme , *Amore*, *can-*
*dore*, *dolore*, *errore*, *honore*, *sapore*, *rossore*, & autres semblables, auec ces composées, *ad'hora*, *ogn'hora*, *qual-*
*hora* , *Talhora* , *tutt'hora* : & plusieurs autres : aussi
de mesme quád il y a vn, *i*, liquide changé de l', *l*,
du Latin : comme il se void en , *fiore*, qui vient du
Latin *flore*, changeant l', *l*, en, *i*, liquide & Toscá,
parquoy il y a vn, *o*, fermé, encor qu'il soit apres
vn *i* liquide. Ce qui pareillemēt a lieu, quand le
mot se termine en, *oro*, comme, *Coloro*, *loro* , *lauoro*,
*adoro*, *inamoro*, *honoro*, *miglioro*, lesquels ont l', *o*, de la
penultiesme sillabe fermé. Or s'est-il dit cy des-
sus, sans auoir deuant soy l'*u* liquide , d'autant
qu'il se void, que quelque diction prend ledit *u*,
liquide par interposition, Toscane , comme entre les autres , *core*, qui fait *cuore* en vray Toscan

*o ou-
uert.* prenant l'*u* liquide deuant foy; il eſt neceſſaire
de le prononcer par ,*o*, ouuert: ce qui aduient
auſſi en *fuore, giuoco, muore,* & autres encor qu'ils
n'ayent pas la meſme terminaiſon, comme *fuora,
fuori, fuora,* & ſemblables.

*o fermé.* Toutes les dictions qui ont vne, *n*, apres l',*o*, en
meſme ſillabe, & que la ſuiuante commence par
vne conſonante diuerſe, ſe prononcent par l',*o*,
fermé: comme, *fonte, fronte, monte, ponte, fronda,
ſponda, bionde, riſponde,* & pluſieurs autres, eſquelles
il faut prendre garde que tous les, *o*, viennent par
origine du Latin: parce que celles qui s'enſuiuét
à ſçauoir, *onda, mondo, fecondo, Giſmondo, Giocondo,* &
de meſme *Fondi* & *Tondi,* maiſons nobles de Siene, & autres ſemblables, ont bien l',*o*, fermé,
mais c'eſt par vne autre reigle, qui eſt, que ledit
*o*, eſt formé de l'*u* Latin, c'eſt à ſçauoir de *Vnda,
mundus, fœcundus, fundus* & *Tundus*: pareillemẽt
*Giunti* & *Buonagionti,* familles nobles de Siene, que
les Florentins prononcent *Giunti* & *Buonagiunti,*
& autres. *Conte,* qui ſignifie vn Comte, nom de
dignité, & qui quelquesfois eſt nom propre: &
auſſi *Conte* pour *Contate* ſuiuent la meſme reigle.
*Pondo* a tout de meſme l',*o*, fermé. Et la raiſon de
ce peut eſtre la proprieté naturelle de ceſte lettre, *n*, laquelle, comme dit eſt, a la force de con-
denſer & reſſerrer l',*o*, qui la precede, pourueu
qu'il n'y ait point d'*u* liquide deuant iceluy, *o*, par
interpoſition pure Toſcane.

Or il s'eſt dit cy deſſus, & que la ſillabe d'apres,
*en*, commence par vne conſonante diuerſe, d'autant que ſi elle cõmençoit par vne autre, *n*, alors
il n'y pourroit pas auoir vn *o* fermé: comme il ſe

void en ces mots, *Donno, Ponno,* & *Donna,* deux def- o ou
quels qui font, *Donno* & *donna,* viennent de *Domi*- uert.
*no* & *domina,* & fuiuent la reigle de l'accent aigu
en l'antepenultiefme, tellement qu'ils ont l'o ouuert fur lequel fe fait l'accent qui eft fur lefdites
dictions *Domino* & *Domina.* Pour le regard de
*ponno* il a l'o ouuert, en vertu de l'origine de fa
formatió, parce que faifant en la troifiefme perfonne du fingulier, *può,* auec l'o ouuert & l'accét
aigu, neceffairement puis en la troifiefme du
plurier, il fait *ponno* par *o,* ouuert, & par deux, *nn,*
& fans *u* liquide, par changement de *poffono,* à fçauoir de la fillabe, *ffo,* en *n.*

Ces autres fuiuantes qui font *fonno,* & *gonna,* o fermé.
fuiuent la reigle de l'*n,* donnée cy deffus, laquelle
a la force de former l'*o.* De *colonna* il n'y a point de
doubte qu'il n'ayt l'o fermé, venant de *columna*
Latin, la où il y a l'*u* vocale.

Toutes & quantesfois qu'apres l'*o,* il fuit vne o fermé.
*m,* ordinairement il fe prononce fermé : ce qui
a lieu en deux manieres, l'vne quand l'*m* fe trouue en mefme fillabe que l'*o,* comme en *Pompa,* &
*Compieta,* lefquels viennent de *Pompa* & *Completo-*
*rium* latins, qui ont neantmoins l'*o,* ouuert, & au
contraire en Tofcan ils l'ont fermé. L'autre maniere eft quand l'*m* fe trouue en la fillabe qui fuit
l'*o,* comme en ces mots, *Roma, pomo, nome,* & en
quelque peu d'autres, efquels l'*o,* fe doit prononcer fermé, encor qu'ils viennent du Latin, la où
ledit *o,* fe prononce ouuert : en quoy toutesfois
plufieurs faillent.

Or retournant à noftre fil, il faut prendre garde, qu'ils s'eft dit, que, ordinairement il fe pro-

nonce fermé: parce qu'il y a deux raifons pourquoy ledit *o*, fe prononce ouuert deuant l'*m*:
L'vne eft, quand il prend deuant foy l'*i* liquide:
c'eft à dire qui fe coule en diphtongue auec iceluy, & par vne pure interpofition Tofcane, &
non pas par origine: comme en ce mot *chioma*. Et
le mefme aduiendroit fi ledit *o*, prenoit deuant
foy l'*u* liquide, dôt fe void l'exemple en *huomo* &
*duomo*. L'autre raifon eft en cefte diction *foma*, qui
a l'*o* ouuert, & la caufe de cela fe croit eftre, qu'il
ne vient pas purement de l'*o* Latin, comme il fait
en *Roma, pomo, nome*, & autres mentionnez cy deffus, mais que icelle diction vient de *falma*, ou de
*fagma*, dictions modernes de la langue Latine, &
introduites par vne barbare transformation:
comme aufli *voto*; qui vient de *vacuus* Latin, lequel prenant de plus l'*u* liquide, & faifant *vuoto*,
fe prononce par *o*, ouuert, comme *foma*.

*o ou-*<br>*uert.*

*o fermé.*
Lors que l'*o*, en Tofcan, eft formé de l'*o*, Latin
feul, s'il n'y a point d'*u* liquide deuant, en la premiere langue il fe prononce fermé: comme en,
*Sole, folo, volo, inuolo, colo*, & autres qui font de la
premiere langue. Mais en ceux qui font de la feconde & troifiefme langue ce n'eft pas de mefme, comme *ftola* & *cole*, & quelques autres femblables qui ont l'*o* ouuert. Ce qui a lieu parcille-
ment quand l'*o* Tofcan eft transformé de la
diphtongue Latine, *au*, comme il fe void en *Pols*
de *Paulus: Nolo* de *naulum*: & aufli *tole* pour *tauole*,
en Venitien: & *Coli* pour *cauoli: Soro* pour *fauro*, famille de Sienne. *Moro* pour *Mauro*, & quelques
autres. Il s'eft dit que c'eft quand il n'y a point
d'*u* liquide, car l'*o* y eft neceffairement ouuert:

*o ou-*<br>*uert.*

comme en *huomo*, *duolo*, *figliuolo*, *suolo*, *suole*, *vuole*, & autres semblables.

Entre les terminaisons des noms masculins, il y en a vne en *oio*, dôt le premier *o* est fermé: côme, *Ballatoio*, *lauatoio*, *Guazzatoio*, *vccellatoio*, *cottoio*, *imbottatoio*, *scorticatoio*, *tiratoio*, *filatoio*, *naspatoio*, *depanatoio*, *affettatoio*, & autres semblables, qui est vne proprieté Toscane. Toutesfois il y a d'autres pareils noms terminez en *oia*, qui ont ledit *o*, ouuert: comme, *Noia*, *Sauoia*, *salmuoia*, & autres. Bien est vray que lors que le mot terminé en *oio*, est adiectif, ayant ledit premier *o*, fermé: tout de mesme en son feminin qui se termine en *oia*, il préd aussi ledit *o* fermé: comme de *cottoio* se fait *cottoia*: de *partitoio*, *partitoia*: de *facitoio*, *facitoia*: de *feritoio*, *feritoia*: de *Gastigatoio*, *gastigatoia*: de *mangiatoio*, *mangiatoia*: & semblables. Ce mot de *Pistoia* suit ceste reigle, encor qu'il ne soit pas feminin formé du masculin, ny nom adiectif, parce que c'est le nom d'vne ville.

C'est vne reigle generale que la où il y a vn *o*, deuant *gn*, ledit *o*, se prononce fermé: comme, *Bologna*, *bisogno*, *cicogna*, *sampogna*, *rampogno*, *rogna*, *fogna*, *ogni*, *sogno*, *Sansogna*, *vergogno*, & *pogna*, qui se dit au lieu de *pongs*. Il se trouue vn nom excepté de ceste reigle qui est *Antogno*, lequel a l'*o* ouuert, encor qu'anciennement il se prononçoit fermé, mais estant conuerty en *Antonio*, qui est plus approchant du Latin, il en prend aussi le mesme *ô* qui est ouuert.

L'*o* qui est deuant le *gl*, se prononce ouuert: comme en ces mots, *foglio*, *scoglio*, *soglio*: & plusieurs autres qui viennent de l'*o* Latin.

Les noms adiectifs qui finiſſent en *oſo*, en chacun genre & nombre ſe prononcent par *o*, fer-

*o fermé.* mé : comme , *amoroſo* , *amoroſa* , *amoroſi* , *amoroſe* , *gra-*
*ioſo* , *noioſo* , *ingegnoſo* , *vigoroſo* , *doglioſo* , *lagrimoſo* , *ſde-*
*gnoſo* , *affannoſo* , *penſoſo* , *timoroſo* , *virtuoſo* , & mille autres tels. Il s'eſt dit des noms adiectifs , parce
qu'és ſubſtantifs ceſte reigle n'a pas facilement
lieu , comme il ſe voit en *roſa* , *ſpoſa* , qui ont l'*o*
ouuert. Cela s'entend auſſi de la terminaiſon,

*o ou-*
*uert.* parce qu'eſtant, *oſo*, parole entiere : comme *io ſon*
*oſo* ; alors il eſt auſſi ouuert : ce qui arriue parce
que ledit *o*, vient de la diphtongue Latine, *au*, en
ce mot, *audeo*, comme il s'eſt dit cy deſſus , & ſe
voit en *odo* & *oro* , formez de *audio* & *aurum* , où
l'*au*, ſe change en *o* ouuert.

La où l'*ſ* Latine ſeule miſe à la fin de la parole,

*o fermé.* ſe change en *i* en Toſcan, l'*o*, qui eſt deuant iceluy ſera fermé , comme il aduient en ces parti-
cules monoſillabes du nombre plurier *nos* & *vos,*
leſquelles en Toſcan ſont *noi* & *voi* , changeant
ladite *ſ* en *i*. Mais s'il y auoit vne lettre d'auantage que ladite *ſ*, comme en ce mot *poſt*, qui fait
en Toſcan, *poi*, alors ledit *o* ſe prononceroit ou-

*o ou-*
*uert.* uert.

Ayant iuſques icy parlé de l'*o* fermé & de ſes
reigles, il faut dire quelque choſe de celüy qui ſe
prononce ouuert. Et encor qu'il euſt eſté ſuffi-
ſant d'auoir traitté de l'vn, pouuant iuger que la
où il ne ſe trouue pas fermé , qu'il faut par ne-
ceſſité qu'il ſoir ouuert: neantmoins, il eſt à propos d'en noter ce qui ſe pourra, afin qu'en oppo-
ſant deux contraires, on les puiſſe mieux reco-
gnoiſtre.

. Nous dirons donc en premier lieu, que les monosillabes qui naturellement se terminent en, *o*, *o ou-
le prononcent ouuert*: comme *o* particule disjonctiue qui vient du Latin, *aut*. Semblablemét,
*o* article du vocatif cas, qui est de mesme au Latin. Pareillement ces sept verbes que nous pouuons dire estropiez, n'ayans qu'vne seule sillabe,
à sçauoir: *do, fo, ho, so, sto, vo*, & *tro*, au lieu de *trahe*
ou *tiro*, ont l'*o* ouuert: tout de mesme l'a *Po*, qui
est le nom de ce fameux fleuue d'Italie: comme
aussi ces deux particules Lôbardes *mo* & *co*, vsées
par *Dante*: & ceste particule negatiue, *no*, lors
qu'elle se termine en vocale elle a aussi l'*o*, ouuert, parce que quand naturellement elle finit
en consonante, alors elle se prononce par *o* fermé: en voicy vn exemple de Petrarque en la
chanson des transformations:

*Ond'io gridai con voce, e con inchiostro:*

*Non son mio no, s'io moro il danno è vostro.*

La où le *non* se prononce par *o*, fermé: & *no*, par
*o*, ouuert, comme s'il estoit accentué en ceste
sorte, *nò*.

Au cas semblable ces deux particules, *cio* & *può o ou-*
se prononcent par *o*, ouuert: mais l'article *lo*, se *uert.*
prononcera par l'*o* fermé, n'ayant point d'accent *Excep.*
comme les deux autres.    *lo.*

Les Monosillabes tronquées & terminées en
*o*, prouenantes des entieres dictions qui ont l'*o*, *o ou-*
ouuert, retiennent le mesme: comme, *vo* de *vo-* *uert.*
*glio*: *to* de *togli*: *co* de *cogli*, & autres semblables.

Si en la diction pure ou entiere il y a l'*o* fermé,
il y sera pareillement en la tronquee: comme
pour exemple *mogle*, qui se tronque par quel-

ques-vns ſe dit *mò*, comme: *la mò di Tofano*, au lieu de, *la mogle di Tofano*: Ce qui ſe void auſſi en ceſte particule *con*, laquelle ſe tróque & fait quelques fois *co'*, & ainſi ſuiuant la nature de leurs entieres elles ſe pronócent par l'*o* fermé: & principalement parce que la particule *con* vient du Latin *cum* dont l'*u* ſe change en *o* fermé, & par conſequent il le ſera auſſi en *co'*.

*o ou-*
*uert.*

 Les dictions de pluſieurs ſillabes qui ont l'accent ſur la derniere, ſe prononcent par *o* ouuert: comme il ſe void és verbes en la troiſieſme perſonne du ſingulier du preterit parfait, de la premiere Conjugaiſon ſeulement: comme ſont, *amò*, *cantò*, *ballò*, *parlò*, *chiamò*. Et pareillement les premieres perſonnes du ſingulier du futur de l'Indicatif de toutes les quatre Conjugaiſons: côme, *amarò*, *cantarò*, *ballarò*, ainſi que les Siennois diſent: & à la Florentine, *amerò*, *canterò*, *ballerò*: que les Lucquois & Piſans prononcent par *o*, fermé. Tout de meſme és Noms & ſurnoms: comme, *Nicolò*, *cibò*, *falò*. Auſſi és Aduerbes, *però*, *perciò*, & autres.

*o ou-*
*uert.*

 Quand l'*o* a deuant ſoy l'*u* liquide, c'eſt à dire que tous deux enſemble font vne diphtongue auec la conſonante qui precede, alors ledit *o* eſt ouuert, & ne ſe prononce iamais fermé, comme il ſe void en ces dictions ſuiuantes, *buono*, *cuore*, *duolo*, *figliuolo* (en ceſte-cy il ſe fait vne triphtongue, & és autres auſſi qui ont *gli* deuât leſdits *uo*) *fuoco*, *fuore*, *muore*, *ſuona*, *tuona*, *cuoce*, *nuora*, *puote*, *vuole*, *giuoco*, (en ce dernier il y a auſſi triphtongue) & autres ſemblables: encor que en aucunes, & ſpecialement pour exemple, pluſieurs Imprimeurs

meurs, & autres se trompent: car voyant que
en *giuoco* il y a *u* liquide, & qu'il faut prononcer
l'*o* ouuert à cause de l'accent aigu qui s'y fait, ils
estiment qu'il faille escrire *giocaua*, & *giuocare*, ne
s'appercevant pas que ne se faisant l'accent aigu
sur l'*o*, & par consequent ne se prononçant ouuert, il ne faut pas aussi qu'il y ait vn *u* liquide:
ains se doiuent escrire *giocaua*, & *giocare*, & non
pas, *giucaua* & *giucare*, cóme il se trouue en quelques textes du Decameró de Bocace, & ce d'autant que l'*o*, qui est substantiel & radical du mot
*giuoco*, estant formé de *iocus* Latin, ne se perd point
lors qu'il faut transposer l'accent d'iceluy: cóme
en *giocare*, où il se transporte sur l'*a*, ains faut per-
dre plustost l'*u*, qui est accidentel, & dire *giocare*,
pour *giuocare*: comme aussi de *cuore*, se fait *corale*,
& non pas *cuorale*: de *muore*, se fait *morrale*, & non,
*muortale*, ny, *murrale*, & autres semblables.

Par la mesme reigle de *suono*, se fait *sonaua* & *so-
nare*: de *Tuono*, *tonaua* & *tonare*: & de *Alluogo*, *alloga-
ua* & *allogare*, & non pas, *suonaua*, *suonare*: *tuonaua*,
*tuonare*: *alluogaua*, ni, *alluogare*: en quoy plusieurs
faillent en escriuant.

Quand l'*o* Toscan vient de la diphtongue La- *o ou-*
tine, *au*, il est ordinairement ouuert, comme de, *uerr.*
*aurum*, *aura*, *audio*, *gaudeo*, *fraus*, *laus*, *laurus*, *Maurus*,
*saurus*, *raucus*, *naulum*, *paucus*, & beaucoup d'autres
qui font, *oro*, *ora*, *odo*, *godo*, *froda*, *lode*, *alloro*, *Moro*, *toro*,
*roco*, *nolo*, *poco*, & aussi *cauda* fait *coda*: *pausa*, *posa*: &
*ausus*, *oso*.

Il y a quelques exceptions de ceste reigle,
comme sont *foce* de *fauces*, & *coda* de *cauda*, qui ont *o fermé.*
l'*o* fermé: & peut-estre aussi que le premier vient

T

de *foces*, & l'autre de *coda*, que les anciens paylans Romains difoient, lefquels ne parloient pas bien Latin, ainfi que tefmoigne Varro *de lingua Latina*.

Si plufieurs lettres de la diction Latine, fe conuertiffent en vn *o* feul en Tofcan, alors ledit *o* eft ouuert: comme de *fabula* fe fait quelquesfois *fola*: de *Parabola*, *parola*: de *tabula*, *tola*: & de *caules*, *coli*: en la premiere & en la troifiefme defquelles, *Abu*: en la feconde *Abo*, qui font trois lettres, & en la quatriefme *au*, qui font deux lettres, fe conuertiffent en vn *o* feul.

*o ou-uert.*

Toutes & quantesfois que l'*o* a vne *r* liquide deuant foy, alors il fe prononce ouuert: comme pour exemple, *proda*, *prouo*, *troua*, *cronica* & *cronaca*: & de mefme auffi, *grotta*, *frollo*, *troppo*, *trotto*, encor que ces derniers le prononcent ouuert à caufe du redoublement des côfonantes qui font apres ledit *o*. Pareillement auffi cefte diction monofillabe *pro*, foit qu'elle fignifie profit ou vtilité, comme *in mio pro*, à mon proffit: & *buon pro Vi faccia*, bon prou vous face: ou bien quand elle veut dire, preux: comme *bello & pro della perfona*, beau & preux de fa perfonne, a l'*o* ouuert.

*o ou-uert.*

Et au cas femblable, *crollo*, *crofcia* & *trofcia*, & autres telles dictions barbares.

Ces fuiuantes, *Tromba*, *tronco*, & *trionfo*, fe prononcent par *o* fermé, à caufe que ledit *o* vient de l'*u* Latin, à fçauoir de *Tuba*, *truncus* & *Triumphus*.

*o fermé.*

Les dictions venant du Latin, & qui en la mefme fillabe où elles ont l'*o*, y ont auffi *l*, ou *r*, a-presiceluy, fe prononcent ordinairement par *o* ouuert: qui eft directement le contraire de la reigle cy-deffus, qui eft, que quand il y a vne *m*, ou

*o ou-uert.*

yne *n*, en fuitte dudit *o*, alors il eſt fermé, comme
en ces mots, *conca*, *fronde*, *fonno*: Or les diſtions
qui s'enſuiuent qui ont, comme dit eſt, *l*, ou *r*,
apres l'*o*, ſont: *Corda*, *horto*, *porto*, *conforto*, *torchio*, *tor-
uo*: *Porro* eſt de meſme, qui vient de *porrum* Latin,
en redoublant la conſonante *r*, ce qui aduient rarement. Mais l'*l* ſe redouble fort ſouuent: côme
en *Colle*, *collo*, *Apollo*, *molle*, & *tolle*, au lieu de *toglie*,
& auſſi *volli* pour *volſi*. Or il a eſté dit, que c'eſt en
la meſme ſillabe, où il y a l'*o* & l'*r*, parce que s'il y
auoit vn *u* au Latin, il ſe conuertiroit en *o* fermé, *o fermé.*
comme il s'eſt dit cy-deuant, ſoit que la conſo-
nante ſe redouble, ou qu'il y en ait deux diuer-
ſes: comme, *bolla*, *colpa*, *forca*, *pollo*, *polpa*, *fordo*, *tordo*,
& ſemblables. I'ay dit au commencement de
ceſte reigle, ordinairement, parce qu'il y a cinq
diſtions qui viennent du Latin, la où il y a l'*o*, &
l'*r*, en meſme ſillabe, auec vne conſonante diuerſe en ſuitte, qui ont neantmoins l'*o* fermé, & *o fermé.*
ſont celles-cy: *forma*, *orno*, *ordine*, *forſe* & *torno*, leſquelles viennent de *forma*, *orno*, *ordo*, *forſan* & *tornus*,
& ſont deſbandées de la troupe des autres.

Quand l'*o* ſe trouue auec accent aigu en l'antepenultieſme és paroles pures, & qui ne vien- *o ou-*
nent point par formation, alors il ſe prononce *uert.*
ouuert: comme en *memoria*, *gloria*, *Vittoria*, *copia*, *Exce-*
*inopia*, *propia*, *Ethiopia*, *otio*, *negotio*, *Equinotio*, *conio: ption.*
mais *Demonio* & *teſtimonio* en ſont exceptez, ayant *o fermé.*
l'*o* fermé: & ces terminaiſons ſuſdites ſont formées de deux vocales, ſeruant à ces rimes qui
s'appellent *ſdruſciole*, c'eſt à dire gliſſantes, parce
qu'elles ont deux ſillabes breues à la fin.

Or cela n'eſt pas ſeulement en ces exemples

sus-alleguez, où il y a deux voyelles qui finissent
la diction, mais aussi en d'autres mots où il y a
consonante deuant la derniere vocale, comme il
se void en *Cristofano*, *mobile*, *monaco*, *Cosimo*, *pouero*,
*canonico*, *malinconico*, *zotico*, *popolo*, *falotico*, *Veronica*,
*loica*, *cronica*, *monico*, & autres : encor que *pouero* ait
encor pour vne autre raison l'*o* ouuert, venant
de l'*au* Latin.

Le mesme aduient, quand encor apres l'*o* il y a
vn redoublement de consonantes, soit vne mesme ou diuerse, & que l'*o* procede de l'*o* Latin, &
non pas de l'*u*: comme, *ottimo*, *cottimo*, *guffano*, *bot-
tolo*, *zoccolo*, *portico*, *trottola*, *Porsena*, *Corsica*, *Bostichi* : &

*o fermé.* quand ledit *o* est fait de l'*u* Latin, alors il est fermé, comme en *moccolo*, qui vient de *mucus*.

Il est dit cy-dessus, que c'est és paroles pures
que l'*o* est ouuert, parce qu'és composées cela n'a
point de lieu : comme de *uola*, *pose*, *cole*, il se forme
par maniere de composition ou augmentation
du mot, *uolaci*, *posemi*, *colori*, esquels combien que
l'accent soit en l'antepenultiesme, il y a neantmoins *o* fermé : & la raison de cela est, que les
additions ne changent point, ny ne font changer l'accent de la parole simple & pure, ny ne
changent point aussi les voyelles ou autre lettre:
parquoy y ayant *o* fermé en *uolo* & en *Pose*, il sera
aussi de mesme en *uolaci* & *Posemi*: Il a esté dit
pareillement, que ce sont de celles qui ne viennent point par formation, attendu que la formation a le mesme effect que l'addition, en lais-
sant l'accent au lieu mesme où il se trouuoit : &
partant si *uolo* a l'*o* fermé, tout de mesme l'aura
*uolano*, qui prouient d'iceluy par formation:

comme auſſi font, *poſe, poſero* ou *poſeno* : *riſpoſe, ri-*
*ſpoſero* ou *riſpoſeno*, & autres ſemblables, leſquelles
ne naiſſent point par racine, mais par formatió.
D'icy l'on entend pourquoy *Demonio* & *teſtimonio*
ſe prononcent par *o* fermé, encor qu'ils ayent
l'accent aigu en l'antepenultieſme : car y ayant
ledit *o* fermé en *teſtimone*, il faut par les reigles cy
deſſus, qu'en vertu de la formation, il ſoit auſſi
de meſme en *teſtimonio* : & comme les anciens diſoient *demone* qui auoit l'o fermé, auſſi le meſme
ſe garde en *demonio*, qui eſt formé dudit *demone*.
Semblablement en ce mot *ricouero*, encor que l'o
ſoit en l'antepenultieſme, neantmoins il a l'o fermé, parce qu'il vient de *recupero* verbe Latin, lequel a l'*u*, qui ſe conuertit en Toſcan en *o* fermé,
comme il eſt dit cy deſſus.

 Si l'o Toſcan vient de l'o Latin, & qu'il ſoit ſui-
uy de *gl*, alors il ſe prononce ouuert, comme en
ces dictions cy apres, *foglio, foglia, doglio, doglia, ſpo-*
*glio, ſpoglia, voglio, voglia*, & autres ſemblables.
Mais il aduient le contraire s'il y a vn *gn*, apres
ledit *o*, car en ce cas il eſt fermé, comme en *Bolo-*
*gna, fogna, rogna, ſogna, ſpogna*, & autres, comme il a
eſté traicté cy deſſus : I'ay dit que c'eſt quand l'o
Italien vient de l'o Latin, car s'il venoit de l'*u*, il
ſeroit touſiours fermé, ainſi que par la reigle,
qui en a deſia eſté donnée : comme en *moglie* l'o y
eſt fermé, parce qu'il vient de *mulier* & autres.

 La où apres l'o, il y a vne conſonante redoublée non liquide ny groſſe, s'il ne vient de l'*v*
par origine, il ſe prononce ordinairement ouuert : & cela s'entend quand l'accent aigu ſe
trouue en la penultieſme ſillabe : parce qu'il a

*o fermé.*

*o ou-*
*uert.*

*o fermé.*

*o ou-*
*uert.*

esté dit cy deſſus, de quand s'il ſe trouue ſur la
derniere ou ſur l'antepenultieſme, en laquelle
antepenultieſme ceſte meſme reigle eſt ſemblablement vraye : & en voicy des exemples par
l'ordre de l'*A,b,c.*

Le premier eſt, quand apres l'*o* il y a vn *b* redoublé : comme, *gobbo, gobba, adobba, robba,* que les
Florentins prononcent par *b* ſeul *roba.*

Le ſecond eſt, quand apres ledit *o,* il y a deux
*c* durs, comme, *cocca, bicocca, fiocca, balocca, imbrocca,
nocca, ſcocca, ſucca, ſoccolo, rocca.*

Le troiſieſme, quand apres le *ch,* dur il ſuit vn
*i,* liquide, qui arriue le plus en certaines paroles
Toſcanes, formées de mots Latins terminez en
*ulus,* comme *occhio* de *oculus : finocchio* de *fœniculus:
ginocchio* de *geniculus : ranocchio* de *ranunculus,* & autres ſemblables.

Le quatrieſme eſt, quand il ſe trouue vn *c,* mol
redoublé apres ledit *o,* & en ſuitte dudit *cc,* double vn *i,* liquide : comme en *chioccia* & *roccia,* tout
de meſme en *boccia* & *ſoccio,* auſquels s'adjouſtent
ces autres, qui par terminaiſon diminutiue finiſſent en *occio* ou *occia,* comme *bamboccio, figlioccio,
ſantoccio, Bertoccio, Vannoccio, Lutoccio, Rigoccio, Micoccio,
Canoccia, Gatoccia:* & de meſme, *Andreocci, Callocci,
Docci, Petrocci, Pinocci, Serminocci,* & autres noms de
familles de pareille terminaiſon.

Le cinquieſme eſt lors que le *d,* eſt redoublé
apres l'*o,* ce qui aduient rarement, car il ne s'en
peut donner aucun exemple de paroles vrayes
Toſcanes, excepté *Oddo,* & *Oddi,* l'vn nom propre, & l'autre de famille à Peruge, ou de bien
peu d'autres.

Le fixiefme quand l'*f*, eft redoublée, & quelquesfois feule, comme *goffo, gaglioffo, noffo*, ou ayāt
vn *i* liquide apres foy : comme, *Paroffia* pour *Pa-
rocchia : Toffia*, nom de lieu & famille.

Le feptiefme eft en ces mots, qui ont deux *gg*
mols, & apres foy vn *i* liquide : comme, *loggia,
alloggia, chioggia, foggia, poggio, poggia, appoggia, moggio,*
& *moggia : hoggi* eft auffi de mefme nature.

Le huictiefme eft, quand apres l'*o*, le *p* fe redouble purement : comme, *galloppo, galloppa:
troppo, troppa : zoppo, zoppa : groppo, groppa : intoppo, in-
toppa : loppo, loppa : firoppo, firoppa : toppa, ftoppa, coppa.*

Le neufiefme, quand apres le *p* redoublé il y a
vn *i* liquide : comme, *fcoppio, fcoppia : ftroppio, ftrop-
pia*, felon les Siennois ; parce que les Florentins
difent *ftorpio* & *ftorpia* par *o* fermé : mais le *p* n'y *o fermé*
eft pas redoublé.

Le dixiefme eft, quand l'*ff* fe redouble, comme,
*groffo, groffa : ingroffo, ingroffa : foffo, foffa : poffo, poffa : moffo,
moffa : offo, offa : diffoffo, diffoffa* : & autres.

L'vnziefme eft au redoublement du *t*, apres *o* :
comme, *otto, cotto, dotto, dotta, botto, botta, notte, an-
notta, cotta* : & les diminutifs terminez en *otto* :
comme, *Mariotto, Giannotto, cagnotto, leprotto, fagia-
notto, pefciotto, ftarnotto* : pareillement *botta* &
*all'hotta*, en lieu de *hora*, & de *all'hora*.

Le douziefme & dernier exemple eft, quand
apres l'*o* le *z* eft redoublé : comme en *rozzi, mozzi,
ftrozzi, martinozzi, cozzo, cozza, cozzi, tozzo, bozza,
abbozzo, baciozzi, parolozze, Vitozzo, Pierezzo,
Giannozzo, vitellozzo, Gigliozzo, figliozzo, forefozza,
bellozza, fauiozza*, & autres femblables.

Or reprenant cefte reigle dés le commence-

cement, il a esté dit que c'est par le redoublemét
d'vne mesme consonante, parce que quand il y
en a deux differentes, il y a d'autres raisons,
comme dit est, & se dira encores : car il aduient
quelquesfois que l'*o* est fermé, comme en *fronte,*
*monte, compte,* & plusieurs autres : Il a aussi esté dit
consonante non liquide, ny grosse : parce qu'en
ce cas la reigle ne seroit generale, comme des liquides il se cognoist en *pollo, sommo, sonno,* & *torre,*
quand il signifie vne tour : & des grosses il se
voit en *moglie,* *Bologna,* & *spogna,* la où l'o est fermé : Puis il est dit en suitte : si l'o n'est formé de
*j* par origine, parce qu'alors il est fermé, cóme
s'est veu és exemples sus-alleguez, en recher-
chant les dictions qui viennent par origine de
*o,* & cy apres encor ; Premierement au *b,* cóme
*roubi,* poëtique pour *rossi,* qui vient de *rubeus,*
*Arobie* nóm de ville, qui vient de *Eugubium,* &
ainsi ont l'*o* fermé. Puis au *c,* dur, *bocca,* se lit par
*o* ferme, parce qu'il vient de *bucca,* & de mesme
*imbocca,* & *trabocca,* verbes formez de *bocca.* Au *c,*
languide ou mol, il se prononce aussi fermé:
comme en *doccio, doccia, docci,* qui viennent de *aquæ-*
*ductus* des Latins, dont s'est formé *aquidotto,* &
*aquidoccio:* Pareillement en *goccia, gocciolo* & *gocciola,*
qui viennent de *gutta.* Au *g* languide ou mol, il
s'en fait de mesme, comme en *roggio,* pour *rosso,*
& autres exemples qui se pourront rencontrer
estre formez de l'*u* Latin. Deuant l'*f,* redoublée
il se void en *soffie, soffia,* venans de *sufflo, sufflat.*
Tout de mesme au redoublement du *p,* comme
en *stoppa,* qui vient de *stupa* Latin.

Nous le voyons aussi quand l'*s,* est redoublée,

comme en *boſſo* & *roſſe*, qui viennent de *buxus* &
*ruſſis* Latins. Toutesfois en *Percoſſo* il ſe prononce *o* ou-
ouuert encor qu'il vienne de *percuſſus*, mais cela *uert.*
ſe fait, à cauſe qu'il eſt de la ſeconde formation,
qui eſt moins reiglée que la premiere.

Il ſe voit auſſi manifeſtement au *t*, redoublé, *o fermé.*
comme en *gotto, rotta, ſotto,* qui viennent de *gutta,*
*rupta, ſubter* ou *ſubtus.* Auſſi en *potta.*

Finalement quand le *z* eſt redoublé il ſe fait de
meſme, lors que la diction a ledit *o*, formé de l'*u*
Latin: comme il ſe voit en *gozzo, mozzo, pozzo,* leſquels ſe prononcent par *zz*, que l'Italien dit
durs, au contraire du François qui les nomme
mols ou doux, en les proferant comme *tſ*, ou le
Tſadé Hebreu, & *rozzo*, qui ſelon nous ſe prononce comme noſtre *z*, ou noſtre *ſ*, entre deux
voyelles, & viennent de *guttur, mutilus, puteus,* &
de *rudis.*

Il a eſté dit que cela ſe fait ordinairemét, parce *o ou-*
qu'il ſe trouue quelques dictions qui ſortent de *uert.*
ceſte reigle : comme *rocco, ſozzo*, & *rocca*, quand il
ſignifie vne quenoüille, mais en effect ceux cy
ne ſont formez de l'*u* Latin.

Quand apres l'*o*, il y a vne *ſ*, accompagnée *o ou-*
d'vne autre conſonante, il ſe prononce ordinai- *uert.*
rement ouuert, pourueu que l'accent ſoit en la
penultieſme ſillabe, comme en *boſco, coſta, hoſte,*
*poſta, roſta, ſoſta, noſco* & *voſco, noſtro, voſtro, toſco,* qui
ſignifie du poiſon, *oſmo* nom de ville: *Moſſa, roſpo,*
*Coſci* & *Peſſa*, noms & familles nobles de Sienne
& autres.

Ce mot *angoſcia* eſt douteux, & tantoſt ſe prononce par *o*, ouuert, & tantoſt par *o*, fermé: Le

mesme est aussi de *poscia*. Il s'est dit ordinairement, parce que si deuant iceluy *o*, il y auoit vne
*m* consonante liquide, encor qu'il suiuist vne *s*,
accompagnée d'vne autre consonante, il se prononceroit neantmoins par *o*, fermé: comme *mo-*

*o fermé.*
*stro* nom, & *mostro* verbe : la ou *chiostro*, *nostro*, *vostro*,
se prononcent par *o* ouuert : & cela vient d'vne

*o ou-*
*uert.*
propre vertu de l'*m*, qui est deuant iceluy, côme
par similitude il se voit, qu'il opere de mesme en
l'*e* : car encor que, *sento*, *vento*, *spauento*, & autres
semblables, se prononcent par *e* ouuert ; neantmoins quand l'*m* se trouue deuant ledit *e*, il se
prononce fermé, comme : *menta*, *mento*, *mente*,
*lamento*, *tormento*, *testamento*, dequoy il s'est parlé cy-deuant, en traictant de l'*e* ouuert, & de l'*e*
fermé.

Il se void aussi que quand apres l'*o*, il y vne *n*, au
Latin, & le conuertissant en Toscan ledit *n*, se

*o fermé.*
rejette, alors ledit *o*, est fermé, comme par exemple, *mostro* estant formé de *monstrare*, en rejettant
l'*n*, prend l'*o* fermé.

De ce dernier aduertissement il se collige, que
*sposo* & *sposa*, se doiuent plustost prononcer par *o*,
fermé, comme il se fait en plusieurs endroicts,
que non par *o*, ouuert, comme à Florence & à
Sienne, parce que venans de *sponsus* & *sponsa*, ils
rejettent l'*n*, & partant deuroient suiure la reigle cy-dessus : outre lesquels il se voit vn autre
exemple en *roso*, qui vient de *tonsus*, lequel prend
l'*o* fermé par la rejection de l'*n*.

Quand les noms Toscans ont apres l'*o*, vn *i* liquide, & ce par forme de terminaison, comme
en ces mots, *gastigatoio*, *mangiatoia* : *facitoio*, *cottois*,

& plusieurs autres, desquels il s'est parlé en leur lieu, alors ledit *o* est ordinairement ouuert : & y a entre autres exemples ces suiuans , *gioia* , *noia* , *annota* , *Troia* , *Croia* , *appoia* , *cuoia* , encor que ce dernier ayant l'*u* liquide deuant l'*o* pur, & venant du Latin *corium* , de necessité il a l'*o* ouuert. L'on excepte de ceste reigle *stoia* & *Pistoia* , qui se prononcent par *o* fermé : encor que quelques-vns les prononcent par *o* ouuert, car ils viennent du Latin *stora* & *Pistorium* : & aussi qu'il a esté dit ordinairement, parce que cela ne se fait pas lors que que l'*s*, est accompagnée d'vne autre consonante, comme en ces deux exemples icy , *stoia* & *Pistoia* , & en d'autres qui se pourront trouuer.

Plusieurs noms propres vsez en Toscan, lesquels sont d'origine barbare , & se finissent en *olfo* , comme, *Astolfo* , *Dinolfo* , *Gandolfo* , *Nolfo* , *Ludolfo* , *Pandolfo* , *Ridolfo* , *Sinolfo* & semblables, se prononcent par *o* ouuert en la sillabe qui a l'accent. *Solfo* , qui a mesme terminaison en est excepté, parce qu'il vient de *sulphur* Latin, *Golfo* , se prononce indifferemment par aucuns.

En ces six dictions seules de la premiere langue & descendantes du Latin, où l'*o* est seul , encor qu'il ne soit changé ou formé de l'*u*, il se prononce neantmoins ouuert, en la penultiesme sillabe, & sont les suiuantes, *noue* , neuf: *rosa* , rose: *dote* , dot ou douaire: *modo* , maniere: *nodo* , nœud: & *sodo* , ferme ou solide. Il s'est dit de la premiere langue , parce qu'en celles qui sont de la seconde & de la troisiesme , encor qu'il n'y ayt point d'*u* liquide, il n'y a point de doute que l'*o* ne soit prononcé ouuert : comme il se voit en *cole* , *mola* ,

*o ouuert.*

*o fermé.*

*o ouuert.*

*o fermé.*

*o ouuert.*

*ſiola* , & autres. Il s'eſt dit auſſi és dictions venuës du Latin où l'*o* eſt ſeul , d'autant que ſi ledit
*o* , venoit de pluſieurs lettres , il ſe prononceroit
tout de meſme ouuert , ſans chercher autre interpoſition d'*u* liquide : comme , *ſola,coſa,parola,*
*poſa* , *roco* , & ſemblables , qui au Latin ont *au*. Il
s'eſt auſſi dit en la penultieſme ſillabe , attendu
que quand l'accent eſt en la derniere ou antepenultieſme , ordinairement en vertu de ladite aſ-
ſiette l'*,o*, ſe prononce ouuert , comme il s'eſt
monſtré cy deſſus : le myſtere eſt donc, que cela
ſe fait ſeulement , lorſque l'accent eſt en la penultieſme ſillabe.

Il s'eſt dit pareillement , que c'eſt encor qu'il
n'y ait point d'*u* liquide , eſtant choſe ordinaire
en ce cas, que les paroles toſcanes qui ont *o* formé d'*o* ſeul Latin, reçoiuent vn des deux chan-
**o fermé.** gements audit *o*, c'eſt à ſçauoir, en *o* fermé To-
**o ou-** ſcan comme *rodo, ſole, volo*, ou bien en *o*, ouuert,
**uert.** ainſi qu'il eſt au Latin, & prenant deuant ſoy,*u*,
liquide par interpoſition Toſcane: comme , *fuo-*
*co* , *luogo* , *ruota* , *ſuole* , *tuono* : & neantmoins es
ſuſdites ſix dictions , l'*o* Latin ne ſe change en *o*
fermé Toſcan, ny ne prennent point deuant ſoy
d'*u* liquide, en la façon ſuſdite , ains ſe prononc-
cent purement par *o* ouuert.

Lors qu'en vertu de la ſeconde , de la troiſieſme & de la quatrieſme langue , il ſe tranſporte
**o ou-** en Toſcan des dictions Latines où il y a vn *o* pur,
**uert.** il ſe prononcera en Toſcan ouuert: ne prenant
point d'*u* liquide deuant ſoy, par interpoſition
Toſcane , ains ſe tranſportant purement ainſi
qu'elles ſe trouuent au Latin : Il s'en voit plu-

fieurs exemples, & premierement en *cole*, qui fignifie adore, ou cultiue. Item en *mola*, vne meu-
le: femblablement *choro*, qui n'eft de la premiere langue, & fignifie chœur ou affemblée: Auffi
*rogo*, fepulchre ou bucher, où l'on brufloit les os
des morts: *Polo, ftola, coma*, & quelques autres, prifes & venuës du Latin, lefquelles retiennent
leur ,*o*, pur & ouuert: & la raifon de cela eft,
que ces trois dernieres langues, prononcent lefdites dictions, comme elle les trouuent en Latin, ou en autre langage dont elles les prennent,
pourueu qu'il ne fe contreuienne point aux natures tres dures, & aux dures felon les manieres fufdites: parquoy trouuant icelles au Latin
l'*o* ouuert auec l'accent aigu, elles le peuuent
bien tranfporter en Tofcan le gardant ouuert,
& le prononçant auffi auec accent: comme, *cole,*
*coma, polo, ftola*, & autres femblables: & en ce fait
on ne contreuient finon aux natures tendres,
aufquelles la feconde langue contreuient auffi
quelquesfois, & non feulement la troifiefme &
la quatriefme. C'eft affez parlé, ou pluftoft trop,
de l'*e* & de l'*o*, pourfuiuons le refte, & difons de
la prononciation des Confonantes.

La premiere des Confonantes eft le *B*, qu'aucuns des Italiens prononcent *bé*, comme nous,
& d'autres *bi*, & auec les voyelles il n'a autre fon
qu'en noftre langue.

La feconde eft le *C*, que les Italiens lifent &
prononcent quafi, comme s'il eftoit efcrit *tche,*
& quelques nations le font fonner *tchi*, ainfi
que ie l'ay ouy prononcer aux Lucquois, mais
en quelque façon qu'il fe puiffe appeller fimple-

ment on le prononce deuant l'e & l'i de la mefme forte que vous le voyez marqué, à fçauoir
auec l'e, comme *tche*, & auec l'i, comme *tchi*,
en ferrant fort la langue contre le palais de la
bouche: tellement que *ccita*, fe lira comme *tche-
rchi tà*, non pas fi rudement que nous pronon-
çons, chicheté. *Cecità*, fignifie aueuglement:
au refte, deuant *a*, *o*, & *u*, il fe lit comme en François fe feroit le *k*.

*D*, eft la troifiefme, qu'aucuns Italiens nom-
ment *de*, & autres *di*, & n'a aucune difficulté en
fa prononciation.

Quant à *F*, qui eft la quatriefme, elle eft femblable en tout à la noftre.

La cinquiefme eft le *G*, lequel, comme il eft dit
de *b*, *c*, *d*, aucuns Italiens appellent & proferent
quafi comme eftant efcrit *dge*, d'autres comme
*dgi*, & retient ladite prononciation deuant l'e,
& l'i: comme, *gente*, *gire*, lefquels fe lifent prefque comme *dgente*, *dgire*, ferrant la langue contre
le palais, ainfi que dit eft du *c*, meflant le *d* auec
le *g*, comme en l'autre le *t*, auec le *c*, en y adjouftant vn peu du fon de noftre h, Françoife. Et
auec *a*, *o*, *u*, il n'eft point different d'auec les autres nations, pour le moins Françoife & Efpagnolle: car les Allemands le font fonner tout
autrement.

Ie diray en ceft endroit vn mot de la prono-
ciation de *gl*, il faut fçauoir que quand il precede vn *i*, il le faut prononcer comme noftre *ill*: &
de mefme que les Efpagnols font leur double *ll*,
foit qu'il le mette en vne fillabe à part comme
en ceft article *gli*, ou bien en la diction compo-

fée de plufieurs fillabes, comme en *Bataglia*, *ca-naglia*, qu'il faut prononcer comme fi nous les efcriuions *barailla*, *canailla*: *figliuolo* fe lira comme *fillolo*, & non pas comme plufieurs font, qui le prononcent comme s'il eftoit efcrit *fi,gli, uolo*, en quoy ils font trois fautes: L'vne eft qu'ils font fonner le *gli*, comme en noftre mot, Eglife: La feconde qu'ils mettent l'accent fur ledit *gli*: Et la troifiefme eft, qu'ils font quatre fillabes du mot qui n'en a que trois; & fe pourroit adjoufter vne quatriefme faute, qui feroit de faire l'*u* confone, qui eft purement voyelle, d'autant que ces trois *uo*, font vne triphtongue,& fe doit partager la diction ainfi, *fi, gliuò, lo*: en faifant fort peu fonner l'*u*: comme auffi en ces mots, *huomo, buono*, & autres, efquels l'on touche ledit *u* delicatement, & fe lifent quafi comme *homo* & *bòno*, en prolongeant vn peu la premiere fillabe.

Ces trois, *l,m,n*, n'ont rien de diffemblable en Italien à noftre prononciation Françoife.

Le *P*, qui eft la neufiefme, quelques vns l'appellent *pé*, les autres *pi*, il ne differe en rien du noftre.

Quant au *Q*, dixiefme confonante, qui fe prononce *cou*, il fe joint ordinairement auec l'*u*, & zous deux enfemble fe prononcent affez ouuertement, & auec vne certaine delicateffe, principalement deuant l'*e*, & l'*i*, que l'on ne peut bien donner à entendre par efcrit, ains faut la viue voix, & la frequentation des naturels, ou bien d'autres fçauans en la langue Italienne, parce que quelques vns de nos Fráçois veulent qu'on prononce *qu* auffi fort en *quello*, comme en *quale*:

tellement qu'ils difent *rouello*, là où au contraire
il faut vn peu arrefter fur l'*è* luy donnant vn peu
plus de fon de l'*é* mafculin ou ferré, que de l'*é* ouuert, & prononcer pluftoft *quélo*, que non pas
*couello*. La mefme raifon eft de *qui*, lequel il faut
prononcer affez ferré, & non pas comme *coi*, à
la difference de *cui*, qui eft le cas oblique de *chi*,
que l'on prononce en deux fillabes, ou pour le
moins comme vne diphtongue ouuerte, & au
contraire *qui*, n'eft qu'vne fillabe fort con-
trainte.

De l'vnziefme, qui eft *r*, il n'eft befoin d'en
dire aucune chofe, parce qu'elle n'eft en rien differente d'auec la noftre.

La douziefme qui eft *f*, aucunesfois eftant fimple, elle a quelque chofe de la prononciation
de noftre *z*, ou de noftre *f*, quand il eft entre
deux voyelles, qui eft la mefme chofe: comme
en ces mots, *rofa*: vne rofe, *Nicolofa*, nom propre
de femme, *rifo, rifibile, Vifo, auifo, auifare, prefenza,
prefo, paefano*; aucuns y veulent comprendre, *cafa,
mefe, mifura*: mais cela eft douteux, tellement qu'il
s'en faut rapporter aux naturels ou experts, &
leur prefter l'oreille. Et le plus fouuent elle participe de l'*f* ordinaire, approchant du fon de la
double, prefque de mefme que nous lifons noftre *f*, en ces mots, penfer, perfonne, danfer, &
autres femblables: comme en ces dictions, *attefo,
intefo, diftefo, rimafo, cafo. Comprefo*, deuroit fuiure
fon fimple cy deffus, qui eft *prefo*, de forte que ie
ferois l'vn & l'autre indifferent, *rifonare*, & autres. *Rofa*, feminin de *rofo*, participe du Verbe
*rodo*, qui eft à dire rongée, fe prononce comme
ceux-cy,

ceux-cy, à la difference de *rosa* vne rofe, qui eſt cy deuant : *Coſi* ſe lit comme s'il eſtoit eſcrit *couſſi.*

Quant à la double *ſſ*, il n'eſt beſoing d'en dire autre choſe, ſinon qu'elle ſe prononce comme la noſtre.

Il ne faut pas oublier de dire icy de la prononciation de *ſc*, lors qu'on les trouue deuant l'*e*, ou l'*i*, en meſme ſillabe : comme en ces dictions, *ſcemo, ſcemare, ſcempio, ſcelerato, ſcelſo, ſceſa, ſcoſceſe, aſcendere, ſcena, conoſcere : ſciagura, ſcienʒa, ſcimunito, ſcilinguato, ſciocco, ſciocchezza, aſciuto, aſciugare, preſciuto,* & en infinies autres : D'autant qu'en ce cas il faut faire ſonner le *c*, bien plus fort, que non pas quand il eſt ſans *ſ*, deuant les ſuſdites voyelles *e*, ou *i*, autrement cela apporteroit vne confuſion, ſi ledit *c*, retenoit ſa meſme prononciation : car il y a grande difference entre ces mots: *accendere & aſcendere, acceſo & aſceſo,* encor que les vns & les autres ayent le *c*, deuant l'*e* : Et auſſi entre le ſon de *ciancia*, & de *ſciſma* : parce que là où l'*ſ* eſt jointe au *c*, comme dit eſt, il luy faut donner la prononciation auſſi forte que nous donnons à noſtre ch, Francois: ainſi qu'en ces mots, hache, beſche, laſcher : & au contraire quand le *c*, eſt ſans l'*ſ*, encor meſme qu'il ſoit redoublé, il a le ſon meſlé du *t*, comme nous l'auons ſpecifié en ſon lieu. En voicy encor vn exemple de leur difference, *laccio,* qui ſignifie vn lacqs, ſe prononcera comme *latcho,* en preſſant le *t*, & *laſcio*, qui eſt à dire, ie laiſſe, ſonne auſſi fort que ſi nous l'eſcriuions *laſchio,* auec la prononciation Françoiſe de laſche,

V

ferrant toutesfois vn peu l'*i*, auec l'*o*, comme
nous dirions *lafcho*, si le mot estoit François,
& non pas comme *lafquio*, qui seroit vne autre
faute.

Le *t*, qui se dit par aucuns *te*, & par d'autres *ti*,
n'a rien de dissemblable au nostre.

La quatorziesme, & derniere consonante est
le *z*, qui apporte quelque peu de discorde entre les Grammairiens d'Italie, d'autant que les
vns appellent mol ou doux, celuy que les autres
veulent qui soit aspre : mais nous leur laisserons
le debat, & dirons quant à nous, que celuy-là est
proprement aspre, qui se prononce comme le
nostre, soit qu'il se trouue au commencement
de la diction, ou bien parmy les autres sillabes,
& semble outre ladite affinité qu'il a auec le nostre, qu'il soit aussi vn peu aydé & meslé du *d*,
deuant soy. Voicy des exemples du rude ou aspre, premierement de ceux qui ont le *z*, au commencement : comme, *Zefiro, zizania, Zelo, zodiaco,*
*zafiro, Zara, Zero, zenzara, zibibbo, Zotico, zurlo.* Autres qui ont le *z*, entremeslé : comme, *rozo,*
qu'aucuns escriuent *rozzo*, qui veut dire rude ou
grossier : *diroZare, orizonte, lazaro, azurro, mezo*, ou
*mezzo*, qui signifie, demy, moitié ou milieu : *Orzo,*
*rezo, leZo, riprezo, oreza, Verziero,* lesquels tous,
comme dit est, se prononceront comme ayant
vn *d*, confondu auec le *z*, en ceste sorte :
*Dzefiro, dzidzania, rodzo, medzo,* & ainsi de tout
le reste.

L'autre prononciation de *z*, & la plus douce, à mon aduis, est comme le *tf*, ou Tsadé des
Hebreux, & se prononce ainsi en ces mots,

*Zana, zeppa, zio, zoccolo, zappa, zecca, zolla, zucca, go-*
*zuta,* & aussi és dictions qui ont le *z,* entre
vne consonante & vne voyelle: comme sont,
*Eloquenza, prudenza, dipartenza, senza.* La mesme prononciation sera quand ledit *z,* sera redoublé; ce qui se fait quand il est entre deux
voyelles, (parce qu'entre consonante & voyelle
il ne se redouble iamais ) comme en *Bellezza,*
*fortezza, prezzo, apprezzare, disprezzare, biz-*
*zarro.* Mais il faut aussi noter qu'il ne se redouble pas, encor qu'il soit entre deux voyelles és dictions qui sont tirées du Latin, esquelles le *t,* se change en *z,* simple : comme
en *Amicizia, Orazione, diuozione, grazia,* mais
tous les Italiens n'approuuent pas ce changement.

Il est bien icy à noter, pour le regard tant
de la prononciation que de l'ortographe Italienne, que les dictions qui au nombre singulier sont terminées en *co, ca, go,* & *ga,* changent ordinairement l'*o,* en *i,* & l'*a,* en *e,* au
Plurier : mais afin de garder la mesme prononciation en l'vn & l'autre nombre, il faut adjouster vne *h,* au plurier entre le *c,* & la voyelle
qui le suit : comme, *bianco, bianchi : parca, par-*
*che : lago, laghi : piaga, piaghe,* & tous les autres
qui ont pareille terminaison au nombre Singulier.

Il est aussi à propos de dire qu'en la langue Italienne on redouble souuent ces consonantes :
*b, c, f, g, l, m, n, p, r, s, t :* comme, *debbo, laccio, affanno,*
*viaggio, stella, fiamma, donna, doppio, carro, fossa, det-*
*to :* & en ceste derniere, qui est *tt,* se changent

toutes les dictions Latines qui ont *cr* & *pr*, comme, *dotto* est faict de *doctus*, & *atto* de *aptus*, tous deux Latins : & de ce changement il y a vne infinité d'exemples, que les studieux pourront fort bien recognoistre en lisant les bons Autheurs.

## De l'Accent & Apostrophe.

Les Italiens vsent de deux accents quant à l'effect & en la prononciation, qui sont l'aigu & le graue: i'ay dit quant à la prononciation, car en l'escriture il ne s'en trouue qu'vn de marqué, qui est le graue, & se notent ou doiuent noter en ceste sorte, tant les accents que l'Apostrophe.

$$\left.\begin{matrix} \text{L'Accent} \\ \text{L'Apostrophe.} \end{matrix}\right\{ \begin{matrix} \text{Aigu,} \\ \text{Graue,} \\ \text{,} \end{matrix}$$

Il faut icy noter que l'Italien appelle accent aigu, celuy que nous disons graue: comme en ces mots, *però*, *perciò*, *amò*, parce qu'ils n'en marquent point d'autre : mais nous nous en seruons de deux, à sçauoir de l'aigu, comme en ces mots, verité, bonté, & autres : & du graue, ainsi qu'en ces autres: voilà, celà, & semblables, car nous esleuons le premier, & abbaissons le second.

# De l'Accent Aigu.

L'accent aigu fe fait le plus fouuent au milieu de la diction, lors que la fillabe eft longue, & ce quelquesfois à caufe des equiuoques: comme *fuggiro* pour *fuggirono*, ils fuirent, qui eft la troifiefme perfonne du Preterit parfait de l'Indicatif, & au nombre plurier à la difference de *fuggirò*, ie fuiray, premiere perfonne finguliere du Futur dudit Indicatif, qui fe prononce auec accent graue fur fa derniere fillabe, comme il eft marqué. *Vdiro* pour *vdirono*, ils ouyrent, à la difference de *vdirò*, i'oiray, & ainfi de plufieurs autres: de mefme toutes & quantesfois que la fillabe en quelque diction que ce foit fera longue, l'accent aigu y deura eftre entendu, encor qu'il ne fe marque gueres, ou point du tout.

Il vient icy à propos de dire vne difficulté qu'il y a en la prononciation de certaines dictions, tant fimples que compofées, lefquelles contre la reigle de toutes les autres langues, ont trois fillabes breues à la fin, à fçauoir, pour les fimples: La troifiefme perfonne pluriere du prefent de l'Indicatif de quelques Verbes: lefquels ont deux fillabes breues en leur fingulier, qui eft quadrifillabe: comme font, *accomodo*, *partecipo*, *fignifico*, *defidero*, *follecito*, & autres qui fe trouueront auoir l'accent fur l'antepenultiefme du fingulier, c'eft à dire qu'elle fe prononce longue: ceux-là (dif-je) auront trois breues en leur plurier, lequel fera de cinq fillabes, tellement que l'accent se fera sur la seconde d'icelles, qui sera sur la mesme voyelle du singulier, comme, *partécipa, partécipano : acrómoda, accómodano : significa, signiticano : desidera, desiderano : sollécita, sollécitano :* & ainsi des autres. Pour le regard des composées, elles sont le plus souuent des Gerondifs de toutes les Conjugaisons, ausquels s'adjoustent deux particules, qui sont ordinairement Articles & Pronoms : comme, *dicéndoglielo, andándosene, mandándocelo,* qui signifient en François, le luy disant, s'en allant, nous l'enuoyant. Quelquesfois aussi elles se font des Infinitifs & des Participes : comme, *scriuerloti,* te l'escrire : *venutosene,* s'en estant venu, & autres semblables : en quoy il faut auoir esgard où l'accent se fait, en prononçant le simple : car volontiers il demeure à la sillabe mesme au composé.

## De l'accent graue.

Les Italiens vsent de l'accent graue és monosillabes, mais non pas en toutes : car tantost ils en mettent en celles qui sont declinables qui leur sont equiuoques, comme ce Verbe *è,* qui veut dire est, il y faut l'accent à la difference de *e* Conjonction copulatiue, qui signifie, & : desquelles le Verbe *è* est declinable, & *e* Conjonctió est indeclinable. Et au contraire l'accent graue se mettra sur la monosillabe, qui est indeclinable, pour la discerner d'auec la declinable : comme pour exemple l'Aduerbe du lieu *là,* differe par l'accent graue d'auec l'article feminin *la :* laquelle difference est aussi en François en ces mefmes particules.

Ledit accent graue fe met auffi fouuent fur la derniere fillabe de ces mots : *Artù, virtù,* & pareillemét de ces dictions qui fe terminent en *tà,* lefquelles ont ladite fillabe changée du Latin *tas,* comme font, *bontà, veritâ, profperità, fecurità,* & plufieurs autres femblables : mefme *honeftà,* qui eft à dire honnefteté, fe marque ainfi, tant pour la raifon que ie viens de dire, comme pour la difference de *honefta,* qui eft l'Adjectif feminin de *honefto,* qui veulent tous deux dire honnefte, & ont l'accent fur la penultiefme, ou pour le moinsils la prononcent longue.

Et au cas pareil, la troifiefme perfonne finguliere du Preterit parfait fimple de l'Indicatif des verbes de la premiere Conjugaifon fe note auec accent graue : comme, *amò, cantò, parlò,* il ayma, il chanta, il parla: & la principale caufe eft, afin de les diftinguer d'auec la premiere perfonne finguliere du Prefent d'iceluy Indicatif, qui eft *amo, canto, parlo,* i'ayme, ie chante, ie parle. Comme auffi la premiere & la troifiefme perfonne finguliere du Futur de l'Indicatif de tous les verbes, ont l'accent graue : comme, *amerò,* i'aymeray, *amerà,* il aymera. *Leggerò,* ie liray : *leggerà,* il lira. *Vedrò,* ie verray: *vedrà,* il verra. *Vdirò,* i'oiray, ou i'orray: *vdirà,* il orra.

Mais il faut noter que fi apres lefdites perfonnes, tant du Preterit que du Futur, marquées auec l'accent graue, on trouue les particules monofillabes, foient Articles ou Pronoms, alors ledit accent fe change en aigu, pour le moins en la prononciation: comme, *amò, amóllo: vedrò,* vedróllo: *dirà, diràllo*, & ainſi de tous.

Item, ledit accent graue ſe trouue ſouuent és particules monoſillabes qui ſont compoſées d'vne diphtongue : comme, *più, giù, già* : ce dernier ſe pourroit bien ainſi marquer à la difference de *già*, abregé de *giua*, qui ſignifie alloit, troiſieſme perſonne ſinguliere de l'Imparfait de l'Indicatif du verbe *gire.* Grù, *ſu, ciò*, perciò & i però, prennent auſſi ledit accent : *viâ* & *viè*, qui ſignifient en la compoſition autant que, beaucoup, ont pareillement l'accent graue ; à la difference de *via*, la voye, & de ſon Plurier *le vie*, les voyes. *Via*, ou *viè più*, beaucoup plus : *viè meno*, beaucoup moins : *viè maggiore*, beaucoup plus grand.

## De l'Apoſtrophe.

L'Apoſtrophe eſt vne marque en forme de virgule, qui ſe met plus haut que la lettre, afin d'oſter vne vocale d'vne diction, ſoit du commencement d'icelle, ou de la fin : ce qui ſe fait le plus ſouuent en la rencontre de deux vocales : & principalement és articles, & ce pour les joindre auec les autres dictions, ſans accroiſtre les ſillabes, en mangeant la vocale d'iceux articles : comme, *l'honore, l'amore, l'anima*, qui ſont de trois ſillabes, & ſi on mettoit l'article tout entier on en feroit quatre : comme, *lo honore, lo amore, la anima*, ce qui auroit mauuaiſe grace.

On vſe auſſi d'Apoſtrophe en certaines dictions qui ont plus d'vne ſillabe pour les conjoindre auec d'autres qui commencent par voyelles, oſtant la finale de celle qui precede : mais cela se pratique plus en vers qu'en prose: comme, *quand'era* pour *quando era*, tellement qu'il sonne comme s'il y auoit *quan dera*. Et de ceste sorte il s'en trouue infinis exemples.

Quelquesfois aussi l'Apostrophe se met au commencement de la diction, en ostant la voyelle par laquelle elle commence, & ce neantmoins en suitte d'vne autre particule qui finit aussi en voyelle: comme,

„ *Si breue è'l tempo, è'l penser si veloce.*

Où vous voyez que l'*i*, est osté de deuant *l*, qui autrement feroit *il tempo*, & *il penser*, si ce n'estoit l'Apostrophe.

Quand l'article *Lo*, se trouue deuant vne diction qui commence par *i*, suiuy d'*m*, ou *n*, en mesme sillabe, on peut oster indifferemment la voyelle de l'article, ou la premiere de la diction qui le suit: comme.

L'*Imperio*,  ⎫
             ⎬ ou bien ⎧ *Lo'mperio*
L'*Inganno*,  ⎭         ⎩ *Lo'nganno.*

Autrement on oste tousiours la voyelle de l'article: comme, *l'amore, l'errore, l'honore, l'huomo*, & autres.

Pour le regard du plurier *gli*, s'il se rencontre auec la diction qui commence par autre vocale que par *i*, alors on le peut facilement joindre sans vser d'Apostrophe, ny sans oster sa voyelle parce que son *i* final se glisse auec sa voyelle suiuante: comme, *gli amori, gli esteriori, gli honori, gli huomini*, là où toutesfois il se fait vn peu d'eli-

fion en joignant les deux voyelles, comme fi
c'eſtoit vne diphtongue, & cela ſe praƈtique en
ces quatre rencontres, à ſçauoir de *ia,ie,io,iu*: car
ſi la diction qui ſuit apres l'article *gli* commen-
çoit par *i*, alors il faudroit oſter celuy de l'article, & y mettre l'Apoſtrophe: comme *gl' iniqui,
gl' ingiuſti, gl' impij*: & meſmes les anciens eſcriuains les joignoient ſans Apoſtrophe en ceſte
façon, *glinimici*, *gliniqui*, mais il eſt beaucoup
mieux de les ſeparer.

# De certaines particules, outre les articles qui admettent l'Apoſtrophe.

Il y a certaines particules monoſillabes fort
vſitées en la langue Italienne, qui admettent
ſouuent l'Apoſtrophe, & ſont celles qui s'enſuiuent:

| | |
|---|---|
| *Che.* | Car, que ou qui. |
| *Ne.* | Nous, en. |
| *Ci.* | Nous, y. |
| *Di.* | De. |
| *Se.* | Si. |
| *Mi.* | Me. |
| *Vi.* | Vous, y. |
| *Ti.* | Te. |
| *Si.* | Se. |
| *In.* | En. |

Voyez en les Exemples.

### *Che.*

,, *Ch' ad vn ad vn defcritti, e depint' hai.*
Q'vn a vn tu as defcrit & depeint.

Si apres cefte particule *Che*, il fuiuoit' vne diction qui commençaft par *h*, alors elle perdroit
fa voyelle *e*, & fon *h* auffi, ne demeurant que le
*e*, feul: comme,

,, *C'hauria vertù di far piangere vn faffo.*
Car il auroit la vertu de faire pleurer vn rocher.

Mais fi la diction qui fuit le *che*, commence par
la lettre *i*, alors ledit *che* ne perd point de lettres,
ains feulement ladite lettre *i*, de la diction fuiuante: comme, *Io che'ntendo*, moy qui entens.

### Item.

,, *Ch' altro diletto, che'mparar non prouo.*
Car autre plaifir ie n'approuue que d'appren-
dre.

### *Ne.*

,, *Deh non rinouellar quel che n'ancide.*
Hé ne renouuelle point ce qui nous tuë.

### *Ci.*

*Non c'è cofa veruna.*
Il n'y a chofe aucune.

### *Di.*

,, *Perche d'ogni mio mal, te folo incolpo.*
Parce que de tout mon mal, toy feul i'accufe.

### *Se.*

,, *Non fi de lamentar, s'altri l'inganna,*
Il ne fe doit pas plaindre, fi on le trompe.

## Mi.

*Tu m'hai lasciato solo.*
Tu m'as laissé seul.

## Vi.

„ *Neſſun vi riconobbe, e s'alcun v'era.*

Perſonne ne vous recogneut, & ſi aucun y auoit.

## Ti.

„ *Ne ſtimato t'haurei ſi prode, e fiero.*

Ny ne t'euſſe eſtimé ſi vaillant & braue.

## Si.

„ *Come à chi per virtù s'erge, e s'adopra.*

Comme à vn qui par vertu s'eſleue & s'employe.

## In.

Ceſte particule *In*, perd ſa voyelle par l'apoſtrophe qui eſt touſiours deuant icelle, comme :

„ *Mi fanno guerra al tutto, e'n ſu le porte.*

Quelquesfois auſſi elle ne perd rien quand la diction precedente ſe termine en *i*, parce que ledit *i* final ſouffre l'apoſtrophe : comme,

„ *Seco fu' in via*, pour *ſeco fui in via.*

# D'autres dictions polysyllabes qui reçoiuent l'Apostrophe.

| | | |
|---|---|---|
| *Suo'* | pour *Suoli,* | tu as de couſtume. |
| *Puo'* | pour *Puoi,* | tu peux. |
| *Se'* | pour *Sei,* | tu es. |
| *Me'* | pour *Meglio,* | mieux. |
| *Que'* | pour *Quei .i. Quelli,* | ceux-là. |

*I,* ſe trouue ſouuent pour *Io,* encor qu'il ne ſoit pas touſiours marqué par Apostrophe : comme,

*I' vo penſando , & nel penſier m'aſſale.*

Ie vay penſant , & en la penſée m'aſſault.
Et pluſieurs autres exemples qui ſe trouuent és bons autheurs, que les ſtudieux pourront remarquer en les liſant.

# Des particules. *Mi. Ti. Si. Ci.* & *Vi.* qui varient en la compoſition.

Ces particules ou Pronoms, *Mi,Ti,Si,Ci,* & *Vi,* compoſées auec l'article quel qu'il ſoit , ou bien eſtant miſes deuant quelque autre monoſillabe, changent leur *i* en *e,* en ceſte ſorte :

| | | |
|---|---|---|
| *Melo,* | ⎫ ou bien ſans | ⎧ *Mel.* |
| *Telo,* | ⎪ *o* , par Apo- | ⎧ *Tel.* |
| *Selo,* | ⎬ cope. | ⎨ *Sel.* |
| *Celo,* | ⎪ | ⎧ *Cel.* |
| *Velo,* | ⎭ | ⎩ *Vel.* |

## Exemples.

| | | |
|---|---|---|
| *Io mel patirò,* | ou | *Io me lo patirò,* |
| *Tu tel terrai,* | ou | *Tu te lo terrai.* |
| *Eßi sel fanno,* | ou | *Eßi se lo fanno.* |
| *Noi cel terremo,* | ou | *Noi ce lo terremo.* |
| *Voi vel goderete,* | ou | *Voi ve lo goderete.* |

Item.   *Io non me ne curo. Tu te ne pentirai,* &c.

FIN.

www.ingramcontent.com/pod-product-compliance
Lightning Source LLC
Chambersburg PA
CBHW050155030726
47505CB00005B/1383